中央高校基本业务费支持项目（2019JC01）

U0577688

经管文库·经济类
前沿·学术·经典

金融科技赋能商业银行转型发展：理论与实践

FINANCIAL TECHNOLOGY EMPOWERS THE
TRANSFORMATION AND DEVELOPMENT OF
COMMERCIAL BANKS: THEORY AND
PRACTICE

刘自强 主编

夏菲菲 李 苏 陈丽萍 李 蔺 仇羽婷 吴 涛 李 梓 副主编

经济管理出版社
ECONOMY & MANAGEMENT PUBLISHING HOUSE

图书在版编目（CIP）数据

金融科技赋能商业银行转型发展：理论与实践 / 刘自强主编；夏菲菲等副主编 . —北京：经济管理出版社，2022.11

ISBN 978-7-5096-8807-6

Ⅰ. ①金… Ⅱ. ①刘… ②夏… Ⅲ. ①金融—科学技术—应用—商业银行—银行改革—研究—中国Ⅳ. ① F832.33

中国版本图书馆 CIP 数据核字（2022）第 215058 号

组稿编辑：杨国强

责任编辑：杨国强　张玉珠

责任印制：黄章平

责任校对：陈　颖

出版发行：经济管理出版社
　　　　　（北京市海淀区北蜂窝 8 号中雅大厦 A 座 11 层 100038）

网　　址：www.E-mp.com.cn

电　　话：（010）51915602

印　　刷：唐山玺诚印务有限公司

经　　销：新华书店

开　　本：710 mm × 1000 mm/16

印　　张：16

字　　数：213 千字

版　　次：2022 年 12 月第 1 版　　2022 年 12 月第 1 次印刷

书　　号：ISBN 978-7-5096-8807-6

定　　价：98.00 元

序言

金融科技英译为 Fintech，是 Financial Technology 的缩写，诚如字面意思，金融科技一词包含着"金融"与"科技"的碰撞与融合，指通过利用各类科技手段创新传统金融行业所提供的产品和服务，提升效率并有效降低运营成本。在过去的十年多时间里，金融科技对人们的生活产生了巨大的影响，无论是移动支付，还是互联网金融，金融和科技的融合，既创造了协同，也带来了变革。

金融是现代经济发展的核心引擎，2019 年，习近平总书记在中央政治局第十三次集体学习时指出："金融活，经济活；金融稳，经济稳。经济兴，金融兴；经济强，金融强。"改革开放以来尤其是党的十八大以来，我国金融业保持快速发展，金融改革开放有序推进，金融产品日益丰富，金融服务普惠性增强，金融监管得到加强和改进。同时，我国金融业的市场结构、经营理念、创新能力、服务水平还不适应经济高质量发展的要求，诸多矛盾和问题仍然突出。商业银行在金融体系中发挥着主导作用，在金融业发展的新阶段，商业银行应以供给侧结构性改革为主线，从自身深化改革出发，逐步向高质量发展的可持续路径转变，承担支持实体经济的历史使命。为此，需要进一步加强商业银行业务与金融科技的融合与创新，适应新形势，体现新要求。2022 年 1 月，中国人民银行印发《金融科技发展规划（2022—2025年）》（以下简称《规划》）。《规划》强调，要以习近平新时代中国特色社会主义思想为指导，全面贯彻党的十九大和十九届历次全会精神，坚持创新驱动发展，坚守为民初心、切实履行服务实体经济使命，高质量推进金融数字化转型，健全适应数字经济发展的现代金融体系，为构建新发展格局、实现共同富裕贡献金融力量。《规划》提出了新阶段我国金融科技发展的"任务书"和"路线图"，明确了我国金融科技发展从"立柱架梁"全面迈入"积厚成势"新阶段的总体定位。

本书立足于金融科技发展的新阶段，从金融科技的本质出发，聚焦金融科技的核心技术，系统、客观地梳理金融科技在全球及我国的发展概况，分析金融科技在商业银行业务中的应用和创新，厘清金融科技监管方面的国内外实践情况并提出新的发展思路。同时，整理并分析了国内商业银行应用金融科技的典型案例，希望能帮助读者对金融科技及对商业银行的赋能有更加全面、系统和深刻的认识。

本书的总体框架由刘自强教授负责设计，编写成员来自北方民族大学经济学院和招商银行银川分行。参加本书编写的成员及各自分工为：李苏（第一章、第二章）、李菡（第三章第一、二节）、夏菲菲（第三章第三至第五节、第四章第一至第三节、第六章第二、三节）、李梓（第四章第四节、第六章第四节）、陈丽萍（第五章）、仇羽婷和吴涛（第六章第一节）。本书最后由刘自强教授统纂定稿。

由于编者水平有限，如有错误或不足之处，敬请各方贤达不吝赐教。

前言

"后疫情"时代商业银行的转型之匙——金融科技

2021 年是中国共产党成立 100 周年，也是"十四五"规划开篇布局之年。经过改革开放四十多年的艰苦奋斗，中国创造了经济增长的世界奇迹，经济总量占全球比重达到 17.3%（2020 年数据）。回顾百年，中国共产党带领中国人民，从站起来到富起来再到强起来，正如习近平所说："今天，我们比历史上任何时期都更接近、更有信心和能力实现中华民族伟大复兴的目标。"回顾千年，中华民族在农业时代曾创造了伟大的文明，站到了当时经济、科技、文化发展的前沿，但却错过了工业时代潮流，落后于世界上的主流国家。幸运的是，在信息化时代，中国成为了全球发展最为迅速的国家，走出了工业化与信息化相融合的新型工业化道路，成为了世界制造业第一大国。目前，人类社会进入了后信息化时代，即数字化时代的历程，中国需要把握机遇，努力成为数字经济的引领者，为中华民族伟大复兴奠定更加坚实的基础。2021 年 10 月 18 日，习近平主持中共中央政治局第三十四次集体学习中强调："要站在统筹中华民族伟大复兴战略全局和世界百年未有之大变局的高度，统筹国内国际两个大局、发展安全两件大事，充分发挥海量数据和丰富应用场景优势，促进数字技术与实体经济深度融合，赋能传统产业转型升级，催生新产业新业态新模式，不断做强做优做大我国数字经济。"可

1

以看到，数字技术已成为了重塑各类产业的重要动力，其中金融业首当其冲，成为了被改造最为深刻、涉及范围最为广泛的行业。可以说，以金融与信息技术为主要方向的金融科技推动着传统金融业在服务模式、产品设计、组织结构的深度转型，尤其在商业银行领域，金融科技已经全面应用到支付结算、信贷融资、风险控制等各个方面，成为了新发展阶段下的转型之匙。

商业银行在金融科技的助推下实现转型发展。一方面，这是信息技术近20年来飞速发展不断积累的结果，互联网从通信领域延伸到商业领域，进一步渗透到金融行业，技术迭代升级推动着数字化对传统产业进行了全方位、全角度、全链条的改造，不但成为可能而且成为必然；另一方面，商业银行在信息化时代也面临着诸多挑战。首先，商业银行的经营环境发生了变化。一是随着中国经济潜在增速的下行，传统企业的平均收益率显著下降，针对这些企业而投放的信贷的整体风险显著上升。二是随着人口老龄化的加剧，以及2008年国际金融危机爆发以来至今居民部门杠杆率的显著上升，居民部门储蓄增长乏力。为了吸引居民储蓄，商业银行不得不提高存款利率，并且不得不勉强维持刚性兑付的局面。三是金融监管的持续加强使得商业银行通过开展表外业务绕开金融监管的余地越来越小，商业银行表外业务空间整体上不断被压缩。四是金融风险的上升与不断显性化，一方面使得商业银行资产方面临越来越强的违约压力，进而导致商业银行不良贷款率的上升及拨备覆盖率的下降；另一方面也使商业银行在投放新增信贷资源时面临安全资产匮乏的局面。五是国家针对房地产的调控及"房住不炒"的政策日益常态化与坚定化，以及持续地严控地方政府增加杠杆，使得商业银行在两大传统领域——房地产与基建——的资源配置与资源调度方面面临越来越大的问题与不确定性①。其

---

① 张明."金融新常态"下中国商业银行的转型发展之道［EB/OL］.搜狐，https://www.sohu.com/a/325961299_465450，2019-07-10.

次，中国商业银行"大而不强"，商业银行金融服务竞争力有待进一步提升。从资产规模看，在世界银行业总资产排名中，中国的大型国有银行占据了前四名①，美国最大的银行摩根大通集团只排在第五位。但资产规模大并不能说明竞争力强，如按市值排名，资产规模最大的中国工商银行仅位列第五，市值在一定程度上反映了投资者的估值和预期。对照国际先进的评估指标，中国的金融服务业确实存在一定的不足。世界经济论坛的《全球竞争力报告》对每个国家的金融体系进行了评分②，从评分结果看，中国只排在第56位。按以下两个指标来检验：一是每1000名成年人拥有的银行账户数，二是每10万成年人拥有多少家银行分支机构，来自世界银行2017年的数据显示，中国在这两个指标上也远远落后。中国每千人拥有的银行账户数是19.1个，世界平均水平是52.4个，差距巨大。中国每10万成年人拥有的银行分支机构数为8.5个，美国是33.4个，英国是24.0个，世界平均水平是19.0个，差距同样巨大。③这些都表明中国的金融服务业仍欠发展，金融服务的普惠程度尚不算高。最后，数字金融的迅速崛起，使商业银行的中介地位面临严峻挑战。在支付结算方面，中国的第三方支付企业的技术非常发达，凭借创新和更贴近场景的服务获取了海量客户。在存款理财方面，一些新型理财方式实现了小额长尾资金的理财需求，同时这类产品在收益水平、方便程度和提现能力上都具有明显优势，直接冲击了商业银行的存款、储蓄、理财产品及其利润水平，这种竞争也推进了利率市场化进程。在贷款、融资方面，数字金融发挥了一种使商业银行脱媒的效果，如阿里巴巴这样的集团通过自身的很多交易数据、销售数据，再加上从外部获得的其他数据，如水电、税务、海

---

① 依次是中国工商银行、中国建设银行、中国农业银行、中国银行。
② 评分标准包括：金融体系是否满足商业需求、股票市场发展程度、贷款是否容易获取、风险资本的发展、银行体系的完善程度、证券交易的规范以及法律权益等。
③ 参见《谢绚丽：商业银行数字化转型的挑战与前景》。

关等数据，整合之后就可以进行大数据风控，从而高效地为众多中小商户提供贷款，替代了银行的中介作用。除此之外，商业银行还面临的一个挑战是银行的"重资产"模式：线下渠道、营业网点。这些原本是核心优势，但如今都发生了变化，网络成为接触用户的主要方式，物理网点的重要性逐渐削弱。在这种趋势下，网点的营利性减弱，但成本并没有同步降低，所以现在银行的物理网点已经从过去的利润中心变成了成本中心。

在经营环境变动、传统金融业务竞争力下降、数字金融企业崛起的"多重夹击"下，转型是商业银行进一步发展的必选项，效率、结构和质量替代规模成为发展的决胜要素，金融科技成为布局的重点。对于商业银行而言，通过金融科技打破金融信息的不对称，能够帮助商业银行提升运营效率和服务质量，并且降低风险和成本。对于普通民众来说，金融科技则能够扩大金融服务的普惠范围，让更多的老百姓能够享受到更快捷、更优质的金融服务，并推动消费升级与消费成长。

2019 年末，突如其来的新冠肺炎疫情成为了影响世界经济运行的黑天鹅事件，也对国内各行各业产生了前所未有的冲击。商业银行在应对新冠肺炎疫情冲击的过程中，更加深刻地认识到了数字化转型的迫切性。在新冠肺炎疫情初期，商业银行面临着众多受疫情影响较大的企业在突发事件干扰下因应付账款无法到位而产生的贷款无法及时清偿，以及许多企业在疫情下难以开工生产而导致的贷款需求萎缩等问题，2020 年第一季度，我国商业银行实现净利润 6001 亿元，虽然同比增长 5%，但增速同比下降 4.4%[1]。随着新冠肺炎疫情常态化推进的要求，商业银行必须要实现在防疫对人流、物流进行物理阻隔的条件下，通过数字技术、线上交易等方式实现金融服务的送达，个人、企业也都应了解和熟悉线上平台，实现金融服务的触达。新冠肺炎疫情

---

① 相关数据见中国银行保险监督管理委员会网站。

成为了金融服务供给与需求共同向数字技术聚焦的加速器，成为了金融业数字化转型的催化剂，尤其在商业银行领域，金融科技被深入应用到了各类业务和产品中，手机银行、智能柜台、智能客服、智能投顾等增值服务全面推出，"无柜台＋机器办公"式的新一代智能银行开始普及，极大提升了客户体验、降低了运营成本，推动各类业务全流程的数字化改造。在抗击新冠肺炎疫情的过程中，商业银行更加见证了数字技术所彰显的硬核实力，如疫情暴发正值春运，人口的高流动性不利于疫情控制，各单位、社区及重点人群的疫情信息采集已成为防范疫情的重要工作。然而，传统的信息采集方式工作量巨大，并且走访过程中存在感染风险。一些科创企业无偿向政府、企业和公共服务机构开放专业调研及数据分析的工具，有效支持疫情的调研、排查和防控工作，为疫情防控第一线提供高效的、人性化的技术服务解决方案，针对疫情期间各大医院巨大的诊疗压力，推出了疫情问询机器人，能对疑似病患提问进行分析判断，提供疫情咨询、疫情信息同步及防疫注意事项，这大大减少了医护人员的工作量，起到辅助医疗的作用。移动支付所支持的电子商务使得商业、物流全面实现了"非接触式服务"，对疫情期间确保物资供给、保障民生发挥了巨大作用。

在新冠肺炎疫情的"倒逼"之下，近年来，商业银行运用金融科技对传统业务进行了系统化改造并取得了前所未有的成就。例如，通过"六稳""六保"实现经济运行的稳中求进是中央对经济工作的总要求，商业银行在履行中国人民银行及银保监部门要求，推动受疫情影响的企业和其他市场主体复工复产，努力做到精准放贷，银行通过大数据技术和价值网分析，能在极短的时间内对成批量的客户及客户需求状况做到实时而精准的识别，把信贷资源精准投放到关键地方。再如，基于互联网、移动互联网手段实现质量高、接入简单、使用容易的远程视频沟通和多方远程协同工作，这成为疫情期间商业银行应对无法线下展开客户会面、商谈之挑战的关键手段。做到这一点需要借助大数据技术做出更高质量的用户画像，以便在营销战略上形成更精准、更具差异化的用户群定位，通过基于大数据等的技术化营销投放手段精准地发掘更多细分渠道资源，并利用技术手段实现对各种渠道实时、动态、高效地组合，提高营销命中率和转化率。因此，此次疫情可以说是对商业银行的一次启示，即通过提高金融科技能力实现危中寻机，方为商业银行变中求生之道。如果说，疫情前商业银行只是感受到了金融科技对传统经营的巨大压力，那么后疫情时期，几乎所有的商业银行都清晰地认识到，金融科技的发展已经是行业转型发展的必然趋势和不可逆转的潮流。

当前，国内疫情已基本得到控制，复工复产有序推进，但国外疫情蔓延形势仍然严峻，疫情对经济的影响仍然面临较大的不确定性。在"中国经济基本面长期向好"这一最大确定性之下，商业银行发展金融科技的新机遇孕育其中。中国人民银行等金融监管部门对金融科技持续有力的政策引导，为商业银行与金融科技的融合发展指路护航。2021年12月，中国人民银行正式发布了《金融科技发展规划（2022—2025年）》，正如该规划中所指出："站在'两个一百年'奋斗目标的历史交汇点上，金融业要凝心聚力，砥砺奋进，不断破解发展瓶颈和难题，推动我国金融科技从'立柱架梁'全面迈入'积厚成势'新阶段。力争到2025年，整体水平与核心竞争力实现跨越式提升，数据要素价值充分释放、数字化转型高质量推进，金融科技治理体系日臻完善、关键核心技术应用更为深化、数字基础设施建设更加先进，以'数字、智慧、绿色、公平'为特征的金融服务能力全面加强，有力支撑创新驱动发展、数字经济、乡村振兴、碳达峰碳中和等战略实施，走出具有中国特色与国际接轨的金融数字化之路，助力经济社会全面奔向数字化、智能化发展新时代。"

新冠肺炎疫情给商业银行2020年的经营业绩、资产质量、负债管理等方面带来了诸多挑战，但它也催化了金融数字化发展。未雨绸缪、常备不懈是商业银行进行防疫与应变的关键。随着金融供给侧结构性改革的不断深化，金融服务线上化、数字化发展成为大势所趋，站在机遇的风口，商业银行必须加快与金融科技的融合，深化转型，千帆竞渡，御风而行。

目　录

第一章　金融科技的概述

第一节　金融科技的定义

一、金融科技的概念

认识金融科技的定义，先要认识金融和科技的内涵。"金融"一词在现代汉语词典中的解释是"指货币的发行、流通和回笼，贷款的发放和收回，存款的存入和提取，汇兑的往来以及证券交易等经济活动"[①]。"Finance"在牛津高阶英汉双解词典中定义为"资金、财政、金融、财务等"[②]。"科技"一词在现代汉语词典中的含义是"科学技术"[③]。"Science and Technology"在牛津高阶英汉双解词典中的意思就是科技，即最现代的技术[④]。

近几年，随着现代信息技术对金融业的渗透不断增强，金融服务的新业态不断涌现，先后出现了互联网金融、数字金融、金融科技等概念，这些名词在内涵上都强调通过利用各类科技手段创新传统金融行业所提供的产品和服务，提升效率并有效降低运营成本。随着各类科技对金融业的改造力度不

[①③] 中国社会科学院语言研究所词典编辑室 . 现代汉语词典（第7版）[M].北京：商务印书馆，2018.

[②④] 牛津高阶英汉双解词典（第6版）[M].北京：商务印书馆，2007.

1

断加大，无论是互联网还是数字化似乎都难以囊括金融业与现代科技结合而产生的新业态，在此背景下，金融科技一词开始日益受到业界关注。对全球而言，金融科技处于快速的嬗变期，行业发展迅猛，业态也呈现多元化，各国发展具有明显的差异，因而关于金融科技的含义和内容，一般来讲还缺乏统一的规范甚至出现较大差异。2019 年，中国人民银行发布了《金融科技（FinTech）发展规划（2019—2021 年）》，在该规划中，金融科技被定义为由技术驱动的金融创新。所以金融科技的本质是通过信息技术的引入，实现金融业全流程的效率提升。高盛集团将金融科技定义为，金融科技公司以技术为基础，并且专注于金融产品与服务价值链上一部分或多部分的科技开发。维基百科的定义是，由那些提供技术使金融服务更有效率的公司所组成的经济产业。目前，比较权威的定义出自金融稳定委员会，作为协调跨国金融监管、制定并执行全球金融标准的国际组织，于 2016 年 3 月首次发布了关于金融科技的专题报告，报告中对金融科技给出的定义是："金融科技主要是指由大数据、区块链、云计算、人工智能等新兴前沿技术带动，对金融市场以及金融服务业务供给产生重大影响的新兴业务模式、新技术应用、新产品服务等，技术带来的金融创新，它能创造新的业务模式、应用、流程或产品，从而对金融市场、金融机构或金融服务的提供方式造成重大影响。"[①]美国国家经济委员会的定义是："以金融科技涵盖不同种类的技术创新，这些技术创新影响各种各样的金融活动，包括支付、投资管理、资本筹集、存款和贷款、保险、监管合规以及金融服务领域里的其他金融活动。"新加坡金融管理局（MAS）对金融科技的定义则是通过使用科技来设计金融服务和产品。

由此可见，虽然国内外不同机构对金融科技理解的角度有所不同，目前

---

① 仵伟强. AMCs 金融科技研发模式探索［J］. 现代管理科学，2019（6）：48-51.

没有形成普遍共识的初步定义，其包含的范围较广，相关概念都还处于不断发展变化之中，但其核心内涵基本是一致的，即金融科技（FinTech）是科技与金融相融合的产物，以新兴技术的发展作为主要驱动力①。对于现阶段来讲，主要强调利用信息技术带来的创新对合规金融业务的辅助、支持和改进作用，帮助金融业务实现"三升两降"，即提升效率、体验、规模，同时降低成本和风险。金融科技所依赖的主要技术是大数据、云计算、互联网、物联网、人工智能等。这些新技术与金融紧密结合，推动了金融业态的创新和发展。相对于互联网金融、数字金融，金融科技突出强调了更为多元的科技成果给金融创新、金融服务和效率带来的显著影响，促进其紧密结合并形成众多新的金融业态②。

从应用层面来看，金融科技覆盖了目前几乎所有的行业领域，包括银行、证券、保险、基金、消费金融，以及围绕满足监管层面的需求专门衍生出了监管科技。具体对这些行业和场景的渗透体现在以下方面：在银行领域主要体现在零售业务、网络借贷与融资、风控和电子支付；在证券领域主要体现在资产管理、智能投顾；在保险领域主要体现在风控和线上业务；在基金领域主要体现在资产管理、量化交易等，如常见的量化××号基金，实际上就是程序化交易。消费金融领域更是和金融科技密不可分，由于其小额分散的特点，从获客到风控、催收，都离不开金融科技的支持。对于监管部门，金融科技手段也成为常规化手段，衍生出了监管科技。除此之外，包括中国人民银行推出的数字货币试点，还有与日常息息相关的电子支付，都是金融科技的具体应用。简言之，随着现阶段金融科技的不断发展，金融和实际生活结合得更加紧密；金融科技对金融行业的影响体现在多方位、全领域

---

①② 吴凤菊，孙哲，吴燕.科技金融研究的文献综述及未来研究展望［J］.时代金融，2016（30）：15-16+29.

上，包括对现有金融业态进行重构、对金融场景丰富度进行提升、对金融业务覆盖对象进行扩充。

金融科技的本质是科技与金融间的交互融合，并且是越发紧密、互相促进的过程。如今世界经济发展迅速，国家间的竞争逐步转化为科技实力的竞争，科学技术才是第一生产力。目前各国都希望提高科技与金融的融合效率，促使科技带动经济发展以提高国际竞争力。

二、金融科技的起源

与国外相比，我国金融科技发展演进的过程起步较晚，2014 年之前，以提高工作效率为目的，传统金融机构开始构建自身的信息系统，比较有代表性的是中国工商银行，从 20 世纪 80 年代开始购买当时最先进的 IBM 中大型计算机。2007 年，拍拍贷的成立成为国内金融科技发展的标志性事件，拍拍贷开始利用数据驱动的方式，构建个人信贷业务的工厂化服务，机器学习模型开始真正参与金融的信贷审批决策。2013 年，余额宝的出现对银行零售业务产生了冲击，令传统金融倍感压力，同时也是各大传统金融机构开始发展互联网战略的开端。2014 年，科技在支付领域开始逐渐发力，金融科技的应用从传统的金融后台支持转移到了前端，电子银行等开始普及。2016 年后，金融科技的发展已经渗透到国计民生的各个领域，随着前沿信息科技手段的不断发展、成熟，金融领域开始了利用技术手段"脱媒"的浪潮，甚至有专家认为，在这种趋势下，未来将会发展成为无金融社会。

三、相关概念的区分

近年来，金融业在科技的推动下，呈现出许多新业态，在实践应用超过了理论研究的背景下，涌现出了多个常用的、易混淆的概念，包括科技金融、互联网金融、互联网银行和金融创新等，对这些概念进行解析，能够对金融科技的内涵有更为深刻的认识。

（一）科技金融

科技金融一词最早出现在深圳科技局发布的《科技金融携手合作扶持高新技术企业》一文中。发达国家市场体系较为完善，科技系统与金融体系资源自由流动的程度较高，资本配置效率也较高，因此很少将科技金融作为一个专业术语加以阐述。国内对科技金融的研究始于20世纪90年代，目前对科技金融的概念初具轮廓，但尚未达成共识。1985年10月，中国人民银行与国务院科技领导小组办公室联合发布《关于积极开展科技信贷的联合通知》，首次将"金融支持科技"具体表达出来，明确的提出"金融机构应该支持科技事业的发展"及"金融机构与科技管理部分密切合作"的发展路径。

"科技"在现代汉语词典中的解释是"科学技术"[①]。"科技金融"虽然很早就被应用且范围很广，但是它的概念并没有被严格地界定。目前科技金融的概念主要有下面两种：第一种是科技支持金融，即科技进步促进金融活动的创新和提高其效率；第二种是金融支持科技，即通过金融活动促进科技的创新和发展。赵昌文等[②]（2009）认为，"科技金融是促进科技开发、成果转化和高新技术产业发展的一系列金融工具、金融制度、金融政策与金融服务的系统性、创新性安排，是由向科学与技术创新活动提供金融资源的政府、企业、市场、社会中介机构等各种主体及其在科技创新融资过程中的行为活动共同组成的一个体系，是国家科技创新体系和金融体系的重要组成部分"。洪银兴（2011）认为，"科技金融有特定的领域和功能，是金融资本以科技创新尤其是以创新成果孵化为新技术并创新科技企业和推进高新技术产业化

[①] 中国社会科学院语言研究所词典编辑室.现代汉语词典（第7版）[M].北京：商务印书馆，2018.

[②] 赵昌文，陈春发，唐英凯.科技金融[M].北京：科技出版社，2009.

为内容的金融活动"。裴平（2011）认为，"科技金融是科技创新体系和金融体系相互融合的有机构成，包括为基础研究、技术开发、成果转换，以及高新技术产业化提供金融支持的工具、服务和制度安排"。曹颢等（2011）认为，"从广义上看，科技金融是促进科技开发、成果转化和高新技术产业发展的一系列金融工具、金融制度、金融政策与金融服务的系统性、创新性安排。从狭义上看，科技金融着重突出的是金融机构运用金融手段支持科技型企业的发展"。王宏起和徐玉莲（2012）认为，"科技金融是由政府、金融机构、市场投资者等金融资源主体向从事科技创新研发、成果转化及产业化的企业、高校和科研院所等各创新体，提供各类资本、金融产品、金融政策与金融服务的系统性制度安排，以实现科技创新链与金融资本链的有机结合"。

从以上学者的研究角度来看，不同学者站在不同角度对科技金融进行了定义，但其核心内涵基本一致。金融科技与科技金融虽然只有词语组合上的差异，但两者的本质相去甚远，金融科技的落脚点为金融，科技是其工具和手段，最终目的是促进金融创新和效率提升。科技金融的落脚点为科技，金融是其工具和手段，最终目的是促进各行各业的技术创新。

（二）互联网金融

互联网金融是把互联网作为资源，以大数据、云计算为基础的新金融模式。大数据是互联网金融的核心资源，云计算是互联网金融的核心技术。互联网金融第一次把互联网作为金融活动赖以开展的资源平台，依托云计算等大数据处理技术，形成基于互联网大数据的金融信用体系和数据驱动型金融服务模式，降低了信息的不对称性，深刻影响和改变了传统金融服务的理念和业务方式，有效地提升了金融资源配置的效率，是传统金融机构与互联网企业利用互联网技术和信息通信技术实现资金融通、支付、投资和信息中介服务的新型金融业务模式。

互联网金融就是把金融与网络有机结合在一起所衍生出的金融新业态，

它把原本需要到银行面对面办理的融资、支付这些金融业务通过网络技术实现了无须现场办理，不受空间和时间约束，即在网上实时交易的新金融模式。金融的本质是资金融通，特定范围上讲金融指货币从发行到回笼的过程，广泛意义上可以把与货币流通所关联的一切业务都称为金融，基于这种划分，互联网金融也有狭义解释和广义解释。从狭义上来说，互联网金融指网络技术在货币流通过程中的应用；从广义上来说，则可以把所有依托网络服务平台进行的金融活动都纳入进来。它具有全生命周期网络化的特点，能够打破时间、空间对传统金融的桎梏，更加高效、便捷地配置资源。互联网金融不是简单的"互联网＋金融业"，而是依托大数据和云计算，在满足移动互联、信息安全等要求的网络平台上，顺应新的需要而形成新的金融业态及其服务体系。互联网与金融的深度融合是大势所趋，融合后形成新的金融模式，这种金融模式依赖网络技术的特点和规模经济可以解决交易成本过高、买卖双方信息获取不对称的问题，既作为信息互换的"桥梁"，又充当资金融通的"红娘"，提高了资金的配置效率。同时，互联网金融的投入资本小、覆盖面广、高效便捷、全天候营业等特点对促进小微企业发展和扩大就业发挥了商业银行等现有金融机构难以替代的积极作用，对改革传统金融活动、丰富金融产品有着助推作用。

互联网金融的概念起始于 2013 年，在概念内涵上与金融科技具有高度的一致性，因此早期一些文献常常将互联网金融与金融科技混用。由于该方面理论落后于实践，互联网金融在发展过程中的失序现象逐渐突出，尤其是通过监管套利，在短期内实现了井喷式发展，但多数平台公司并没有完备的风控体系，从 2018 年开始，许多网贷平台先后爆雷，互联网金融似乎也成为不规范金融发展的组成部分，概念的使用率也开始显著减少。当然，与金融科技相比，互联网金融强调的是互联网信息技术在金融创新中的突出作用，还难以囊括金融科技的方方面面，两个概念不能混用。

（三）互联网银行

21 世纪初以来，全球范围内掀起了互联网的浪潮，其在各国之间迅速发展，促进了各国交流，给人们带来了诸多便利，人们在生活中也逐渐离不开它。另外，互联网金融的发展在一定程度上对我国传统商业银行造成一定的压力，同时加速了互联网银行的发展。互联网银行是借助现代数字通信、互联网、移动通信及物联网技术，通过云计算、大数据等方式在线实现为客户提供存款、贷款、支付、结算、汇转、电子票证、电子信用、账户管理、货币交换、投资理财、金融信息及风险评估与控制等服务的在线金融机构。互联网银行提供的业务较传统银行方便快捷，在实现自身业务开拓的基础上，也可以为传统商业银行及互联网公司提供金融中介服务。

互联网银行是在互联网金融迅猛发展的背景下，一些掌握海量数据的互联网平台企业作为主要发起方而成立的类金融机构，与普通商业银行主要区别在于其业务开展主要通过网络进行，由于脱离了物理网点与面对面的沟通，互联网银行天然就需要使用科技来作为驱动力，实施差异化的发展战略。互联网银行近年来有较快的发展，但因配套监管措施不足，使其更容易发生监管套利，其中蕴含的风险也需要高度关注。作为金融科技的产物，互联网银行也应继续以金融科技为手段，开拓出当代金融业发展新模式。

（四）金融创新

金融创新概念的界定大多受到熊彼特有关创新观点的影响，David Liewellyn（1985）将金融创新界定为一种有关国际货币制度的变革，国际货币制度变革的发生会导致金融工具、金融市场和金融服务方式的创新。陈岱孙和厉以宁（1991）认为，金融创新是在金融体系中构建新的生产组合，包括新金融产品、新金融技术的相互融合[①]。《商业银行金融创新指引》提出，

[①] 陈岱孙，厉以宁. 国际金融学说史［M］. 北京：中国金融出版社，1991.

金融创新是商业银行通过引入包括新生产要素、开展新的业务活动等在内的新生产组合方式，以达到提升核心竞争力、更好地满足客户需求目标的经济活动。从金融创新的层次看，金融创新定义分为宏观层面定义与微观层面定义，即宏观层面定义是通过改进金融监管、完善市场运行机制等制度创新改善金融系统的生态环境；微观层面定义是金融机构方面的金融创新，根据内容差异分为产品创新与制度创新两类。

金融创新长期以来一直都是金融理论与实践高度关注的话题，但在一定时期内，许多金融创新的目的是规避监管及增加杠杆，最终非但没有提高效率，反而成为金融脱离实体经济、引发金融危机的导火索。金融科技无疑是金融业发展史上最伟大的金融创新，在未来的发展中，要充分吸取历史上金融创新所引发弊端的教训，将着力点更多地放在金融服务实体经济的本质上，减少金融运行的信息不对称，这样才能使之成为改变金融发展进程的真正创新。

四、金融科技的分类

金融科技先后经历了电子化金融、互联网金融和场景化金融等发展阶段，金融与科技的融合逐渐加深。随着大数据、人工智能、区块链、量化金融等前沿技术的应用和监管的完善，金融科技产业将迎来新一轮重大发展机遇[1]。

（一）大数据金融

1. 金融大数据的服务创新

金融大数据超市是通过传递企业内部数据流动产生的价值向用户提供服

---

① 周雷，张玉玉，陈音. 金融科技概念辨析、发展历程梳理及前景展望［J］. 江苏经贸职业技术学院学报，2020（1）：20−23.

务的载体，可以实时跟踪用户的需求，实现个性化模式定制数据产品，帮助管理决策者提高优化内部管理，帮助客户经理精准定位客户需求，提高客户服务质量，帮助产品创新部门开展金融产品创新并提供分析支持。同时，它还是数据价值的展示和增值载体，能够与用户互动实现对内外提供主动式和被动式的高质量个性化数据服务，为机构提供随需即时的决策数据，为客户提供个性化的数据需求服务，最终实现基于金融大数据超市的数据自助服务[①]。

2. 大数据金融生态系统

大数据技术与互联网金融发展推动着区域性与全球性大数据金融生态系统形成，基于金融大数据和大数据金融生态系统的社会超群博弈是推动当代金融市场体系与金融交易演化的关键力量。大数据金融生态系统是在经济活动金融化、金融交易数据化、金融数据网络化、网络扩展全球化、全球经济金融一体化背景下演化和发展的。金融大数据与大数据金融生态系统分布具有显著的地理空间、物理空间与网络空间特征，同时表现出网络化、分散化与集中化特征。金融大数据与大数据金融生态系统推动着大国之间的货币与金融市场竞争并形成全球性竞争，同时表现出网络化、数字化与复杂化的特征。全球大数据金融治理机制表现出扁平化、网络化、虚拟化与动态化的特征，中国需要制定大数据金融战略以应对挑战[②]。

（二）人工智能金融

人工智能是 21 世纪全球三大尖端技术之一，其本质是通过计算机来模拟人的某些思维过程和智能行为，最终代替人类从事一些工作。人工智能技术在金融领域的应用给整个金融业带来巨大的变革，智能获客、身份识别、智能投顾、智能信贷与监控预警、智能客服等创新型金融服务应运而生、不

---

① 侯敬文，程功勋. 大数据时代我国金融数据的服务创新［J］. 财经学，2015（10）：26-35.
② 保建云. 大数据金融生态系统、社会超群博弈与中国大数据金融战略［J］. 江苏行政学院学报，2016（4）：42-49.

断拓展。金融业被广泛认为是一个智力密集型的行业，而人工智能的应用则在此方面产生了跨时代的变革。当然，人工智能技术在我国金融领域的应用也面临着一系列困难和挑战：一是人工智能基础性、关键性技术研发能力不足，削弱了人工智能技术在金融领域应用的核心竞争力；二是多维度的复杂数据格式和庞大的数据量给人工智能技术在金融领域的应用、创新和发展带来困难；三是技术安全风险加大了人工智能技术在金融领域广泛、深入应用的难度；四是金融监管机制变革跟不上人工智能技术在金融领域应用的步伐。为此，要加强人工智能技术研究人才队伍建设，提升核心研发能力和水平；要强化大数据资源的整合和利用，构建和完善安全可控、广泛共享的数据生态圈；要建立健全多重安全风险防范机制，提升人工智能技术的风险防控水平；要改革和完善金融监管机制，实现对人工智能技术在金融领域应用的监管全覆盖，为促进我国金融业创新发展、规范发展提供有利条件[①]。

（三）区块链金融

区块链技术正在全球掀起一股浪潮，越来越多的金融机构开始投入区块链技术的探索研究和发展推动中。区块链具有基于时间戳的块链结构、非对称的加密算法、共识证明机制、灵活编程的智能合约、分布式记账与存储等技术创新点，形成了其去中心化、协同自治、公开市场化、合约智能化等特征，与产业链金融系统原理上相契合。自 2008 年区块链概念被提出以来，这一技术成为金融科技研究与实践中热门的话题之一，目前已经逐步渗透到全球银行业。我国商业银行在支付结算业务、资产业务和中间业务三大方面已经开始布局区块链。当下区块链在银行中的应用主要集中在平台和系统的搭建方面，以提高交易和信息处理的效率。尽管区块链在我国商业银行应用

---

① 斯亮，魏福义．人工智能技术在金融领域的应用：主要难点与对策建议［J］．南方金融，2018（3）：78-84.

中面临着风险，但未来我国商业银行可以在组建银行间区块链大联盟、内外协同、多业务布局区块链及数字货币等多方面应用该项技术^①。金融业作为一个古老而又现代的行业，它的每一次变革都会带动整个经济运行体系的变革，但它始终面临着信息不对称问题，需要通过复杂的信息收集、综合分析与判断来达到资金在时间与空间上的优化配置，实现财富增长与经济效率提升。金融科技发展的核心目标就是解决金融运行的信息不对称问题，而区块链技术则在推动信息真实传输及高效处理上具有革命性的影响，必将成为今后金融科技发展的重要着力点。

五、金融科技特征

（一）客户导向

金融科技是一个资本集约、资源共享和创新集中的新兴领域，其通过大数据、机器学习、云计算、人工智能、区块链等核心技术的积累和发展，实现以用户为核心、数据为基础、科技为手段的服务模式。这种模式不仅提高了运行效率，而且降低了运营成本。金融科技以金融业务场景为依托，覆盖金融机构各业务环节，打造客户服务、金融交易和决策、风险防控与监测的一体化服务，实现前中后台的全流程覆盖，为客户提供精细化、个性化、高效率的定制化服务。同时，金融科技的加入使金融机构实现智能化运营，覆盖销售、风控、产品、客户服务和运营策划等环节，从而全面提升金融体系的运行效率，创造了传统金融行业难以达到的服务体验。

（二）全新设计

金融科技不是对金融业运行中部分环节的优化，而是现代信息技术全面渗透到金融业后的产物，借助于人工智能、大数据等技术，金融业形成全新

---

① 张婷. 我国商业银行区块链技术的应用与前景展望［J］. 新金融，2019（7）：50-57.

的业务生态，在客户服务、数据管理、风险控制、系统开发、运营维护等各个方面实现全新设计及传统金融行业运行的全流程改造。无论是从传统的线下获客，到通过互联网用户进行渠道获客，再到通过大数据等技术的互联网精准获客，还是风险模型、智能投顾、人脸开户等产品的应用，都表明了通过与科技的紧密融合，金融业走向了一个全新设计的时代。

（三）增规模

金融科技轻资产特性不仅实现了低成本下金融业务的规模性增长，而且在边际成本递减效应的作用下，又进一步加快了其规模的增长，实现良性循环。大数据等技术具有保持业务快速增长的潜力，就行业发展规律来看，其会被行业所采用，并借助金融科技基础层面的创造，金融机构或公司可以实现应用层面上的资源整合。金融科技借助合作平台、互联网覆盖度及运行高效的特性，创新和发展业务模式和客户服务，迅速拓宽市场，不仅为客户提供个性化定制服务，优化资源配置，而且形成了统一的业务规则和运作流程，便于进行高效的决策分析。

（四）简单化

海量的数据、高速的云计算、方便省时的人工智能、分布式安全的区块链等技术和金融相结合，不仅能节约时间、提高效率，更使金融业务操作流程简单化。大部分的金融机构通过采用简单化的操作、数字化的过程、精简化的流程模式来降低成本，从而促进了金融科技发展。例如，传统的投资理财需要投资者在大量专业信息中做出判断，然后分析出适合自己的理财策略，然而金融科技的加入，使复杂的金融环境简单化，智能投顾可以针对投资者的需求提供定制化的选择菜单，为客户提供一对一的理财服务，有效缓解了投资者在不断变化的环境中的理财选择难题。

（五）高创新

金融科技是以创新为本的金融活动，包括业务模式和技术两个层面的创新路径，其区别于传统金融市场和产品层面的创新，金融科技创新更注重技术分析等业务创新和商业模式创新，加速实现市场上产品的更新换代，分解传统银行业、证券业和保险业的业务，为其提供高效率、低成本、高附加值、便利化的产品和服务，降低运行成本，提高服务效率。

（六）重合规

金融科技的高创新特征促使行业具有快速扩大规模的优势，进而获得收益。但是轻资产特征又降低了其抵御风险的能力，合规与风险管理的成本将上升。通过技术创新实现合规要求是解决以上问题的唯一途径，运用技术监管可实现降低合规与风险管理成本的目的。合规在保驾护航的同时不再是阻碍金融机构发展的外部约束，而是内化为前进动力促进行业发展，这也体现在国家为金融科技发展出台的一系列政策制度的支持上。

第二节　金融科技研究的理论背景

一、金融与科技的关系

金融与科技在人类长期的历史发展进程中似乎是在两个轨道上平行发展的事物，人们在探讨经济增长的奥秘中，开始发现两者存在交集。经济学家罗斯托提出的经济成长阶段论中认为，起飞阶段是所有阶段中最为关键的阶段。主导产业更替，以及在工农业中推广和运用的技术是决定区域经济发展处于哪个阶段的主要因素。经济学家熊彼特在其《经济发展理论》中认为，经济发展的本质在于科技的创新，而创新则是建立一种新的生产函数，把一种从来没有用过的关于生产要素和生产条件的新组合引入生产体系。经济学家希克斯则认为工业革命并不是技术创新的结果，或者至少不是直接作用的结果，而是金融革命的结果。工业革命早期所使用的创新技术，因为缺乏大规模的金融资本，使其无法进入产业化阶段，因此无法导致工业革命。应该讲，科技、创新、金融是经济学家们在探索增长奥秘中最为核心的关键词，其中科技进步所引发的新技术及金融发展所提供的资本是各类生产要素中最为活跃的两个类别，它们直接决定了新的生产函数即创新能否发生及如何发生。当然，科技和金融毕竟是两个既相互联系又相互区别的社会经济现象和社会经济活动。科技主要通过将新技术引入生产体系以此来满足甚至激发社会需求，创造社会财富，最终实现企业乃至整个社会的价值最大化；金融主要是通过选择有投资价值的项目或领域，让渡其资金使用权，把稀缺的资金配置到最能发挥其效能的地方，最终实现资金价值和社会财富最大化。同时它们都具有逐利的本能和风险较高的特征，成功的科技创新为金融提供了舞台，强有力的金融支持又为科技创新提供了资金保障，从这个意义上说科技和金融都是促进经济发展必不可少的要素，如果科技和金融能有效对接便能相互促进，相得益彰。从这些分析中，我们能够更深刻地认识到金融科技的本质，即它是一种典型的创新活动，它引发了传统金融业生产函数的历史性重组，使科技在生产要素组成比重中大幅提升，金融业成为了高度技术密集型产业，科技成为了引发金融业变革最重要的驱动力。

二、技术创新理论

在经济学发展过程中，技术创新并非一开始就获得经济学家的关注与研究。随着科技的进步与发展，技术创新对于促进经济增长发挥了越来越重要的作用，传统经济理论中的劳动力、资本已经不能解释经济现象，因此经济学家将技术创新纳入研究视野。从熊彼特较为完整地提出创新理论以来，技术创新理论已经形成新古典经济学派、新熊彼特学派、制度创新学派等主要的理论流派。

（一）熊彼特技术创新理论

第一位提出"创新"概念的经济学家是熊彼特，他对创新理论形成做出了巨大的贡献。他在《经济发展理论》中指出，经济发展是一个以创新为核心的演进过程，首次提出了创新理论。1939年，熊彼特在《经济周期：资本主义过程之理论的、历史的和统计的分析》中较为完整地阐述了创新理论，创新是"建立一种新的生产函数"，是将一种从未有过的生产要素和生产条件的新组合引进生产体系中来。在此基础上，熊彼特将创新分为五种情况。第一种是产品创新，即企业推出新的产品；第二种是工艺创新，即企业改用了新的生产方式；第三种是市场创新，即企业开辟了新的市场；第四种是材料创新，即采用了新的原材料或建立了新渠道；第五种是组织管理创新，即实现企业的新组织形式。熊彼特虽然也提到了组织创新、管理创新，但其更强调技术创新的作用。

熊彼特认为创新的实现途径有两种，分别是企业家创新和大企业创新。在青年时代，他强调企业家在技术创新中的重要作用，认为技术创新是外生的经济变量，也被称为熊彼特创新模型。然而，在晚年时期，熊彼特更强调大企业创新，认为大企业在技术创新上的作用是十分重要的，是内生的，来源于大企业内部。

（二）新古典经济学派

20世纪50年代之后，世界经济恢复增长，很多国家经济高速增长，在这一环境下，古典经济模型等传统经济理论中的资本、劳动力、土地等要素已经不能解释很多现象。因此，越来越多的经济学家开始重视和研究经济增长和技术创新之间的联系。虽然在熊彼特之后，经济学家意识到技术创新对于经济增长的作用，但仍然将技术创新视为外生变量。直到20世纪50年代，新古典经济学家将技术创新纳入经济增长模型，将技术创新视同为劳动力、资本和自然资源一样的经济增长要素。

1957 年，索洛发表了《技术进步与总量增长函数》，其利用柯布—道格拉斯生产函数建立了以技术进步为重点的索洛模型去衡量在经济增长中技术进步所带来的影响。在该模型中，技术创新是经济增长的内生变量。在文章中，索洛利用美国 1909~1949 年的非农部门劳动生产率的实际情况进行了实证分析，测算出制造业总产出的 88% 来源于技术进步，只有 12% 来源于生产要素的投入，指出技术进步是劳动生产率提高的主要原因。1986 年，罗默发表了《递增收益与长期增长》；1988 年，卢卡斯发表了《论经济发展的机制》。二人均建立了内生技术增长模型。在他们看来，经济增长并不是来自外部力量的推动，而是源自经济系统中内部因素的作用。技术创新决定了经济增长。企业为了追求利润的最大化，在自主投资中带来了技术进步。技术和知识具有溢出效应，这也是经济实现增长的条件。新古典经济学派将技术创新纳入经济学分析框架，形成了经济增长理论和新经济增长理论。

新古典经济学派研究了政府在技术创新中的作用，指出政府的调控手段是必要的。当技术创新的需求与供给出现市场失调，技术创新的资源无法满足市场需求或经济发展需要时，就需要政府对技术创新活动进行支持、刺激或干预，以此促进技术创新的更好发展。

（三）新熊彼特学派

受到熊彼特的影响，秉承着熊彼特思想的传统，强调技术创新是经济增长的核心地位，新熊彼特学派集中讨论了技术创新的推广、创新与企业规模、市场结构的关系、创新与扩散的关系、技术创新与经济发展相结合的方式方法等问题。

曼斯菲尔德建立了一个新技术推广模型，分析了新技术的推广速度及其影响。在他看来，新技术的推广速度由三个基本因素和四个补充因素决定。三个基本因素包含了模仿速度、模仿相对盈利率和投资额。四个补充因素是旧设备的使用年限、销售增长速度、新技术使用时间和经济周期的所处阶段。

谢勒尔研究了企业规模与技术创新之间的关系，通过 500 家企业资料的实证分析，发现技术创新并不是简单地与企业规模成正向关系，不同规模的企业在技术创新方面都有较好的表现。处于不同的产业、不同的企业发展阶段、不同的时代背景，根据企业规模的大小，企业自身在技术创新方面有着各自不同的特点。

阿罗研究了市场结构对技术创新的影响。其在《发明的经济福利与资源配置》中分析了完全垄断与完全竞争这两类市场结构，对比了两类市场结构下技术创新情况，发现完全竞争市场相对于完全垄断市场更有利于技术创新。

新熊彼特学派坚持了熊彼特创新理论的传统，也关注了技术创新中各个微观层面的问题，其中关于技术推广、企业规模、市场结构等方面与技术创新之间的论述，有益于更好地理解和把握技术创新。

（四）制度创新学派

制度创新学派以兰斯·戴维斯和道格拉斯·诺斯等经济学家为代表，他们通过制度分析，对技术创新所需的外部环境进行分析，认为制度创新是技术创新的决定性因素。好的制度会促进技术创新的发展，不好的制度将阻碍或者扼杀技术创新。

诺斯构建了一个较为完整的制度经济学理论框架，主要研究了经济发展中的制度创新与制度选择。制度创新之所以会发生，在于制度创新的预期收益大于预期成本。制度创新一般通过个人或政府的安排来实现，具体实现的形式是根据成本收益的比较及决策者的影响力而决定的。技术创新需要外部环境，关键是能对个人提供有效的激励。新技术的发展也许会完善产权制度，提高创新的收益率，促使发明者的活动得到利益保障。拉坦则提出了诱致性制度变迁理论。他认为，制度发展会带来新知识的产生，而新知识的产生会导致技术的变迁或变革；技术变迁也会导致对制度变革的需求增加。基于此，拉坦将通过制度变迁分析技术变迁，将两者有机地结合在一起。制度创新学派的理论是对新制度经济学和创新理论的有效结合，从制度安排的角度，研究了政府及其体制和政策对经济增长的影响，进一步发展了技术创新理论，证明了技术创新需要一个良好的制度环境。

三、金融发展理论

在早期的经济学研究中，关于金融发展的研究主要是围绕货币这一金融工具展开的。货币理论是金融理论的早期萌芽，也奠定了后期金融发展理论的研究基础。直至 Gurley 和 Shaw 相继发表相关文章，经济学研究才开始深入探讨金融发展理论，并取得了巨大的发展。戈德史密斯提出了金融结构理论，麦金农和肖提出了金融深化理论，之后出现了内生金融理论及金融约束理论，金融发展理论得到了进一步发展和完善。

（一）早期金融发展理论

进入 20 世纪 50 年代以后，随着经济的发展，金融业作为一个独立的产业部门形成并发展起来，金融对于经济发展的作用也越来越明显，经济学家们开始深入研究金融的本质及其与经济发展的关系，从而使金融发展理论得以创立并逐渐发展。Gurley 在 1955 年发表了《经济发展中的金融方面》，Shaw 在 1956 年发表了《金融中介机构与储蓄——投资过程》，建立了一个从初级到高级、由简单到复杂逐步演进的金融发展模型，提出在经济发展越高级的阶段，金融的贡献和作用就越明显。这带动了金融发展理论研究，为其后续发展奠定了坚实的基础。

帕特里克在 1966 年发表了《欠发达国家的金融发展与经济增长》，解释了金融发展的原因，描述了金融发展与经济增长之间的关系，表述了金融发展的两种模式。一是需求追随型的金融发展模式，即经济发展会产生对于金融服务的需求，这才导致金融工具、金融机构和金融服务的不断产生和发展。二是供给领先型的金融发展模式，即金融工具、金融机构和金融服务的供给是领先于经济发展需要的，金融发展在引领和促进经济的增长。在他看来，这两种模式是与不同的经济发展阶段一一对应的。在经济发展的早期阶段，金融发展会呈现供给领先型的模式，而随着经济的增长，金融发展会逐渐调整为需求追随型的模式。

早期的金融发展理论论述了金融发展模式演进的过程，以及不同经济发展阶段下金融发展模式的选择问题，对于金融科技发展的模式选择具有指导意义。

（二）金融结构理论

1969 年，戈德史密斯发表了《金融结构与金融发展》，提出了金融结构理论。通过对 35 个国家长达 100 年的金融结构实证分析，戈德史密斯指出，金融发展的本质是金融结构的变化，而研究金融结构、金融工具及金融流量如何相互作用就是金融发展研究的职责。戈德史密斯将金融分为三个部分：金融工具、金融机构和金融结构。对于这三个部分，他也提供了相应的分析工具，建立了包含 8 个指标在内的指标体系，其中最为重要的就是金融相关比率。根据金融相关比率的高低及其他指标的情况，将金融结构分为三种类型：第一种类型是金融相关比率较低，数值在 $\frac{1}{5} \sim \frac{1}{2}$，这时候债权远远超过股权，银行占据主导地位，处于金融发展的初级阶段；第二种类型是金融相关比率仍然较低，债权超过股权，银行处于主导地位，但是政府发挥了较大作用，外国投资的股份公司已经较多的存在；第三种类型是金融相关比率较高，数值在 $\frac{3}{4} \sim \frac{4}{5}$，这时候股权比例上升较多，银行地位开始下降，金融机构多元化发展。通过对发达国家和欠发达国家金融结构差异的研究，戈德史密斯发现，金融发展与经济发展之间存在一种大致的平行关系，也就是说虽然各个国家的金融结构并不相同，但是金融发展的趋势是较为一致的，金融的发展存在着普遍性的一般规律。

金融结构理论证明了金融发展中，金融结构的变化具有一定的普遍规律，这也为处于不同发展阶段的金融科技中心选择怎样的金融机构、金融产品和金融结构提供了参考。

（三）内生金融理论

20 世纪 70 年代末，拉丁美洲部分国家开始实施以放松政府管制为核心的金融改革，掀起了一轮金融改革与金融自由化的浪潮，但大多数改革都以失败告终，金融深化理论在实践中遇到了现实困难，促使经济学家开始从新的角度对金融发展进行思考。20 世纪 80 年代，内生经济增长理论开始形成，金和莱文及众多经济学家汲取了内生经济增长理论的成果，利用内生经济增长理论研究金融发展问题，建立了内生金融发展理论，并寻求建立一个能共同解释发达国家和发展中国家的一般性的金融发展理论。

内生金融理论已经开始关注金融与技术的关系，不再将金融看成是经济发展的外生变量，而是将金融作为经济增长的内生变量，置于研究模型之中，通过研究金融体系中的金融市场与金融中介是如何形成与发展的，进而发现金融体系促进技术发展与技术创新、推动经济增长的机制。内生金融理论强调金融系统的效率，认为一个具有效率的金融体系将会提高投资效率；主张市场化的金融改革要注重发挥金融微观基础的功能和效用，以此推动经济的持续增长。

（四）金融约束理论

金融深化理论认为，政府的金融管制措施不利于资源配置，从而阻碍了经济的增长。但在实践中，日本、韩国、印度尼西亚、马来西亚等国家在经济发展方面取了令人瞩目的成绩，而上述国家多少都存在着不同程度的金融管制。这一现实情况与金融深化理论并不相符合。1996 年，托马斯·赫尔曼、凯文·穆尔多克、约瑟夫·斯蒂格利茨据此提出了金融约束理论。

金融约束是政府所实施的金融政策的组合，如对存贷款利率进行管制，对市场准入进行限制等。通过金融约束，可以给金融部门提供租金机会，由此产生正向激励，促使金融部门在追逐租金收益的时候，可以将私人信息考虑到决策中，以此来部分解决由市场充分竞争所产生的产品供给不足等问题，这会支持金融发展和经济增长。金融约束提供的租金将会产生四个方面的积极作用：一是为银行提供特许经营权，促使其扩大中介范围，更有动力增加信贷和稳健的经营；二是租金可以指定用于特定的银行业务，这可以引导银行开展一些政府希望发展的业务；三是政府限定贷款利率上限，相当于向生产部门转移租金，可以促使银行做好贷款决策；四是政府的特定信贷政策，会让贷款企业产生竞争，这可以刺激企业更好地经营。金融约束理论认为，发展中国家和经济转型国家一般并不具备实施金融自由化的条件，这些国家可以先推行金融约束政策，再实施金融自由化政策，这具有重要的现实意义。

第三节　金融科技的发展

一、金融科技创新生态

信息技术是现代金融科技发展的支撑，因此金融科技发展最为迅速的国家和地区往往都有较为发达的信息技术，金融科技的创新主体往往是大型的互联网公司而非传统的商业金融机构，它们利用其掌握海量数据及便捷的平台获客，短期内在传统的金融行业中获得了一席之地。随着金融科技发展不断推进，传统商业金融机构也加入了金融科技研发和应用中，在一些细分领域，许多中小科技公司也开始在金融科技中布局，共同营造了充满生机活力的创新生态。目前，发达国家，尤其是北美洲地区金融科技发展优势较为突出，创新生态体系完整，主体众多。The Fintech Times 数据显示，北美洲地区金融科技市场规模占全球的 30%，截至 2020 年底，北美洲地区共有 46 家金融科技独角兽企业（指成立不超过 10 年，且估值超过 10 亿美元的初创企业），约占全球总量的一半，包括大量高估值的金融科技独角兽企业，如 Stripe（估值 950 亿美元）、Chime（估值 250 亿美元）等。除了新兴的独角兽企业，大型的互联网科技公司，如 Amazon、Facebook、Google、Apple 等都持续加强金融科技领域的资源投入和业务布局，同时传统的金融机构，如摩根大通集团等都将更加积极地对金融科技进行投入和应用，加速数字化转型。与北美洲地区相比，我国信息技术和电子方面的原始创新不足，金融科技发展推动力的后劲不足，但借助互联网行业的蓬勃发展，在应用及普及推广方面走在前列。在创新生态主体中，大型互联网公司，包括京东、阿里巴巴、百度、腾讯等都有大量的投入，取得了显著的成效，近年来，各类商业银行也积极推动金融科技的发展，成为了重要的创新主体。我国金融科技行业的独角兽企业也有快速的发展，CB Insights 数据显示，2020 年，全球金融科技领域的独角兽企业共有 96 家，中国拥有 17 家，仅次于美国。

从金融科技发展历史上看，金融科技的创新可能出现在链条上的每一个环节——底层技术、产品设计、客户体验、营销宣传、收费模式等。各类金融科技的创新主体，不论是大型互联网公司、传统商业银行还是独角兽企业，都应该发挥自身优势，依循一定路径，不断丰富和发展金融科技创新的生态体系，为后续发展营造良好的环境。

（一）技术更新

金融科技的产生和发展与科技进步是密不可分的。以支付为例，在金融科技的推动下，货币价值载体、支付结算方式和鉴权认证方法三个方面都发生了巨大变化。在货币价值载体方面，基于区块链技术的数字货币带来了全新的价值载体，创造了一整套新的价值体系，而且可以确保支付记录透明、不可篡改。2017 年中国人民银行基于区块链技术建立的数字票据交易平台成功完成测试；在支付结算方式方面，移动互联网和云计算技术大大突破了支付的时间和空间限制，提高了快捷程度，如银联"云闪付"系列产品采用了云计算技术，银行卡关键信息的生成、验证、交易监控都在云端完成；在鉴权认证方法方面，新兴的生物识别技术、加密技术和大数据技术提高了支付安全。科技的发展、应用技术的更新为金融科技发展提供了最大的支撑和动力。

（二）金融需求

作为服务业，无论处于哪个时代，以客户需求为导向都是金融业发展最根本的遵循原则，金融科技的土壤也即金融需求——支付清算创新满足的是资金流通需求，网络借贷、互联网消费金融、互联网银行、互联网众筹满足的是融资需求，互联网财富管理、互联网证券基金投资、互联网保险满足的是投资理财需求。当然，与传统金融模式不同的是，金融科技发展主要是通过创造新的供给模式满足甚至引领新的需求，使之更为精细化、便捷化。

（三）服务对象

根据是否为客户提供最终的金融服务，金融科技可以划分为 ToC 和 ToB 两大类。C 端的服务对象是金融产品和服务的最终享有者，主要是个人和机构，网络借贷、P2P 的服务对象主要是个人，而互联网供应链金融的服务对象主要是机构。B 端的服务对象主要是提供金融产品和服务的金融机构，典型的如同盾科技的 AaaS（智能分析即服务）业务模式，运用智能风控技术为银行、保险、理财等提供反欺诈服务。互联网金融的兴起，其根本是在 C 端拓宽了金融服务的对象，通过互联网技术解决了传统普惠金融难以解决的可获得性、可负担性、可持续性和全面性等问题。因此，从互联网金融转型到金融科技的另外一种表述就是 ToC 到 ToB 的转型，这代表了未来发展的创新方向。

（四）法律关系

金融的发展伴随着风险的防范，金融的本质也决定了只有加强监管才能使其发展行稳致远，厘清金融科技参与主体的法律关系是保障金融科技创新生态体系健康发展的关键。从底层来看，不同的金融科技业务体现为不同的合同安排。在一些业务中，金融科技业务主体作为产品或服务的直接提供方，行使合同约定的权利，履行相应的义务并承担责任；而在另一些业务中，金融科技业务主体仅作为平台存在，提供交易场景和基础设施，由第三方提供金融产品和服务。前者被称为"自营业务"，所有的 ToB 业务和部分的 ToC 业务属于这种类型；后者则通常被称为"平台业务"，ToC 业务中的 P2P 业务就属于这类的典型。2016 年 8 月银监会等下发的《网络借贷信息中介机构业务活动管理暂行办法》对于"自营"和"平台"有明确的界定。需要注意的是，不能简单地认为平台业务的责任就一定比自营业务轻。根据 2019 年 1 月 1 日起正式实施的《中华人民共和国电子商务法》，平台主体的责任同样重大。

（五）竞争关系

金融科技生长于金融需求的土壤，从诞生之日起就面临着和现有金融机构的关系问题。从前文梳理的金融科技发展历史来看，"ATM""网上银行"阶段的金融科技主要是现有金融机构的辅助手段并依附于现有金融机构而存在。但随着金融科技的发展，其重要意义凸显，逐渐成为现代金融机构必不可少的重要组成部分，直至与传统金融机构发生市场份额的竞争。从现有的业务类型来看，金融科技与传统金融业务的关系主要有补充、竞争、替代、服务四种。补充，即与金融机构做出市场划分、互不干涉，如 P2P 领域传统金融机构与金融科技独立发展。竞争，就是与传统金融机构经营同类业务，如现在的互联网银行和互联网保险等。替代，实际上是对传统金融服务的覆盖，如移动支付对传统的支付方式就是一种替代。服务，则是以科技手段赋能传统金融业务，目前的 ToP 业务就属于这一类型。

二、金融科技的发展现状

全球金融科技的产业中心主要分布在美国、英国、新加坡、澳大利亚和中国等国家，相较于发达国家金融科技的成熟度，我国金融科技虽然总体规模大，但整体竞争力还处于相对落后的状态。

1980 年，美国的华尔街第一次出现"金融科技"这个词，但是由于美国当时处于经济结构转型期，行业经济衰退，政府放松监管，因此发展初期政府并未介入，金融科技自发成长。经过多年发展，政府逐步建立起相关制度法规规范金融科技市场，保障行业长远发展。现在美国金融科技发展模式已经较为成熟，呈现出创新、创意和多元化的特色，为客户提供全覆盖、个性化的产品和服务。通过金融科技与资本市场相结合，覆盖网络借贷、保险科技和财富管理等多个领域，很多顶级金融科技公司脱颖而出，如总部设在加利福尼亚硅谷的 WealthFront 专注于智能投顾领域，不仅为富裕阶层提供服务，同时其业务还覆盖了广大普通收入的投资者。

英国一直被称为全球金融中心，在金融业蓬勃发展的同时，英国也一直致力于金融科技的研究和应用。近年来，英格兰银行大力支持金融科技发展，启动金融科技加速器项目。在业务创新方面，将金融科技渗透到证券结算、银行分类账等各大金融行业中，同时加强银行直接业务和金融科技公司的合作；在政策法规方面，英国政府通过调整监管规则，在有限范围内支持金融科技的发展，又进一步加速金融科技的进步；在资金支持方面，伦敦是创投基金、天使投资人、创新融资工具的聚集地，如劳埃德银行、众筹集资都为金融科技公司的长远发展提供了土壤。在国家政策支持和金融科技自身优势的前提下，不仅是伦敦，英国的其他城市也采用了伦敦成熟的商业模式吸引金融科技公司和人才，进一步促进金融科技发展，曼彻斯特是典型的代表城市之一。

新加坡不仅在金融业发展方面遥遥领先于其他国家，而且也是世界第一大金融科技孵化地。新加坡有着强大政府支持的政策优势、通往东南亚窗口的地理优势、完善的创新生态体系，其逐渐成为东南亚金融科技中心。近年来，新加坡提出了建立"智能财富中心"的口号，以行业为主导建立金融科技创新中心，政府出台"监管沙盒"等政策大力支持金融科技的发展。新加坡金融管理局组建了金融科技团队和金融创新团队，共同创立了支付与技术研发、基础技术设施建设和技术应用创新三大办公部门，目的是吸引更多优秀的金融科技公司和人才，实现金融科技产业的可持续发展。目前已经吸引 300 多家金融科技公司进驻新加坡，20 余家金融机构和金融科技企业也将创新实验室和研究中心纷纷落户新加坡，其中包括全球最大的金融科技中心 Lattice80。

相较于国外金融科技成熟度，虽然我国金融科技出现较晚，但发展势头强劲，规模处于世界领先水平，未来发展空间巨大。我国中等收入群体比例正在逐年攀升，习近平在《国家中长期经济社会发展战略若干重大问题》中指出，"把扩大中等收入群体规模作为重要政策目标"；中央财经委员会第十次会议强调，"推动更多低收入人群迈入中等收入行列"；2021 年我国中等收入群体规模约为 4 亿人，总量不少，但以 14 亿多人口的基数计算，所占比重约为 30%，预计到 2035 年我国中等收入群体将达到 8 亿人以上，这一数量为金融理财产品市场带来巨大的增长空间。我国互联网普及率高，在全球电子商务销售份额中高居榜首，据数字化转型公司 Hero Digital 发布的报告，预计 2022 年，电商渠道销售额将同比增长 21%。此外，我国消费者对新兴金融服务产品接受能力强，根据 BCG 调研，80% 的中国高净值人士可以接受新型的金融产品和服务，包括电子银行、第三方支付、网上银行、智能投资等。

三、金融科技发展的趋势

金融科技未来的发展面临着以下趋势：

第一，低成本下的普惠金融。未来金融科技的发展会伴随着获客便利性、风险分析、经营和资金成本的普惠化，利用大数据和云平台，使得各类复杂的数据处理通过金融科技得到流程的优化。最终将使得金融服务更加低成本化，进一步提高用户触达金融的效率。

第二，金融服务的场景化。在传统的工业社会，金融服务是以金融供应者为中心的，金融的消费、社交场景是相互分离的。在金融科技不断发展壮大的前提下，信用体系不断健全，客户在借贷、消费各个环节实现了与金融服务供应者的面对面，真正实现了以客户为中心，促使了金融生活（FinLife）与金融服务的衔接，使得金融服务回归到金融的"初心"，围绕客户服务体验的改进来创新产品，利用金融科技来改进金融生活质量。

第三，传统金融与金融科技的密切融合。在科技金融快速发展的背景下，传统金融与金融科技的界线将更加模糊，两者的融合程度不断提高，相互激励、补充和融合。在金融科技新产品"鲶鱼效应"的推动下，传统金融机构不得不推出新的产品，加快金融创新步伐。

四、金融科技对传统金融行业的冲击和影响

伴随互联网和信息通信技术的发展和应用，金融科技自2008年金融危机以来，应普惠金融的需求，得到迅猛发展。据零壹智库不完全统计，2018年，对全球金融科技行业来说，无疑是高速发展的一年。全球范围内共有1212笔项目获得总计3831亿元的融资，比2017年融资数量增长43%。[①] 为

---

① 2019年全球金融科技融资报告：融资额超2619亿，区块链融资数量独占鳌头［EB/OL］. 搜狐，https://www.sohu.com/a/367306351_649029，2020–01–16.

此，一些机构如花旗银行、麦肯锡、埃森哲等大胆预言，金融科技将全面冲击现存的金融市场和传统金融服务。和10年前银行的业务量和数据量已不可同日而语，基于大数据的"人机协同"将是未来金融业务开展的主要方式。同时，互联网时代的到来对于银行产品的更迭、敏捷化开发提出更高的要求，金融与科技的融合程度不断加深。从当前各国发展的实践可以看出，金融科技所涉及的领域主要是电子银行、移动支付（含转账）、机器人投顾（资产管理）、科技保险、大数据分析、区块链技术（含比特币）等。金融科技新创公司凭借在某一个或几个领域的优势介入或者嵌入银行、保险、证券等传统金融相关行业，具有去中介化、去中心化、定制化的特点，对金融机构而言提高了金融效率、降低了服务成本，对消费者而言增加了金融服务及其体验、获得了更大的消费者剩余。总体来讲，金融科技对商业银行的影响机制主要体现在四个方面。

（一）金融科技革新传统业务管理模式

金融科技的发展为传统银行的经营模式带来了颠覆性挑战。为了满足银行实务领域的需求，金融学术理论界加快了金融科技对传统银行经营模式冲击的研究。一是创新负债业务模式。负债业务是商业银行利用对外负债的方式筹措所需资金的活动，是商业银行一项十分重要的基础工作。金融科技满足用户存、取、记账等多元化需求的特点，负债这项基层业务受到了金融科技的巨大冲击。二是创新支付业务模式。近年来，金融科技进入高速发展时期，互联网支付业务的兴起，以支付宝、微信等为代表的第三方支付因支付效率高、支付方式更加便捷，"足不出户、手指一动"就可以完成支付，为现金支付交易带来了一场革命性的变化，其发展速度和规模超出了许多人的想象和预期，对商业银行的传统支付业务管理模式带来了极大的冲击。三是创新信贷业务模式。信贷业务对商业银行来说是最重要的资产业务，主要采取放款收回本金和利息的方式获得利润，是商业银行的主要盈利手段。多年来，商业银行一直十分重视并且依赖于信贷业务，通过不断改善服务途径，使商业银行维系了在市场竞争中的地位，达到了良好的财务运行状况，实现了银行自身发展及服务于经济社会建设的目标。发放贷款方面，大型科技公司既有的电子支付等基础设施使科技公司的边际成本保持低位，而不必像传统金融机构一样付出增设网点和人员配备的成本，因而形成低成本批量获客的巨大优势。也正因为如此，通过电商平台与支付系统的引流，大型科技公司主导的金融科技信贷得以渗透至银行授信薄弱环节，同时以流程更高效更便捷的优势增强用户黏性。随着金融科技的发展，网上信贷平台的发展，使信贷的门槛降低，信贷标准进一步改善，信贷流程进一步简化，客户的信贷限制减少，获得信贷资源更加便捷，这些都使得商业银行的信贷业务受到日益严重的冲击和影响。同时，金融科技的应用也为信贷业务带来了一定的挑战，如虽然通过生物智能进行人脸识别，开发"闪电贷"业务，并利用双方监测技术对资金流向进行监控，但对于客户的还款意愿、能力等方面的风险控制要求也越来越高，在便捷的交易操作条件下，需要加强银行在客户的资产情况、交易记录、消费情况、社交情况等方面的风险控制。

（二）金融科技完善平台运营模式

金融科技正在潜移默化地改变着客户的生活和消费习惯，不断稀释着商业银行传统服务的"黏度"。从消费者选择的角度来看，金融科技快速发展为消费者的生活和消费带来了许多便利，降低了交易成本，给客户增加了更多的选择权利，同时也包括对金融服务的选择在内，使客户对商业银行服务的依赖程度降低，使得银行服务管理受到了前所未有的压力和挑战。相对于传统金融的"线下获客"和"网点辐射"，金融科技缩短了银行与客户的距离，优化了用户和渠道入口。金融科技使得场景得到了重设，实现了"客户—产品"的有效对接，增强了客户的营销黏性，实现服务链条和服务覆盖面的扩大和延伸。金融科技的出现，进一步加大了银行平台运营过程中风险控制的难度，在技术风险、战略风险、流程风险、交易风险、法律风险等方面的控制与传统金融经营模式相比，具有更大的挑战，对商业银行风险识别、风险监测、风险预警、风险隔离等方面的控制能力提出了更高的要求。

（三）金融科技驱动服务营销模式创新

金融科技驱动银行实现渠道的融合，金融科技作为一种新型金融渠道模式迅猛发展，对现有商业银行的营销渠道产生着一系列的冲击效应。金融科技的发展加快了用户营销体验的改进，实现了以客户为中心，突破了传统营销渠道时间和空间的瓶颈，在交易和服务体验环节实现了客户的快速触达，为客户服务的改进提供了更多的优化方案。金融科技背景下，有助于降低传统的中介成本、交易成本、运营成本，打破了传统金融渠道的边界，真正实现了金融营销的跨区域、跨领域、跨市场。金融科技驱动下，渠道的"去中介化"已成为大的趋势，银行与客户深度对接，提供精细化服务，传统的以网点扩张为重点的渠道建设已转变为微信、电话、自助终端建设。

（四）金融科技冲击盈利模式

传统的商业银行盈利主要依赖于信贷业务的利差收入。在金融科技的影响下，使得以网络和移动通信为平台的新业务层出不穷，直接给商业银行传统的盈利模式带来了冲击。在金融科技的影响下，金融科技的发展满足了那些被商业银行不重视的小微客户的金融需求，进一步挤压了传统商业银行的利润。当前在金融科技的影响下，我国大型的商业银行必须转变盈利思路，适应普惠金融的发展，利用金融科技的低成本优势，发挥自己的资源配置能力，注重盈利模式的改进，将传统的面向"大客户"的盈利模式转变为发展更多"小客户"的盈利模式。

第二章　金融科技的发展历程与中国发展的概况

第一节　金融科技的发展历史

从概念提出的角度，金融科技是一个全新的概念，但从金融科技的内涵看，其发展却可以追溯到 180 多年前。1838 年美国科学家摩尔斯发明的电报机的使用及 1866 年第一条起于爱尔兰小岛止于纽芬兰小镇的海底跨洋电缆的成功铺设奠定了 19 世纪晚期金融全球化的技术基础。在信息高速流通的时代，难以想象 180 多年前信息跨越地区、国家进行流通的艰难。但毫无疑问的是，电报机的使用和跨洋电缆的成功铺设对于信息的流通具有里程碑的意义。金融对于信息流通的依赖不言而喻，所以这两项技术的创新对于金融的意义也不言而喻。

"二战"以后，计算机的发明逐步把人类带入了信息化时代，尤其是电脑的普及，给金融业带来革命性的影响。金融行业的支柱——银行业是较早使用电脑的行业之一。银行业对于电脑的使用加快了银行的办公效率，同时也大大提升了银行内部操作的流畅性。这对于金融与科技的融合起到了巨大的推动作用，促进了金融科技的发展。

20 世纪自动取款机（Auto Teller Machine，ATM）的出现对于金融科技的发展具有跨时代的意义，也极大地促进了金融的发展，使得金融服务不再局限于柜台，变得更加便利。在 2017 年 6 月，位于英国伦敦北郊恩菲尔德当地的巴克莱银行，举行了一场"世界第一台 ATM 机投入使用 50 周年"纪念仪式。这表明 ATM 机的使用已经超过了半个世纪，其发明者苏格兰人约翰·谢泼德·巴伦虽然于 2005 年 5 月与世长辞，但其发明创造至今仍被我们广泛使用。这项伟大的发明大大地降低了银行业交易的人工成本，使得人们可以在电子通信设备上进行金融交易，同时这项发明也打破了以往银行交易在时间上的局限性，给人们的金融生活提供了极大的便利。ATM 机的出现真正展示了科技与金融之间的内在联系，开创了金融科技的新时代。

在 ATM 机初现之后的 20 多年里，金融与科技的关系并不如所期望的一样变得更加紧密，事实上，两者之间的关系变得疏远了。直到 1987 年，金融科技的发展迎来了下一个春天，其代表性事件为电影《华尔街》的上映和"黑色星期一"的发生。

1987 年由著名导演奥利佛·斯通执导的电影《华尔街》上映了，该片的上映引起了巨大的反响，时至今日仍旧是金融行业教科书级别的电影。该片讲述了贪婪成性的股市大亨戈登不择手段在幕后操纵股票行情最后被绳之以法的故事，从而展示金融与科技之间的融合。

1987 年 10 月 19 日星期一早晨，中国香港股市受美国纽约股市波动的影响出现暴跌，由于受中国香港股市暴跌的冲击，各亚太地区的股市也全面暴跌，随后这种暴跌蔓延到了欧洲市场，最终再次波及美国市场，道琼斯工业平均指数大幅下跌 508 点（逾 20%）。这就是世界金融史上赫赫有名的"黑色星期一"事件。这使得人们对全球金融的信心骤降，在不久之后的 20 世纪 80 年代末，经济衰退也到来了。导致这场全球性金融灾害的原因之一是程式交易的缺陷。所谓的程式交易指的是通过电脑程式实时计算股价变动并制定相应的买卖策略，程式交易使得大宗的股票和期货交易可以同时做多和做空。在股票价格全面暴跌之时，程式交易使得更多的股民加入抛售大军，股价再次下跌，程式交易再次启动，如此循环往复助推股价下跌。在这之中人们首次看到了金融与科技的潜在风险。美国纽约交易所为了避免再次发生由于股价巨幅波动而导致的股灾，引入了熔断机制和程序交易的限制性规定。

20世纪90年代，金融领域发生了从模拟技术向数字技术的变迁。万维网的发展及美国富国银行和ING集团在互联网银行方面的尝试是这一技术变迁的标志性事件。

进入21世纪，金融业的数字化进程大大地被推进，金融科技得到了极大的发展。2009年中本聪发明的新型数字货币"比特币"就是金融业数字化、科技化的代表作之一。

第二节　金融科技的发展阶段

一、国外金融科技的发展阶段

区分金融科技的演化过程对于理解金融科技的内涵十分重要。学者们从不同的视角将金融科技的发展阶段进行不同的划分。金融科技的发展整体来讲是在科技不断发展的前提下，使得科技与金融两者相互融合、相互促进，从而大大提升了金融的效率。从IT技术推动金融业变革的角度，本书把金融科技的发展划分为三个阶段。

（一）萌芽期（1838~1967年——金融科技1.0时代）

千百年来，人们对于消息的传递方式进行了不同的探索。北美洲聪明的印第安人用烟信号来传递消息，充满智慧的中国古人则用烽火传递消息，但毫无疑问的是，这种消息的传递效率是极低的。1838年美国著名科学家摩尔斯发明了世界上第一台电报机，这对于消息的传递方式产生了巨大的影响，极大地提高了消息传递的效率。

1849 年的一天，意大利人安东尼奥·梅乌奇在给朋友做电击治疗的过程中，发现了振动变为电流可以传递声音的物理现象，从此之后电话便诞生了。这对于信息的传递是一次巨大的突破。众所周知，金融业是一个高度依赖信息的行业，以电报和电话为代表的技术发明极大地提高了金融效率，促进了金融与科技的融合。

1950 年，"大莱俱乐部"（Diners Club）发行了第一张信用卡，这是电子信息技术在金融领域的首次运用。该信用卡的出现不但改善了出门使用现金支付的不便利性，更是一项科技和金融的突破性融合。

1964 年，由施乐公司制造的传真机问世。1967 年，德州仪器制造出了第一台手持财务计算器。1967 年，英国巴克莱银行首台 ATM 机成功问世，更是将金融与科技的融合推到了一个新的高度。

1838~1967 年是金融与科技融合的初始阶段，这一时期也被称为金融科技 1.0 时代，各项技术发明的出现使得金融科技孕育而生，开始发芽。

（二）初生期（1967~2008 年——金融科技 2.0 时代）

金融科技 1.0 时代为金融科技 2.0 时代奠定了技术基础。1967 年 ATM 机和计算器的出现标志着金融科技 2.0 时代的到来，这一时期也被称为金融科技的孕育期。这一时期，电子化技术在金融行业被广泛应用。从 1967~1987 年的 20 年间，金融服务实现了从电子产业向数字产业的过渡。

金融业是较早使用计算机的行业之一，20 世纪 80 年代计算机被金融行业普遍使用，计算机操作代替了纸质操作。20 世纪 80 年代后期，金融行业大部分已经实现数字化，传真代替了电传。

1969 年美国的阿帕网标志着互联网的诞生，这为金融科技 2.0 的进一步发展奠定了坚实的基础。1995 年美国富国银行利用环球网提供在线账户检查服务后，提供在线账户检查服务的银行数量不断增多，银行的在线客户也随之增多。发展到 21 世纪初期，银行的内部流程和对外业务都实现了数字化。

这一阶段，金融科技发生了三次对行业运行产生较大影响的变革，包括 20 世纪 90 年代末期的网上银行及网上支付和 2005~2007 年出现的 P2P 网络借贷平台。

20 世纪 90 年代，网络银行首次出现，使得金融服务变得便捷高效，在任何时候，都能向客户提供基础的金融服务而不受地域和时间的限制，实现了传统银行无法做到的 3A（Anywhere，Anyhow，Anytime）服务。与此同时，网络银行降低了传统银行的经营成本，由于其简单易用性也提高了客户的使用体验，加深了金融服务与网络科技的融合。

传统的支付方式具有很多的不便利性且存在着安全隐患。为了弥补传统支付方式存在的不足，人们进行了多次尝试。1950 年，弗兰克与他的好友施奈德合伙投资 1 万美元，在纽约注册成立了"大莱俱乐部"（Diners Club International），即大莱信用卡公司的前身，并发行了首张信用卡，这也被看作是突破传统支付方式的首次尝试。对传统支付方式产生颠覆性影响的当数于 20 世纪 90 年代出现的以 PayPal 为代表的网上支付，把支付与互联网进行了结合，其出现一方面改善了传统支付的不便利性，另一方面也将科技和货币支付进行了完美的融合，使人类逐渐步入了无现金社会。

2005~2007 年，大量的 P2P 网络借贷平台兴起。2005 年 3 月 ZOPA 公司在英国伦敦成立，同年 Prosper 公司在美国成立，之后大量的 P2P 网络借贷公司在全球范围内涌现，中国第一家 P2P 网络借贷平台公司于 2007 年成立并随后进入了快速发展时期。当然，P2P 网络借贷在国内外都面临着因监管政策滞后引发的风险问题，在发展过程中出现了许多乱象。

总体来讲，这一时期金融科技的初创企业主要出现在发达市场，但新兴市场也出现了一些模仿者。在这一时期，金融与科技的融合程度显著提升，金融服务完成了由电子化向数字化转型的过程，许多今天常用的金融科技工具都是在这一时期孕育而生的，随后才得到大范围的推广普及。这就是金融科技 2.0 时代，也被称为金融科技的初生期。

（三）发展期（2008 年至今——金融科技 3.0 时代）

2007 年美国发生次贷危机，到 2008 年发展成全面金融危机，金融资产的价格大幅下降、金融市场暴跌、金融机构大面积倒闭。随后这种危机由美国蔓延至欧洲，导致了西方国家普遍的金融危机，进而影响了全球经济。在这次金融危机过后，世界各国都开始重新思考金融业未来发展的方向，以"金融创新"为幌子，实际上是躲避监管、增加杠杆，由过度逐利导致金融资源脱实向虚的一些产品和服务被广泛质疑，金融服务实体经济的本质再次被强调。金融创新的方向发生了明显的调整，即不是在原有的技术框架下包装新的金融产品和服务，而是推动新兴科技（大数据、人工智能、区块链、云计算等）的进步，将数字革命、通信革命及金融革命结合起来，极大地促进了金融运行效率的提升。

移动通信技术的发展催生了手机银行、移动支付等，随后金融服务与移动通信技术的融合进一步加深。目前，银行业、证券业、保险业都实现了与移动通信技术的深度融合。以信息技术，特别是以移动通信技术为标志，金融科技进入了 3.0 时代，这一时期金融科技得到了全面的发展，金融服务的效率和质量得到了前所未有的提升。

这一时期金融科技的迅速发展，一方面与风险投资资金涌入金融科技领域有关，另一方面与政府的支持密切相关。2008 年，国际金融危机爆发，大量传统的金融机构倒闭或濒临倒闭，传统的金融机构严重损害了政府及群众对其的信心。随着客户需求的不断变化，传统金融机构已经无法满足客户日益变化的需求。此时，大量的风险投资资金开始流入金融科技领域，试图找到破解传统金融机构痛点的方法；与此同时，政府也意识到了金融科技发展的重要性并在各个方面对科技金融给予了支持。两方面的共同作用使得金融科技如同雨后春笋般呈现爆炸式的发展态势。

新冠肺炎疫情使得金融与科技的融合进一步加深。传统的金融业受到了更大的冲击，金融机构也主动转变经营理念，寻求与科技深度融合。在这一时期，大数据、人工智能、物联网等新技术被广泛运用于金融业。这些新技术的运用给金融科技的发展带来了更多的机遇，拓宽了新的业务，使之更能满足客户的个性化需求，金融监管的效率也进一步提升。

二、中国金融科技的发展阶段

中国金融科技的发展较世界金融科技的发展晚。对于中国金融科技发展阶段的划分，巴曙松和白海峰（2016）认为从 IT 技术推动中国金融业变革的角度看，可以把中国金融科技的发展分为三个阶段：金融 IT 阶段、互联网金融阶段、金融科技阶段[①]。

（一）金融 IT 阶段

金融的 IT 阶段指金融机构通过利用传统的 IT 硬件来提高金融服务的效率，实现金融办公的电子化和自动化，打破传统金融服务在时间和空间上的双重局限性。在这一阶段具有代表性的技术创新包括 ATM 机的使用，POS 刷卡机的使用，银行核心、清算和交易系统的建立等。

（二）互联网金融阶段

金融业扮演中介的角色，连接资金的供需双方进而实现资金融通。当互联网技术运用于金融业之后，金融机构通过互联网来搭建在线服务平台，使得大量的资金供需双方汇聚于这一平台。由于互联网传递信息的便捷性和高效性，金融服务的效率也得到了提升。在这一时期，金融业实现了对传统金融渠道

---

① 巴曙松，白海峰.金融科技的发展历程与核心技术应用场景探索 [J]. 清华金融评论，2016（11）：99-103.

的变革，其代表性的技术创新包括众筹、P2P、第三方支付、数字人民币等。

（三）金融科技阶段

由于 IT 技术的进一步发展，金融业巧妙地将大数据、人工智能、区块链、云计算等运用于金融领域，实现了金融和科技的深度融合。这对于传统金融业产生了巨大的影响，改变了传统金融收集信息、投资分析、风险控制、授信审查等流程。这一时期代表性的技术创新包括供应链金融、智能投顾等，如表 2-1 所示。

表 2-1　我国金融科技发展阶段

阶段	科技技术	代表性技术创新
金融 IT	通信、电话、电报	ATM 机，POS 机，银行核心、清算和交易系统的建立
互联网金融	计算机、机器人、互联网	众筹、P2P、第三方支付
金融科技	大数据、人工智能、区块链、云计算	供应链金融、智能投顾

第三节　中国金融科技的发展概况

一、中国金融科技发展现状

（一）整体发展态势

1. 近年来整体发展态势迅猛

中国是世界上人口较多的国家，尽管中国的金融科技在原创技术上尚未处于世界最高水平，但庞大的人口数量及发达的信息基础设施为中国的金融科技发展提供了潜在用户。近年来中国的科技金融发展迅猛，2018 年毕马威联合澳大利亚知名金融科技风投机构发布了《全球金融科技 100 强》，该报告分为"全球 50 强"榜单和"全球新兴 50 强"榜单。在进行榜单排名的时候，"全球 50 强"榜单主要考虑创新能力、资金筹集、企业规模和影响范围这四大因素，而"全球新兴 50 强"榜单则主要是一些走在科学技术创新前端并且努力寻求全新业务发展模式的公司。[①]

其中在"全球 50 强"榜单中中国上榜的企业一共有 9 家，蚂蚁金服、京东金融、度小满金融、陆金所这 4 家公司进入全球前十（见表 2-2）。在"全球新兴 50 强"榜单中，老虎证券（Tiger Brokers）、微众银行（WeBank）两家中国公司入榜。

表 2-2　全球金融 50 强榜单中的中国企业

排名	公司名称	行业
1	蚂蚁金服（Ant Financial）	支付
2	京东金融（JD Finance）	贷款
4	度小满金融（Du Xiaoman Financial，Baidu Financial）	多样化
10	陆金所（Lufax）	贷款
11	金融壹账通（One Connect Financial Technology）	其他
12	51 信用卡（51 Credit Card Manager）	财富管理
23	我来贷（WeLab）	贷款
27	点融（Dianrong）	贷款
36	众安保险（ZhongAn）	保险

从榜单中可以看出，进入"全球 50 强"的公司所从事的行业主要是支付和贷款。中国的网上支付和贷款之所以能够迅速崛起主要有以下方面的原因：一是政府在相当长的一段时间内一直对金融科技的各类创新持适度包容的监管政策，其包容度甚至超过美国等发达国家，这在一定程度上为金融科

---

① 全球榜 /2018 全球金融科技 100 强排行榜发布，中国四公司进入前十［EB/OL］. 搜狐，https：//www.sohu.com/a/271745172_807311，2018-10-28.

技的发展创造了良好的发展环境。二是中国的信息产业发达，互联网普及率高，催生出了大批的潜在客户。2018 年底中国的网民数量已经达到了 8.29 亿人，使用网上支付的也已超过 6 亿人。中国拥有世界级的互联网平台企业，这些企业成为了开拓金融科技重要的主导力量，无论是提供优秀的人才还是背后强大的资本实力，都在一定程度上推动了中国金融科技迅速走向世界前列。三是在传统的金融条件下，中小企业融资难、融资贵的问题突出，消费金融渠道较少，这也促进了网络借贷平台的发展。

2. 多家金融科技公司纷纷上市

2017~2018 年，中国的科技金融公司迎来了上市的热潮，其间经媒体报道的至少有 13 家金融科技公司纷纷上市，融资规模近 50 亿美元，其上市地点主要在美国纳斯达克交易所、纽约证券交易所与中国香港交易所。在中国香港交易所上市的金融科技公司有 5 家，在美国纳斯达克交易所或纽约证券交易所上市的有 8 家，上市为这些金融科技公司发展提供了助力，如表 2-3 所示。

表 2-3 2017 年 4 月至 2018 年 7 月上市的中国金融科技公司

公司名称	业务领域	上市时间	上市地点	融资规模（亿美元）
信而富	P2P	2017 年 4 月	美国纽约证券交易所	0.60
圣盈信	商业支付、投资咨询	2017 年 8 月	美国纳斯达克交易所	0.20
众安保险	互联网保险	2017 年 9 月	中国香港交易所	17.43
趣店	互联网消费金融	2017 年 10 月	美国纽约证券交易所	9.00
和信贷	P2P	2017 年 11 月	美国纳斯达克交易所	0.50
拍拍贷	P2P	2017 年 11 月	美国纽约证券交易所	2.21
融 360	金融产品搜索平台	2017 年 11 月	美国纽约证券交易所	1.80
易鑫集团	互联网消费金融	2017 年 11 月	中国香港交易所	8.62
乐信	互联网消费金融	2017 年 12 月	美国纳斯达克交易所	1.08

续表

公司名称	业务领域	上市时间	上市地点	融资规模（亿美元）
点牛金融	P2P	2018 年 3 月	美国纳斯达克交易所	0.06
汇付天下	第三方支付服务	2018 年 6 月	中国香港交易所	2.15
维信金科	互联网消费金融	2018 年 6 月	中国香港交易所	1.84
51 信用卡	P2P	2018 年 7 月	中国香港交易所	1.37

资料来源：［年终盘点］2018 年上市的金融科技公司表现都怎么样［EB/OL］. 网易号 http：//dy.163.com/v2/article/detail/E4N2VN5E0514BOS2.html，2019-01-04.

3. 中国金融科技公司的地理分布

根据中国金融科技企业的相关数据，目前我国的金融科技公司共有18747 家，金融科技公司数量超过 1000 家的省市有北京、上海、广东、浙江。公司数量少于 50 家的有黑龙江、新疆、海南、甘肃、宁夏、西藏和青海。从地理分布来看，公司数量超过 1000 家的省市主要位于沿海发达城市，公司数量在 200~1000 家的省市区主要分布于长江黄河中下游流域，公司数量在 100~200 家的省市区主要位于华北地区，公司数量少于 100 家的省市区主要位于西部和东北地区。不难发现，金融科技公司数量较多的省市区其经济发展水平也较发达，如表 2-4 所示。

表 2-4　中国金融科技企业地理分布

排名	省份	公司数量（家）	排名	省份	公司数量（家）
1	北京	4751	7	四川	470
2	上海	3829	8	福建	456
3	广东	3679	9	湖北	386
4	浙江	1514	10	安徽	274
5	山东	649	11	重庆	244
6	江苏	627	12	天津	222

排名	省份	公司数量（家）	排名	省份	公司数量（家）
13	湖南	222	23	内蒙古	62
14	河北	177	24	黑龙江	40
15	河南	161	25	吉林	79
16	陕西	159	26	新疆	39
17	辽宁	147	27	海南	29
18	江西	134	28	甘肃	27
19	广西	87	29	宁夏	19
20	云南	84	30	西藏	7
21	贵州	80	31	青海	4
22	山西	57			

注：数据不包括港澳台地区。

资料来源：中国金融科技企业数据库。

4. 中国金融科技公司业务领域分布

中国的金融科技公司业务分为互联网银行，互联网券商，互联网保险，互联网基金销售，互联网资产管理，互联网小额商业贷款，互联网消费金融，金融信息服务，众筹，数字货币，金融基础建设、支付、信用评估及征信11个业务领域。P2P曾经是数量最多的金融科技公司类型，随着各类P2P企业的爆雷和其他乱象频繁发生，2020年，P2P平台已全部"清零"。

（二）各大领域发展历程及现状

1. 支付结算领域发展历程及现状

（1）发展历程。

中国的第三方支付可以分为探索期、市场启动期、高速发展期和应用成熟期。探索期为1999~2005年。中国最早的第三方支付企业北京首信股份公司和上海环迅电子商务有限公司在1999年成立，这开启了中国第三方支付的探索历程。嗅觉敏锐的企业家迅速发现了这一极具吸引力的行业之后，大量的资本开始涌入，行业也壮大起来。2002 年以前，我国大部分商业银行处于网银业务发展的完善期，存在银行接口问题，即银行在向各大商业机构提供支付接口时没有形成统一的标准，这使得商家和消费者在使用时存在诸多的不便。2002 年，中国银联的成立使这一问题得到解决。2004 年，由于网上购物的盛行，第三方支付规模迅速扩大，阿里巴巴推出了支付宝。市场启动期为 2005 年。这一年提出了第三方支付的概念，第三方支付公司也得到了较好的发展，并且形成了一定的规模，第三方支付公司在运营管理方面取得了显著的进步。高速发展期为 2006~2012 年。在这一时期，第三方支付的增值服务种类开始增多，大众也越来越认同第三方支付的概念。在 2004 年支付宝问世以后，多家机构也纷纷效仿，推出了如买卖通、微信支付、e 拍通等类似的在线支付平台。这些在线支付平台在提供高效快捷支付的同时还带来了较高的理财收益，使得用户规模急剧壮大。在经历了前期的发展铺垫之后，2012 年第三方支付迈入了应用成熟期，此时的第三方支付已经不仅局限于支付、理财这些功能，它也与证券、保险、信贷这些金融业务进行了更深层次的融合。中国第三方支付发展的大事件如表 2-5 所示。

表 2-5　中国第三方支付发展的大事件

时间	事件
1999 年	中国最早的第三方支付企业北京首信股份公司和上海环迅电子商务有限公司成立
2002 年	中国银联成立
2004 年	阿里巴巴推出支付宝
2010 年	网上支付跨行清算系统上线
2011 年	中国人民银行下发第一批支付牌照
2013 年	支付宝推出余额宝业务
2014 年	微信推出红包支付功能，中国人民银行暂停二维码支付

时间	事件
2015 年	移动支付迅猛发展
2016 年	Apple Pay 进入中国市场，微信和支付宝的提现开始收取手续费
2017 年	对于野蛮扩张的支付市场，监管当局开始加大了监管力度
2018 年	中国人民银行允许外资申请第三方支付牌照
2019 年	拉卡拉支付股份有限公司上市，成为 A 股首家实现独立 IPO 上市的第三方支付企业
2020 年	随着深圳和苏州两大城市试点项目结束，宣告了数字人民币时代的到来
2021 年	第三方支付经过十年发展再次迎来重磅监管新规，新增反垄断

（2）发展现状。

金融科技对于支付行业的影响始于网上银行业务，兴盛于第三方支付业务。首先由于网络购物的盛行使得客户形成了使用第三方支付的习惯，其次随着智能手机的普及和第三方支付本身具有的便利性使得第三方支付盛行。其发展呈现出两大特点：

第一，形成了寡头垄断格局。我国第三方支付领域的公司数量虽然不多，但其业务规模较大。截至 2020 年第二季度，我国第三方支付综合交易市场上支付宝、财付通和银联商务分别 以 49.16%、33.74% 和 6.93%（见图 2-1）的市场份额位居前三。

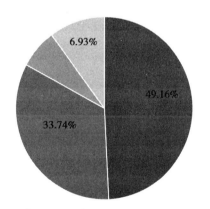

■ 支付宝　■ 财付通　■ 银联商务　■ 其他

图 2-1　第三方支付综合交易支付市场分布格局

资料来源：前瞻产业研究院。

随着移动互联网的快速发展，加之线上流量场景已趋向垄断且达到饱和，线下场景成为第三方支付巨头发展的潜在领域。目前，我国第三方支付 C 端市场竞争格局已基本形成，财付通（微信支付）和支付宝等机构凭借着二维码支付，抢占线下市场。根据易观公布的数据，2020 年第二季度，支付宝和财付通分别以 55.39% 和 38.47%（见图 2-2）的市场份额稳居前两名[1]，由此可见，目前在我国第三方支付领域已经形成了财付通和支付宝双寡头垄断的格局。

相较于 C 端市场，目前我国第三方支付 B 端市场相对分散，艾瑞咨询公布的数据显示，2019 年我国第三方支付线下收单市场中，银联商务流水约为 5 万亿元，占线下收单市场交易规模的比重为 7.8%（见图 2-3），拉卡拉占比为 5.1%。[2]

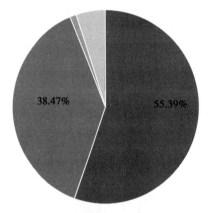

■ 支付宝　■ 财付通　■ 壹钱包　■ 其他

图 2-2　第三方移动支付市场
竞争格局

资料来源：前瞻产业研究院。

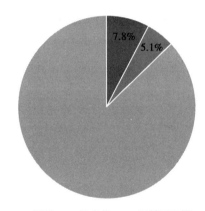

■ 银联　■ 拉卡拉　■ 汇付天下等

图 2-3　中国第三方支付线下收单
市场竞争格局

资料来源：前瞻产业研究院。

第二，第三方支付交易规模不断扩大。从整体而言，无论是移动支付业务量还是支付规模都呈现出增长的态势，2016 年我国移动支付业务量仅 257.10 亿笔，2019 年突破 1000.00 亿笔，2020 年全国移动支付业务达

---

[1] 行业深度！一文带你了解 2021 年中国第三方支付行业市场规模、竞争格局及发展趋势［EB/OL］. 前瞻网，https://xw.qianzhan.com/trends/detail/506/210616-a18651ce.html. 2021-06-16.

[2] 2020 年我国第三方支付行业发展现状、问题与趋势分析［EB/OL］. 华经情报网，https://www.huaon.com/channel/trend/714535.html，2021-05-11.

1232.20 亿笔，同比增长 23.22%。2016 年全国移动支付金额仅为 157.55 万亿元，2019 年为 347.11 万亿元，2020 年全国移动支付金额达 432.16 万亿元，较 2019 年同比增长 24.50%。当前，新冠肺炎疫情加速支付市场下沉渗透，未来移动支付业务量将保持快速增长态势，如图 2-4、图 2-5 所示。

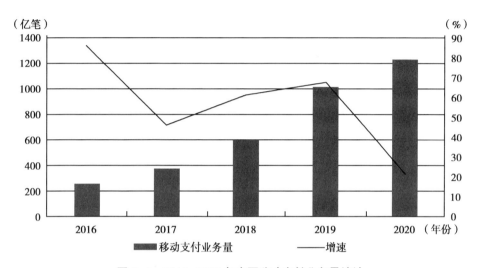

图 2-4　2016~2020 年中国移动支付业务量统计

资料来源：中国人民银行。

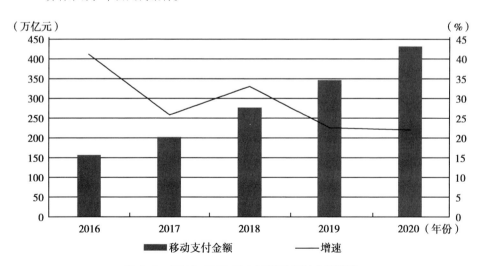

图 2-5　2016~2020 年中国移动支付金额统计

资料来源：中国人民银行。

2. 财富管理领域

（1）发展历程。

财富管理主要包括互联网理财和智能投顾。金融科技的财富管理领域是我国理财业务发展的产物，其发展历程与我国的理财业务发展密不可分。在我国金融市场还处于初始发展阶段，金融机构所能提供的理财渠道较为单一，对于当时的群众而言，把剩余的钱存入银行是他们唯一的理财方式。后来随着我国经济的发展，人们的可支配收入增加，从银行存款到国债到基金再到股票，人们的风险承受能力在逐渐增强，投资渠道也更加多元化。随着互联网的普及，互联网理财走进群众的世界，并且数字赋能大大提升了财富管理的精细化程度，产品、渠道、综合服务能力成为机构提升核心竞争力的着力点。投顾业务模式在金融科技 3.0 时代开始改革，使原有的依靠客户规模和产品数量实现理财 / 定存的发展模式开始向定制化服务模式转型。

（2）发展现状。

第一，互联网理财规模增速较快。自改革开放以来，我国经济高速增长，人们的财产性收入也不断增多，随着我国理财业务的发展，人们的投资渠道也变得更加多元。特别是自 2013 年互联网理财出现以来，普通老百姓也纷纷加入理财领域。由于近年来我国股市行情的不稳定、利率下行等多方面的原因，互联网理财越来越受到人们的追捧，发展规模迅速壮大起来。中国互联网络信息中心（CNNIC）发布第 45 次《中国互联网络发展状况统计报告》显示，近年来中国互联网理财用户规模持续攀升，到 2020 年 3 月，我国互联网理财用户为 1.63 亿人。互联网理财是最早通过网络开展的金融服务，它极大地丰富了各类理财产品的销售渠道，降低了购买门槛。最早开展互联网理财的均为大型互联网平台公司，由于具有强大的获客能力，这些平台公司在短时间内聚集了大量的客户。这些理财产品无最低买入金额限制、随用随取等特点使许多资金量较小的长尾客户也纷纷加入理财行列，影响了全社会理财行为和观念。商业银行受到平台公司开展互联网理财的冲击非常大，开始进行数字化转型，包括大力推动手机银行、网上银行等线上渠道的使用，搭建更加多元化的资金配置平台，优化产品类型，创新业务模式，提升服务效率等。

第二，随着我国经济的快速发展，居民财富总量不断提升，越来越多的人群希望通过理财方式获得更高的资产收益。传统的投顾业务往往需要昂贵的人工服务费用，受众主要以高净值人群为主，门槛相对较高，而智能投顾则利用大数据分析、量化模型及算法，根据投资者的个人收益和风险偏好进行财富画像，提出具有个性化的投资方案供客户选择。智能投顾的主要市场来自财富管理的存量客户，通过替换传统的资产管理模式，大大降低了投顾业务的费率和门槛，使服务更为普惠化。2014 年 11 月，国内智能投顾业务正式开启，主要以独立创新公司、互联网平台企业为主，随后商业银行也积极开展了相关业务，2016 年 12 月，招商银行在其手机银行 APP 正式上线了"摩羯智投"，开启了商业银行在线智投业务，中国银行等各大银行也纷纷跟进。结合投资理财客户的实际需求，国内的智能投顾产品呈现多样化的特性，其服务包括个股推荐、股票组合推荐和基金组合推荐，使用的策略包括主题策略、事件驱动策略、量化策略等。但在智能投顾发展的过程中，存在着各类平台公司核心竞争力缺乏、对客户资金仅进行简单搭配等问题。2020 年 10 月，证监会发布了《证券投资顾问业务暂行规定》（2020 年修订），许多商业银行暂停了其在线智能投顾业务，整个行业进入调整期。智能投顾业务是金融科技重要的着力点，但从其发展过程来看，仍然能够发现我国互联网信息产业的通病，那就是注重场景应用，重视营销获客，缺乏核心技术研发投入。例如，基于各类财务模型和假设的算法是智能投顾的核心要素，但目前我国各类从事智能投顾业务的公司都缺乏独立自主且符合我国市场特征的模型算法，这也就导致了智能投顾难以为客户带来所期望的收益，其投资建议往往和大盘走向基本一致，专业性无法体现出来，一些智能平台再次走向了投机套利之路，而相应的监管政策也随之出台规范其发展，智能投顾服务对象及服务模式如表2-6所示。

表2-6 智能投顾服务对象及服务模式

服务对象	服务模式
个人	根据客户的风险属性来确定股票、债券和货币的配置比例
个人	根据市场舆情监测分析提供主题投资策略
个人	跟着专业人士炒股的社交投资工具
个人	根据量化指标分析的量化投资策略
个人	针对海外成熟市场的全球资产配置
机构	金融机构的资产管理系统、客户管理系统和资产托管系统
机构	基于金融语义分析和金融大数据分析的数据服务

3. 网络借贷平台

早在2007年，国内第一家P2P网贷平台就在上海成立了。之后越来越多的人开始了解并接触P2P网络借贷平台，一些投资者也看到了P2P平台的投资价值，短短几年内，P2P平台的数量迅速增长到了20多家，这便是P2P平台发展的初始阶段。2012~2013年是网络借贷平台的发展阶段，在这段时间里网络借贷平台正发生着微妙的变化，有经验的大众开始把P2P网络借贷平台作为自己的创业方向，同时原来具有一定规模的成熟平台也在向这些新兴的投资人出售平台的模板，使得越来越多的非专业人士加入了网络借贷领域。这一时期国内的网络借贷平台从原来的20多家增长到240多家，成交金额也冲破了30亿元大关，活跃的有效投资人达到4万多人。但是接踵而至的是2013年到2014年的风险爆发期，各种问题频现，很多平台在2011年11月到2012年2月短短几个月的时间内都出现了信用风险。在2013年由于我国的各大银行开始收紧银根，很多借款人出现了借款难的问题，投资者也看到了这个商机，纷纷成立网络借贷公司，但这些公司大多是"挂羊头卖狗肉"的圈钱平台。这一时期，我国的网络借贷平台从 240 家猛增到了 600 多家。2014 年起，由于国家政策的支持，我国的网络借贷平台蓬勃发展，国家出台较完整的监管体系，吸引了更多金融大鳄进军网贷领域，他们带来的巨大资本也为网贷领域带来蓬勃生机，纷纷建立自己的平台公司，P2P 网贷平台呈现百家争鸣的大好形势，2014 年底网络借贷平台成交金额突破 300 亿元，网络借贷平台壮大到 1300 多家，投资人也剧增到 50 多万人。但是，由于网络借贷行业长期处于无准入门槛、无行业标准、无机构监管的"三无"状态，致使网络借贷平台野蛮生长，年增近千，至 2014 年底平台数量达到 1600 家，年交易量 3000 亿笔。2015~2016 年，平台数量达到峰值 6000 余家（一说近万家），年交易量达到万亿元。其间因失联、停业、跑路、提现困难、涉嫌诈骗和挤兑倒闭的问题平台超过 1000 余家。为遏制信用风险蔓延，消除其可能引发的系统性金融风险，监管部门开始对其进行行业规范。2015 年 7 月 18 日，中国人民银行会同有关部委发布了《关于促进互联网金融健康发展的指导意见》，2015 年 10 月 15 日，国务院印发《关于进一步做好防范与处置非法集资工作的意见》，2016 年 4 月 12 日，国务院办公厅印发《互联网金融风险专项整治工作实施方案》，公安机关打击处置了一批违法经营金额大、涉及面广、社会危害严重的互联网金融风险案件。随后几年，网络借贷行业进入了长时间的风险专项整治期和出清转型期。根据网贷天眼数据中心的统计，截至 2019 年 7 月，我国共有 6578 家 P2P 借贷平台，问题平台达到 5645 家，占比 85.8%。问题平台中，平台失联 3021 家、提现困难 1014 家、平台诈骗 179 家、警方介入 331 家、暂停运营 723 家、跑路平台 66 家、争议平台 20 家、平台清盘 238 家、平台展期 53 家。随后，湖南、山东、重庆、四川、河北、山西等率先开展域内所辖 P2P 平台的合规审查，宣布无一达标，全部取缔。2021 年 1 月 15 日，陈雨露在国新办新闻发布会上表示，

P2P平台已全部清零。从出现到消亡，P2P平台只经历了13年的时间，虽然及时清零，但尾部人群损失仍然巨大，成为中国金融科技发展历程中需要深刻反思的经验和教训。对于金融从业机构来讲，应认真反思，金融科技到底是何种路径的金融创新？创新是保持发展活力的唯一途径，每一家金融机构都应该不断探索，但金融创新的路径选择如果仅仅围绕规避监管、透支信用、增加杠杆，不管金融创新披上怎样光鲜的外衣，最终都会成为高风险。美联储前主席保罗·沃克尔将自动取款机（ATM）称作20世纪最伟大的金融创新。其原因是，自动取款机提高了金融运行效率，它让金融机构和其客户告别了传统的柜台，通过人机互动实现了基本业务办理，没有增信、没有提高杠杆，也不会引发风险。目前，新型的金融科技让ATM机面临被市场淘汰的困境，使用户获得了更便捷的服务体验。因此，P2P的清零对金融科技未来发展带来的最重要的经验就是，要走ATM机式的创新，而不能继续想方设法走监管套利，要让科技对金融运行与发展效率赋能，使创新之路更为宽广。

4. 市场基础——大数据征信

（1）发展历程。

金融科技的市场基础主要是征信行业。随着金融科技的发展，特别是移动互联网、大数据、云计算等技术的兴起对征信这一金融行业产生了颠覆性的影响。我国征信行业的发展主要经历了三个阶段。20世纪80~90年代为第一个阶段，在改革开放的春风中第一批征信机构诞生了。1988年3月我国第一家信用评级公司上海远东资信评估有限公司在上海成立。改革开放以来我国的市场大门越开越大，国际贸易进一步发展，国内外的企业需要对彼此的信用状况进行进一步的了解，于是对外经济贸易部计算中心与国际企业征信机构邓白氏公司合作，相互提供信用报告。1993年，专门提供企业征信服务的新华信国际信息咨询有限公司成立。在此之后，一批专业的信用中介机构相继成立。1996~2003 年为第二个阶段，个人征信开始局部试点，试点所选取的城市是上海，这一时期个人征信正式起步。2003 年至今为第三个阶段，2003 年中国人民银行征信管理局成立，我国的征信服务变为了政府主导的征信服务。之后我国的征信行业迅速发展，2005 年中国人民银行建立了全国统一的个人征信系统，2011 年征信系统二代建设启动，2015 年市场化个人征信系统启动。目前我国的征信行业已经进入大数据征信阶段。

（2）发展现状。

个人征信系统收录人数增加，但仍有很多人没有征信信息。2012~2020 年我国个人征信系统的收录人数不断增加，从 2012 年的 8.2 亿人增加到了 2020 年的 11 亿人。较我国目前的 14 亿人口规模而言，仍然有一部分人没有被征信系统所覆盖，如图 2-6 所示。

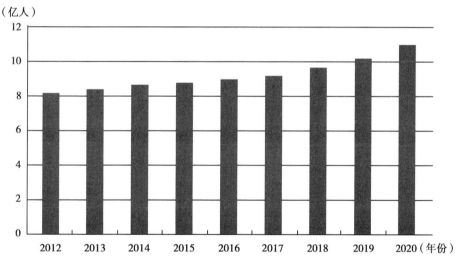

图 2-6　2012~2020 年中国人民银行个人征信系统收录自然人数

资料来源：前瞻产业研究院。

5. 互联网保险

（1）发展历程。

互联网保险是信息技术革命下的产物，是互联网、大数据、人工智能、云计算等与保险业高度融合的产物。它是保险机构通过互联网和移动通信等途径，与自营网络平台和第三方平台等确定保险合同，并且向其提供保险服务的业务。它具有以下特点：一是低成本。减少了保险代理商在销售和售后等环节的大量财力物力。它可以通过互联网与客户进行全天候的沟通，及时答复客户的问题并且向其提供帮助。二是增加了客源。互联网的使用，使得更多的人可以利用自己的空闲时间来了解保险业务，找到更加适合自己的保险产品，通过线上线下两个途径，让更多的客户足不出户就能办理自己的业务。三是获客途径广。客户自己可以使用电子设备和移动设备购买需要的保险产品和咨询服务，获取专业人士的帮助。四是保险产品的结构化。产品的多样化特征越发明显，服务更加人性化，产品的设计也更加合理。

我国互联网保险的发展主要经历了三大阶段：第一阶段是渠道的互联网化，这一阶段保险产品从线下开始转为线上；第二阶段是大数据的运用催生了如航空延误险、运费险等一系列保险产品；第三阶段是随着大数据、人工智能的运用使得保险产品更加个性化，保险理赔流程也更加透明高效。

（2）发展现状。

第一，互联网保险的发展。根据中国保险行业协会的数据，2020年中国互联网人身保险发挥出其线上渠道的独特优势，规模保费保持平稳增长，2020年中国互联网人身保险保费收入为2110.8亿元，较2019年的1857.7亿元同比增长13.6%，如图2-7所示。

第二，从渗透率来看。我国保险渗透率较低。近年来，在金融科技的推动下有了大幅度的提升。2020年，郭树清在新加坡金融科技节上强调，数字保险显著拓宽了保险覆盖范围。中国基本养老保险已覆盖近10亿人，基本医疗保险覆盖超过13亿人，并已实现跨省结算。保险机构运用视频连线和远程认证等科技手段，实现业务关键环节线上化。2020年上半年，互联网人身险保费收入同比增长12.2%，互联网财产保险公司保费

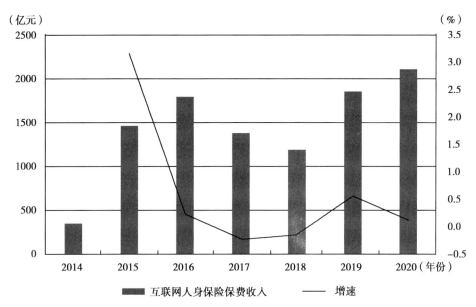

（亿元）

图 2-7 2014~2020 年互联网人身保险保费收入及增长情况

资料来源：前瞻产业研究院。

收入同比增长 14.2%。应该讲，随着互联网保险各类产品的不断推出，保险
渗透率还将进一步提升，互联网保险未来仍然有巨大的发展空间，如图 2-8
所示。

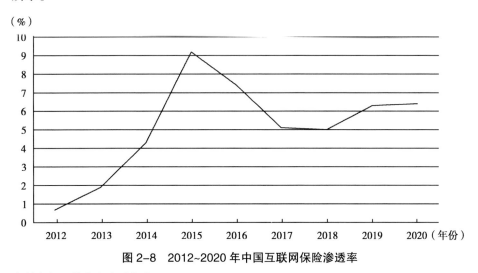

图 2-8 2012~2020 年中国互联网保险渗透率

资料来源：前瞻产业研究院。

第三，在互联网保险业务中，从市场结构来看，互联网人身保险业务占较大比重。人身险保费收入在 2012~2016 年占比逐年上升，最高达 78%，随后比例呈现波动变化，2020 年占比为 73%（见图 2-9）。互联网财产保险自 2016 年开始一直处于低位，2020 年占比仅为 27%。近两年，互联网保险保费收入结构逐渐稳定，而且互联网人身保险保费收入远远高于互联网财产保险保费收入。在整个保险行业，人身保险业务保费收入增量占行业保费总收入增量的比例（即保费增量贡献率）都是逐年增加的，然而财产保险的保费增量贡献率却逐年下降。这反映出比较传统的人身保险企业在互联网的帮助下接触到了大量的客户，推动人身保险企业降低运营成本。目前，"线下"到"线上"转移的发展方式已进入饱和状态。

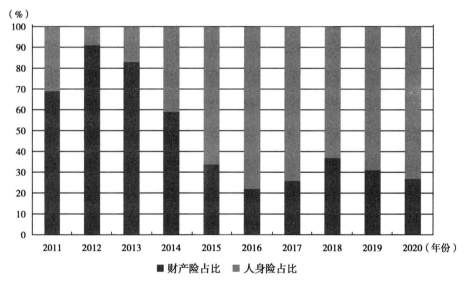

（%）

图 2-9 2011~2020 年互联网保险保费收入结构

资料来源：前瞻产业研究院。

■ 财产险占比　■ 人身险占比

近年来，互联网保险这一概念逐渐被数字保险或科技保险替代，从概念所囊括的内涵来看，无疑是两个概念，尤其是科技保险更为准确。因为无论采用哪个概念，真正让科技赋能才是未来保险业真正实现转型发展的关键。目前，我国的传统保险公司积极推动金融科技嵌入保险产品全链条，从保险业务模式、产品设计、投保核保、营销理赔等方面进行了科技化改造。例如，很多保险公司开展了"牛脸识别"技术，很大程度上解决了长期以来农业种养殖保险难的问题。平安保险研发的人工智能声纹识别准确率高达99.7%，人工智能单证识别技术在国际票据扫描件文字识别和信息提取大赛中获世界第一，这些都显著提升了保险业运行效率。除了传统保险公司外，新兴的互联网保险企业和互联网平台公司也以网络为载体，通过与传统保险公司错位发展，借助人工智能、云计算、大数据、区块链等新一代信息技术，创新出更为个性化、普惠性的保险产品，推动了保险业高质量发展。

二、中国金融科技的发展环境

（一）政策环境

中国金融科技领域的快速崛起与政府对金融科技的支持密不可分。近年来，政府关于金融科技发展的相关政策陆续出台。下文梳理了目前在支付结算、网络借贷平台、财富管理及征信四大领域的相关政策。

1. 支付结算行业相关政策

支付结算行业是中国在金融科技相关行业中变革最早、发展最好的行业。以迅猛发展的电商行业为支撑，中国第三方线上交易规模迅速扩张，并且移动支付成为了主流支付方式。从2001年开始，中国陆续出台多项支付行业的相关政策，如表2-7所示。

2. 网络借贷平台相关政策

2013~2014年，我国的网络借贷平台发展处于一个以高息为主的高风险爆发阶段，网络借贷平台利用高额的利益吸引了大批的投资者，但这些平台在2013年集中爆发了提现危机，使得众多机构纷纷倒闭。之后网络借贷平

表 2-7　支付行业相关政策梳理

文件名称	颁布时间	颁布机构／会议通过	主要内容
《网上银行业务管理暂行办法》	2001 年	中国人民银行	对网上银行业务管理进行说明
《电子银行业务管理办法》	2006 年	中国银行业监督管理委员会[①]	对规范电子银行业的管理进行详细说明
《非金融机构支付管理办法》	2010 年	中国人民银行	明确了风险防范措施
《非银行支付机构网络支付业务管理办法》	2015 年	中国人民银行	明确了风险防范措施和当事人合法权益保护责任
《非银行支付机构风险专项整治工作实施方案》	2016 年	中国人民银行等	规范非银行支付机构经营模式，清理整治无证机构，遏制市场乱象
《非银行支付机构网络支付业务管理办法》	2016 年	中国人民银行	对第三方支付账户的开立、支付限额、转账等做出了严格的限制
《关于实施支付机构客户备付金集中存管有关事项的通知》	2017 年	中国人民银行办公厅	非银行支付机构不得挪用、占用客户备付金，客户备付金账户应开立在人民银行或符合要求的商业银行。人民银行或商业银行不向非银行支付机构备付金账户计付利息等
《关于规范支付创新业务的通知》	2017 年	中国人民银行	各银行和支付机构之间不得相互开放和转换支付业务系统接口等

---

① 2018 年 3 月，根据第十三届全国人民代表大会第一次会议批准的国务院机构改革方案，将中国银行业监督管理委员会和中国保险监督管理委员会的职责整合，组建中国银行保险监督管理委员会。

续表

文件名称	颁布时间	颁布机构／会议通过	主要内容
《条码支付安全技术规范（试行）》	2017 年	中国人民银行	规定了开展条码支付所需的系统、终端、数据和交易的安全技术要求
《中华人民共和国电子商务法》	2019 年	中华人民共和国第十三届全国人民代表大会常务委员会第五次会议	对涉及电子商务经营主体、经营行为、合同、快递、物流、电子支付等问题做了明确具体的规定
《支付结算合规监管数据接口规范 V 1.0（试行）》	2019 年	中国人民银行	要求支付结构按照接口规范完成数据提取和报送工作
《中国银联支付终端安全技术规范（UPTS 3.0）检测升级公告》	2020 年	中国银联	新增诸多核心功能
《非银行支付机构条例（征求意见稿）》	2021 年	中国人民银行	对非银行支付机构的设立、变更及业务运营的合规边界做了系统性规制

台的发展进入了严格监管期，各项政策纷纷出台。到 2020 年底，我国 P2P 网络借贷平台已经全部清零，但部分 P2P 网络借贷平台以智能投顾、众筹等名义继续发展其业务，因此面对科技金融的发展，相应的政策规范也需要与时俱进，促进其健康发展，如表 2-8 所示。

表 2-8　网络借贷平台相关政策梳理

文件名称	时间	颁布机构	主要内容
《网络借贷资金存管业务指引》	2017 年	中国银行业监督管理委员会	对 P2P 银行资金存管业务所涉及的主体、操作流程、系统技术、相关资质做了明确的界定和详细的说明

续表

文件名称	时间	颁布机构	主要内容
《关于开展"现金贷"业务活动清理整顿工作的通知》	2017 年	P2P 网络借贷风险专项整治工作领导小组办公室	对具备利率畸高、风控基本为零、利滚利、暴力催收等"现金贷"业务特征的平台进行清理整顿
《关于立即暂停批设网络小额贷款公司的通知》	2017 年	互联网金融风险专项整治工作领导小组办公室	遏制现金贷业务乱象，关注现金贷平台坏账率攀升、倒闭带来的问题，引导行业规范发展
《关于规范民间借贷行为维护经济金融秩序有关事项的通知》	2018 年	中国银行保险监督管理委员会等	各银行业金融机构及经有关部门批设的小额贷款公司等发放贷款或融资性质机构应依法合规经营，强化服务意识，采取切实措施，开发面向不同群体的信贷产品
《关于加强 P2P 网贷领域征信体系建设的通知》	2019 年	互联网金融风险专项整治工作领导小组办公室、网络借贷风险专项整治工作领导小组办公室	支持在营 P2P 网贷机构接入征信系统、持续开展对已退出经营的 P2P 网贷机构相关恶意逃废债行为的打击、加大对网贷领域失信人的惩戒力度及加强宣传和舆论引导
《全国法院民商事审判工作会议纪要》	2019 年	中华人民共和国最高人民法院	就 P2P 平台涉嫌集资诈骗、非法吸收公众存款等建议进行刑事追偿；依法否定高利转贷、职业放贷行为的效力，深刻影响"助贷""网贷""网络小贷"等主要业态
《网络小额贷款业务管理暂行办法（征求意见稿）》	2020 年	中国银行保险监督管理委员会、中国人民银行	厘清网络小额贷款业务的定义和监管体制、规范业务经营规则、督促经营网络小额贷款业务的小额贷款公司加强经营管理等

3. 财富管理领域相关政策梳理

财富管理主要包括互联网理财和智能投顾，互联网财富管理行业由于其便捷、低门槛、高收益的特点得到了越来越多投资者的认可，国家对该行业也开始重视起来，并出台了一系列的政策，如表 2-9 所示。

表 2-9　财富管理领域相关政策梳理

文件名称	颁布时间	颁布机构	主要内容
《证券投资顾问业务暂行规定》	2010 年	中国证券监督管理委员会	投资顾问仅能提供投资建议，不能进行全权委托管理等
《证券投资基金销售机构通过第三方电子商务平台开展业务管理暂行规定》	2013 年	中国证券监督管理委员会	对开展基金销售业务的第三方电子商务平台的备案原则和准入准则进行了详细规定
《关于加强影子银行监管有关问题的通知》	2013 年	国务院办公厅	将新型网络金融公司即互联网金融归入影子银行范畴，并且明确了中国人民银行的监管主体地位
《账户管理业务规则（征求意见稿）》	2015 年	中国证券业协会	取得证券投资咨询业务资格的证券投资咨询公司需要取得账户管理资质，基金、期货及客户委托，才能就证券、相关金融产品的投资或交易做出价值分析或投资判断等
《关于规范金融机构资产管理业务的指导意见》	2018 年	中国人民银行等	核心内容包括打破刚性兑付、限定杠杆倍数、消除多层嵌套、强化资本约束和风险准备金计提要求等
《商业银行理财子公司理财产品销售管理暂行办法（征求意见稿）》	2020 年	中国银行保险监督管理委员会	提高了销售机构的准入门槛，规范销售行为，明确理财子公司和代销机构的权责划分，打破刚性兑付

4. 征信行业相关政策梳理

随着改革开放的春风吹遍神州大地，原先由以中国人民银行征信中心为代表的政府主导的征信体系已跟不上金融市场运行的步伐。随着我国互联网行业的不断兴起和发展，不仅在数据挖掘、机器学习、云计算等新兴技术方面取得了一定的成就，而且数字金融的发展、消费金融等领域的细分对我国征信行业提出了更高的要求和挑战。在此基础上，市场化征信机构和互联网征信技术开始逐步完善。2015 年 1 月 5 日，中国人民银行下发《关于做好个人征信业务准备工作的通知》，要求腾讯征信有限公司、芝麻信用管理有限公司、深圳前海征信中心股份有限公司、鹏元征信有限公司、中诚信征信有限公司、中智诚征信有限公司、拉卡拉信用管理有限公司、北京华道征信有限公司做好个人征信业务的准备工作，准备的时间为 6 个月，它标志着我国个人征信业向商业化迈出第一步。随后中国人民银行又于 2015 年 12 月发布了《征信机构监管指引》，为行业的规范发展提供了指导。由于监管层在2015 年推出了诸多开创性工作，2015 年也被称为个人征信的"元年"，征信行业相关政策如表 2-10 所示。

表 2-10 征信行业相关政策梳理

政策名称	发布时间	发布部门	主要内容
《中华人民共和国国民经济和社会发展第十四个五年规划和 2035 年远景目标纲要》	2021 年	国务院	建立健全信用法律法规和标准体系，制定公共信用信息目录和失信惩戒措施清单等
《征信业务管理办法（征求意见稿）》	2021 年	中国人民银行	确定征信机构采集信用信息需要遵循的原则及各方面的权利和义务
《国务院办公厅关于进一步完善失信约束制度构建诚信建设长效机制的指导意见》	2020 年	国务院办公厅	提出明确界定公共信用信息范围，严格规范失信行为认定依据等

政策名称	发布时间	发布部门	主要内容
《关于进一步降低中国人民银行征信中心服务收费标准的通知》	2019 年	国家发展和改革委员会	降低各类征信服务收费标准的细节规定
《关于加快推进社会信用体系建设构建以信用为基础的新型监管机制的指导意见》	2019 年	国务院办公厅	以加强信用监管为着力点，创新监管理念、监管制度和监管方式
《关于进一步加强征信信息安全管理的通知》	2018 年	中国人民银行	完善征信业务操作流程，建立征信信息安全事件应急处置机制等
《关于加强和规范守信联合激励和失信联合惩戒对象名单管理工作的指导意见》	2017 年	国家发展改革委、中国人民银行	提出构建自主创新的信用修复机制，鼓励和支持自主修复信用。鼓励"黑名单"主体通过主动纠正失信行为，消除不良社会影响等方式修复信用，认定部门（单位）可将信用修复情况作为"黑名单"退出的重要参考

（二）市场环境

在整个宏观经济环境下，来自个人和机构的金融服务需求是拉力，而资本市场的热情和竞逐是推力，两大力量合力促使中国金融科技飞速发展。

目前，中国拥有全球最大的金融科技客户市场，单就第三方移动支付这一业务来讲，根据艾瑞咨询的数据，微信支付的活跃用户达到 12 亿人，覆盖 1000 万大中型商户，支付宝的活跃用户则超过 7.11 亿人。由于金融科技公司往往会对客户发放一定的无门槛信用额度，所以电子支付的用户数量也反映了网络资产管理、互联网信贷、智能投顾等业务已有或潜在的市场需求。由于互联网业务具有固定投资较少、周期短、效益高的特点，在交易规模上实际可将存量市场放大数倍，因此可以开发的业务尚存在巨大的潜在空间，金融科技的长尾价值也将得到凸显。预计2025年，中国银行业IT解决方案市场规模将达到1185.6亿元。

中国金融市场尚不发达，传统金融机构具有逐利的本质属性，提供的个人投资渠道单一，居民资产贬值压力大。从维护金融稳定和储户资金安全等因素出发，我国金融市场的牌照资质审批较为严格，行业集中度较高，由中国工商银行、中国农业银行、中国银行、中国建设银行、交通银行、中国邮政储蓄银行及平安保险、人寿保险等公司主导的大型金融机构有较强的市场地位，并且我国经济长期的快速增长也为大型金融机构获利创造了有利条件，所以在科技金融发展萌芽期，大型金融机构并没有足够的动力进行创新。在此背景下，包括电子支付、网络信贷、智能投顾等普惠式金融以更低的准入门槛，给了每一位投资者进行财富管理的机会，满足不同客户差异化的需求，所以在短时期内获得了巨大发展。银行、保险公司、证券公司等传统金融机构在金融科技创新对其业务有明显冲击后，开始纷纷进行数字化转型。由于金融服务的高风险性，以及监管形势的趋紧，如今相当一部分金融科技公司以提供金融基础设施和清算、云托管等外包服务为主营业务，自身并不参与核心的金融业务，传统金融机构与金融科技公司的合作形式可以检验金融科技底层技术的可行性、效益性，并进一步推动其完善创新。

近年来，资本市场对金融科技行业的投资热情高涨，风口上的金融科技在风险投资的助推下快速成长。据零壹智库不完全统计，2021年第三季度，国内金融科技股权融资数量为60笔，环比增长5.3%，同比增长27.7%；公开披露的融资总额约92.2亿元，环比增长4.5%，同比增长116.9%。2021年各季度融资数量均在60笔上下波动，融资总额同比几乎翻番。除了融资额和资产规模逐渐增长外，还有一个更明显的趋势是金融科技投资的专业化程度越来越高，随着初期资本的大量涌入，以及行业内经历了一轮大清洗，投资者也对金融科技的内涵、走向有了清晰的判断，具备鉴别优劣的洞察力。应该讲，公司借金融科技概念的红利时代已经过去，披着金融科技的外衣从事违规甚至违法金融活动的空间将越来越少。换言之，新兴的金融科技领域在竞争方面将越来越倾向于"硬科技"化，其市场格局演变将越来越向专业化方面倾斜，越来越从场景应用向推动金融运行提质增效转变。以供给侧结构性改革为主线推动高质量发展是"十四五"期间我国经济发展的总方针，金融科技无疑会成为推动金融业供给侧结构性改革的最主要工具，加上其巨大的市场需求，必将在很长一段时间内继续得到资本市场的青睐，获得长足的发展。

（三）技术环境

科技是推动金融科技发展的动力之源，当前中国的大数据、云计算、人工智能等取得了一定的发展成绩，这为金融科技的发展提供了前提，为今后的发展提供了保障。

1. 大数据

从 2016 年开始，国家政策的扶持、信息产业的推动及各行各业对海量数据的需求，促进了大数据产业的发展。"十三五"规划中明确提出实施大数据战略，把大数据作为基础性战略资源，全面实施促进大数据发展行动，加快推动数据资源共享开放和开发应用，助力产业转型升级和社会治理创新。国家发展和改革委员会、工业和信息化部及农业农村部、交通运输部等部委先后颁布相关后续政策，促进了大数据产业发展。党的十九届四中全会将数据作为一种生产要素写入文件中，并提出要健全劳动、资本、土地、知识、技术、管理、数据等生产要素由市场评价贡献、按贡献决定报酬的机制，2020 年 4 月，《中共中央　国务院关于构建更加完善的要素市场化配置体制机制的意见》对外公布，明确提出加快培育数据要素市场，即推进政府数据开放共享、提升社会数据资源价值、加强数据资源整合和安全保护。伴随着大数据产业的进一步发展，预计在未来会有更多部门出台具体政策，推动大数据行业的发展。根据赛迪研究院的数据，2020年我国大数据市场规模已达662.8亿元，是2018年的1.5倍。预计2023年，我国大数据市场规模将突破千亿元的规模，如图2-10所示。

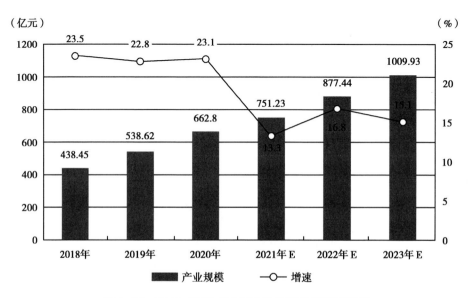

图2-10　2018~2023年中国大数据产业规模及预测

注：2021E、2022E、2023E代表预测值。

资料来源：赛迪研究院。

2. 云计算

大数据的发展和云计算的发展是相辅相成的，云计算为大数据提供了基础的设备平台。云计算依据不同的服务模式可以分成三种，即IaaS（基础设施即服务）、PaaS（平台即服务）、SaaS（软件即服务）。以用户的角度划分主要分为公有云和私有云。中国属于云计算领域的"后来者"，近几年对云计算技术越发重视。2010年，国务院把云计算正式确立为战略性新兴产业，2015年更是云计算政策集中出台的一年，为产业发展、行业推广、应用基础、安全管理等创造了良好的宏观政策环境。

根据中国信息通信研究院发布的《云计算白皮书（2021）》，从公有云市场来看，2020 年，中国公有云服务整体市场规模达到 1277 亿元，同比增长 85%，如图 2-11 所示。

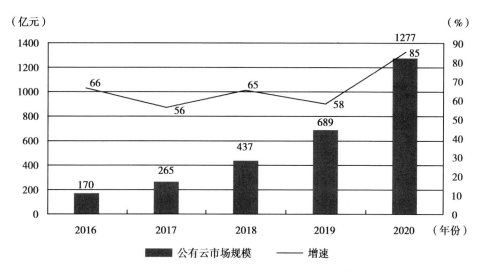

图 2-11　2016~2020 年中国公有云市场规模

资料来源：《云计算白皮书（2021）》。

2020 年中国私有云市场规模达到 814 亿元，同比增长 26%，安全性、可靠性和成熟度等方面得到了进一步的完善，私有云市场规模将会稳步增长。私有云是为单个客户使用而构建的，因而提供对数据、安全性和服务质量的最有效控制。各企业可建设私有云计算平台，针对各种业务应用系统的特性来综合调整资源的分配，如图 2-12 所示。

3. 人工智能

人工智能产业链包含的环节较多，其中有基础技术层的数据平台、数据存储及数据挖掘等，人工智能技术层的语音识别、自然语言的处理、图像识别和生物识别等，人工智能应用层的无人驾驶汽车、智能家居、智能金融、智慧医疗、智能营销、智能教育及智能农业等。

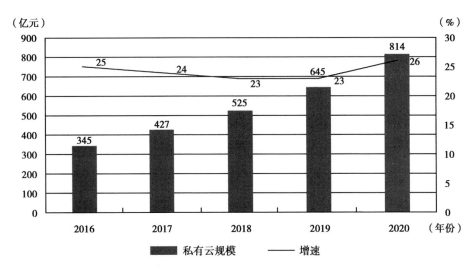

图 2-12　2016~2020 年中国私有云市场规模

资料来源：中国信通院。

　　《2021 人工智能发展白皮书》是深圳市人工智能行业协会在数据收集、学术研究、市场调研的基础上，秉持科学客观的态度制作而成，可以提供一定的参考。根据《2021 人工智能发展白皮书》，2020 年，中国人工智能核心产业规模达到 3251 亿元，同比增长 16.7%；人工智能领域融资金额为 896.2 亿元，融资数量为 467 笔，人工智能领域单笔融资额达到 1.9 亿元，同比增长 56.3%。截至 2020 年底，中国人工智能相关企业数量达到 6425 家，其中，22.3% 的企业分布在人工智能产业链基础层，18.6% 的企业分布在技术层，59.1% 的企业分布在应用层。

第三章

金融科技的技术基础

第一节　大数据

一、大数据的概述

究竟什么是大数据？这三个字既直白也模糊，并且很抽象。这一切要基于研究者从什么角度出发来总结归纳其最终解释。大数据（The Big Data）一词主要来源于美国。单从字面可以理解为"Big Quantity of Data"，即"海量数据"或"巨大的数据量"，表示数据规模的庞大、种类的繁多和所需处理的程度十分复杂。如果剥离掉其微观应用中对不同行业产生的不同效用和功能，"大数据"广泛意义上是超出正常范围和传统信息技术所能够处理的庞大数据规模。通过不断地应用新的信息技术如云计算等对"大数据"进行挖掘后，其中所呈现出的规律和信息因其商业、经济、科学价值而受到全球各个国家政府和各个行业领域的高度重视。

从目前人类历史发展的脉络来看，数据来自每个人、每件事、每个时段、每个地域，不间断地在每个行为决定或事件发生后产生，而现有的各门学科也在通过对数据的收集、整理、处理、分析和归纳总结中找到一个又一个的规律或准则。数据的产生始终与人们自身日常的生活和生存产生联系，从而由各种各样、各类各项的海量数据集合发展成为大数据。自始至终，数据如同所有文明中出现过的语言和文字一样，通过其特殊的符号和性质，作为人类文明史上共同的产物，而保持着对世界事物和人类交流的记录工具。数据主要以数字作为符号，在其客观性、一致性、易交流性、精确性、跨语言文化的多元性等属性条件允许下，数据连接着"事物客观性和人类主观性"的纽带，让人们更加客观、理性地分析和看待事件。数据或大规模的数据所呈现出的特征不仅引起了古希腊哲学家，更吸引着 21 世纪乃至以后的政府组织、研究机构、公司企业对其进行研究，数据具有着持久的应用价值。

（一）大数据的概念及发展

在作为大数据萌芽阶段的 1998 年，全球闻名的权威期刊 *Science* 出版了英国帝国理工学院 Tony Cass 的 A Handler for Big Data，这是科学界第一次明确使用和描述了生物化学中的大数据处理。在此之后，2004 年 Facebook 的创建和全球化使用让非结构化数据得以被发现。在大数据突破阶段，同样闻名全球的权威科学杂志 *Nature* 在 2008 年 9 月刊登了以"Big Data"为研究内容的核心专题，自此"大数据"作为 21 世纪学术界的热门概念开始受到全球媒体及研究人员的广泛关注。

2011 年，全球知名咨询公司麦肯锡发表的《大数据：下一个创新、竞争和生产力的前沿》中首次阐述了"大数据"概念和其相关产业效应，这也是最早从信息产业方面提出有关"大数据"时代来临的研究报道。文中称，大数据是无法在一定时间内用传统数据库软件工具对其内容进行采集、存储、管理和分析的数据集合。大数据已经在当今每一个行业和业务智能领域中不断渗透，并且逐渐成为了当今各行业运营中最为重要的生产因素。海量或巨大的数据，有效地使人们进行深度挖掘和处理分析而产生新的经济增长点，昭示着"大数据"时代的到来。*New York Times* 在 2012 年 2 月的专栏报道中称大数据时代已经到来，接下来在商业、金融或经济等领域中的重大决定将主要基于对海量数据的处理和分析，再也不是依靠经验和直觉。英国作家Viktor Mayer-Schonberger更是通过其著作《大数据时代》让大数据概念迅速扩散，以至于当时大街小巷的人们无一不在谈论"大数据"。

还有诸多专家进行了相关定义解析，如大数据科学家John Rauser解释"大数据就是超过一台计算机处理能力的数据量"。维基百科定义大数据是在合理的时间范围内因为数量过大而无法通过主流软件工具处理的巨大数据库，在结合云计算等新兴信息技术的应用后可精准采集、处理和获取信息的巨量资料库，是一种能够促进企业经营的决策咨询。美国信息技术研究权威咨询公司Gartner认为，大数据属于一种具有海量、高增长率和多样化的信息资产；主要是无法使用传统工具或技术进行处理或分析的、超出正常处理范围及大小的数据信息集群。在结合非传统处理方法后能够有效提高数据使用者的最终决策力。Manyika等则认为大数据是数据的集合，其大小明显超出了现有典型数据库获取、储存、管理和分析数据的能力。

在这个高速发展、科技发达和信息畅通的高科技时代，大数据作为特殊产物可以被喻为"新兴能源"，属于无形资源可供开采。而在挖掘的过程中所使用的技术则成为大数据技术，重点是在"海底捞针"后这枚"针"可以产生的实际应用价值，如何挖这枚"针"便取决于"挖掘成本"和"能量类型"。

因此，本书中的"大数据"主要根据何平平、车芸月的《大数据金融与征信》所指的"在一定时间范围内无法用传统数据软件进行采集、存储、管理和分析的数据集或数据群，需要通过新的处理模式才能体现出所具有高效率、高价值、海量、多样化特点的信息资产。利用数据挖掘分析技术可以使这些结构化、半结构化、非结构化的海量数据产生巨大的商业价值"。

我国在金融行业进入 Fintech 时代之前主要经历了五个电子化发展阶段。从 20 世纪 80 年代至 90 年代的柜外业务电算化，90 年代初至 90 年代末银行业务实现了联网的推广，以及 90 年代末到现在的数据集中、互联互通、支付清算、行政业务和办公的逐步电子化，一直到 21 世纪初的互联网金融和 2015 年后的金融科技时代。

大数据从 2011 年起随着全球互联网金融的发展与普及变成了炙手可热的金融科技技术之一。2011 年我国工业和信息化部在《物联网"十二五"发展规划》中重点提及并确定了信息处理技术包括数据存储、挖掘、图像视频分析等 4 项关键技术创新工程之一的战略地位。波及全球的大数据热潮不仅引起了政府部门、业界商企和学术研究的广泛兴趣，更是在一系列相关的文件中将推动金融科技时代的大数据发展提升到了国家层面的战略高度。紧接着 2012 年 4 月，《软件和信息技术服务业"十二五"发展规划》中提出要求"积极发展数据编辑、整理、分析、挖掘等数据加工处理服务"。大数据如同工业化时代的石油资源一样，在现代信息产业中，尤其在金融科技发展中居于核心地位。

我国学术界有关大数据的研究也较多。在工业和信息化部的指导下，2012 年成立中国计算机学会大数据专家委员会，主要负责撰写出版《中国大数据产业生态地图暨中国大数据产业发展白皮书》。自 2013 年以来，"大数据"已经被国家自然科学基金、"973 计划"、"863"等国家级研究计划立为重大研究课题。2012~2018 年，由中国大数据技术与应用联盟联合各大高校、研究院所多次召开以探讨大数据和金融科技为主题的会议，如近期在北京举办的"2017 年中国大数据技术与应用年会"和在成都召开的"2018 金融安全与科技创新论坛"等。大数据，作为金融科技核心技术之一，在其未来的发展意义、高度和战略方面的学术探讨越来越深入。近年来，一些互联网平台企业，通过率先设立"首席数据官"（Chief Data Officer）支持全面推进数据分享平台，为其旗下的电商和金融服务商提供数据云科技"聚石塔"，推动我国大数据应用领域走到了世界前列。

自 2014 年以来，"大数据"更是连续六年出现在国务院政府工作报告中，成为"两会"热点话题，上升为国家战略。2015 年，国务院连续在 7 月和 8 月印发了《关于积极推进"互联网 +"行动的指导意见》和《促进大数据发展行动纲要》两个文件，全面系统地从国家层面出发对大数据相关发展工作进行了国家层面的指导和政策部署。文件明确指出，政府必须鼓励企业根据其数据资源积极发展互联网金融和移动金融等。

2019 年，李克强总理在其政府工作报告中强调，"深化大数据、人工智能等研发应用，培育新一代信息技术、高端装备、生物医药、新能源汽车、新材料等新兴产业集群，壮大数字经济"。在随后的 2019 年国务院政府工作部署中，多项任务与大数据密切相关，助推我国从"数据大国"向"数据强国"迈进。

（二）大数据的特征

1. 大数据的特征与优势

在信息基础设施日益完善、互联网技术得到广泛的应用背景下，电子商务蓬勃发展，移动支付等手段为大数据的诞生提供了前提和必要的条件。信息在一定程度上可以理解为数据。针对信息进行采集的技术大致分为获取、传递、处理、应用四个阶段。当今社会具有以高科技为主的、信息交流十分便捷的特征，大数据在云计算技术的不断进步下更成为了大型互联网公司、银行、政府和通信运营商越来越关注的价值技术，通过兴建独有的"数据中心"或者开发"数据管理部门"联通物联网和社交网络的兴起，让生产方更加了解"消费者"的个人喜好、消费习惯、支付能力等，由此形成的个人信用记录更成为数据二次开发的产业，大数据从而顺着国家进行供给侧改革的东风蒸蒸日上。

　　由于如今大多数"数据"主要从互联网和信息技术的电子化渠道产生，因此"数据"具有可被统计、收集、整理和分析的统计学性质。按照"数据量化"来计算，大概有以下计量单位：B（bytes，字节）、KB（kilobytes，千字节）、MB（megabytes，兆节）、GB（gigaByte，十亿字节）、TB（terabytes，太字节）、PB（Petabyte，拍字节）、EB（Exabyte，艾字节）、ZB（Zettabyte，泽字节）、YB（Yottabyte，尧字节）、BB（Brontobyte，一千亿亿亿字节）、NB（NonaByte，一百万亿亿亿字节）、1DB（DoggaByte，十亿亿亿亿字节）。根据国际数据公司 IDC 和数据存储公司希捷的研究，我国 2018 年产生约 7.6 ZB 数据，超过了美国同年的 6.9ZB 数据，而且每年以超过全球平均值 3% 的速度产生并复制数据，我国已经成为了全球首位的数据大国。毋庸置疑，剧增的数据量背后带来了更多的信息来源，结合现有和正在研发的信息技术，这些庞大的海量数据库正在快速成长为新动能代表，被李克强总理誉为 21 世纪的"钻石矿"。

　　大数据的核心在于"大"，具有非常快速产生和变化的特征。虽然目前并没有关于究竟多大才能叫作"大数据"的明确概念化，但普遍认为，被称为"大数据"的数据量级应该至少到"TB，terabytes，太字节"的水平。那么在以"太字节"为量级的庞大数据面前，其数据必然会呈现出特殊的、值得记录的信息价值、数据规律和内容特性。

　　大数据作为"数据"本身具备以下三大特点：一是广泛存在的特性，大数据涵盖了几乎所有类型的结构化、半结构化和非结构化记录信息。其中，任何可以固定格式存储，访问和处理的数据都被称为"结构化"数据，任何具有未知形式或结构的数据都被归类为非结构化数据。半结构化数据包含这两种形式的数据。二是非独占性，或公开化，被使用的数据可以多次被其他人获取。三是多面性，因为分析的使用者不同，即使是同样的大数据也会产生不同的理解。

早在 2001 年 2 月，分析师道格·莱尼发表的《3D 数据管理：控制数据容量、处理速度及数据种类》报告中指出数据具有"3V 特征"——数据规模大体量（Volume）、数据格式多样性（Variety）和数据时效性（Velocity）。随着大数据概念的提出，有关大数据的最新论述在"3V 特征"中增加了价值性（Value）和准确性（Veracity），形成最新的大数据"5V 特征"。

（1）大体量（Volume）。

大体量是大数据最大的特点。普通传统数据库的大小通常在 TB 级别，而大数据则指以 10 TB 或 PB 作为起始单位的数据量，其中包括采集、存储和计算的规模。例如，截至 2012 年，人类生产中产出的所有印刷材料的数据量是 200 PB，而百度首页导航上每天至少提供超过 1.5PB 的数据量供人们使用，这些数据如果印刷出来至少需要 5000 亿张纸。

这背后的原因主要包括可采集数据的技术开发进入了前所未有的高峰，以及集成电路成本的降低让更多数据可以通过科技手段和产品被感知和存储下来形成庞大的数据库；在移动互联网的时代，越来越多的数据分享得以实现，用户在无意或有意进行网站浏览时都会产生相应的数据。

（2）多样性（Variety）。

大数据种类繁多、复杂。其中不仅包括了传统概念中的结构化数据，同时还包括所有非传统的结构化、半结构化和非结构化数据，例如社交网站数据、在线金融交易数值、公司管理运营记录、气象监测、图像音频视频等。

（3）时效性（Velocity）。

时效性是大数据与传统数据最大的不同之处。因为大数据的流动速度快、规模大，规模巨大的数据库发生的变化让传统软件难以捕捉。针对大数据的实时创建、存储、处理、分析是确保及时有效地截取准确数据、获得高信息价值的主要方式。因此，大数据的时效性便是在其量级庞大的情况下，能够通过非传统技术及时获取目标信息。

（4）准确性（Veracity）。

数据的准确性一般涉及可信度、偏差、噪声、异常等数据反馈质量问题。在原始数据输入后，数据缺失或处理失效、输入错误等行为都将得到错误的答案。因此，在现有云计算的技术开发与应用下，即使数据量非常庞大，也能够做到数据的实时生成和处理，确保处理速度的快捷、结果的准确。

（5）价值性（Value）。

尽管目前有关大数据的技术处理数据速度快，但随着互联网和物联网的应用，信息数据唾手可得，因此存在大数据价值密度低的情况，获得真正有价值且准确的密度却很低。这个问题还有待解决。

2. 大数据的优势

大数据的核心优势主要是确保通过从各类数据中快速准确地获取符合搜寻目标的信息而产生价值。大数据与小数据的特性较为相反——在数据收集的目的方面没有明确的目标，收集范围也更为广阔，在采集阶段并没有明确的最终成果。大数据主要来自不同行业，种类繁多复杂，非结构化的数据往往占主要部分，无法实现统一的排序整理；在收集大数据的过程中，某种预料之中的规律会自然呈现，因此大数据主要功能在于协助预测判断，生命周期也相对较长。因其复杂性，大数据通过分布式方法进行训练、学习、聚合、归一化、转化、可视化等分析方式；对以大范围发展规模的某个群体性数据为对象进行分析，与"大"遥相呼应着"广"的特征。大数据技术包括大数据存储、大数据挖掘和大数据分析。其中大数据存储主要通过分布式挖掘和云计算技术，以网络附加存储（NAS）、存储域网络（SAN）和直接外挂存储（DAS）等存储为主要方式。在其人工数据选择和参数设定滞后，大数据技术对收集到的数据进行集合式分析、挖掘、存储。这与以往熟知的数据分析有本质的不同。

大数据主要分为互联网大数据——用户行为、消费、地理位置、社交

UGC 数据；互联网金融数据；政府部门拥有的社会基础原始数据——如医疗、教育、信用、气象、安全形势、住房、海关、旅游、出入境、环保、金融、电力、煤气、道路、自来水方面的大数据；企业内部产生用来辅助决策的大数据；与个人信息相关联的价值信息；等等。这些大数据都蕴藏着无限的"能源宝藏"，通过结合云计算技术，对庞大多样的实时数据进行存储、运算、分析，促进并产生由"业务驱动"变为"数据驱动"的新兴商业和政府服务模式。

大数据和其技术具有"思维智能化、决策实时化、应用无线化、线下线上化、信息数据化和无纸化"等优势。通过应用大数据技术，传统商业服务和产品、传统政府监管和风控、传统社交与沟通都变得更加智能化。这与大数据使用方式偏向全体思维有关，与传统样本思维不同，大数据通过云技术、人工智能等高效率分析方式在分析数据的过程中找到能够代表整体的规律和信息。大数据也在一定程度上解决了传统数据中根据研究目的而进行采集的产生方式，大数据具有一定的"自产生"特性，即无须特别采集便能够依靠其数据的时效性和巨量、多样、在线的特点通过线上与线下的融合，在移动终端上呈现出明显的规律，最终改变着决策和信息的关系。

与现有的传统数据服务相比，大数据可以提供除了企业内部数据、外部市场数据以外的环境数据，其数据采集不再是通过人工，而是通过应用传感器、互联网数据抓取、云计算、运营商信息采集等方式进行。这些特征让大数据技术给现有的传统行业带来了变革。例如提升传统行业对消费者提供的产品服务精准营销，由传统到中小微企业皆可通过对大数据的把握和应用进行转型。企业可通过结合大数据高性价比的特点及时进行问题根源查询，以较低的成本准确定位故障缺陷等。再如，政府通过数据挖掘追踪违法者的违法记录。其中，最常见的便是通过大数据技术，实时收集、分析用户浏览电商网站的轨迹路线和消费习惯，从而提取贴合历史消费习惯的商品对消费者进行实时更新和有效推送。

大数据的特征意味着不是随机样本，而是全体数据。在大数据时代，数据用户可以分析更多的数据，可以处理与研究内容相关的所有数据，而不再依赖随机采样。其样本也不再是精确性的，而是混杂性。研究数据如此之多，以至于应用者在一定场景下，不再热衷于追求精确度，之前需要分析的数据很少，所以必须尽可能精确地量化记录，随着规模的扩大，数据受益方的决策者不再需要对一种现象刨根问底，只要掌握了大体的发展方向即可，适当忽略微观层面上的精确度，让企业和政府部门在宏观层面上拥有更好的洞察力。在大数据的使用过程中，数据之间产生的信息价值和决策因素不再是因果关系，而是相关关系。这表明，作为数据使用者只需求得正在形成和发生的规律，而非执着于找寻为什么。

大数据的重要性一方面在于拥有多少数据的绝对量，另一方面在于如何利用好这些数据。任何行业在应用了大数据技术后，便可以从多方面获取数据，并且对其进行分析，以找到能够降低成本、减少时间、开发新产品和优化产品，最后做出明智决策。当大数据与高性能分析相结合时，可以实现如根据客户的购买习惯在销售点生成优惠券；在几分钟内重新计算整个风险投资组合；在欺诈行为产生影响之前进行识别、处理。

二、大数据的核心技术

大数据本身具有通过建立数据库、信息自动检索、数据挖掘、模式识别、自然语言、机器学习，结合统计学，通过云计算对海量数据的分布式存储实现高速搜索、抓取、获得和运算、预估及成果递送。与人类的学习过程相比较，机器的学习方式大概分为两种——"Supervised"即被监督的算法和"Unsupervised"即无监督的算法。其中监督类型的算法和模型是指在基于有标准答案的信息数据下通过探索出其模型的规律而得到相对高效、误差较小的自动化成果判断。这一算法包括：①数值预估的线性回归法、时间序列回归法；②离散值预估的决策树、逻辑回归法等。大数据一般采取应用线性模式即线性回归（Linear Regression）和逻辑回归（Logistic Regression）、支持向量机（Support Vector Machines）、决策树（Decision Tree）、神经网络（Neural Networks）和贝叶斯分类器（Bayes Classifier）等决策分类的统计学和信息学算法和模型。无监督的则指通过没有标准答案的情况下，对海量数据进行更好的归纳和刻画，实现可视化数据分析或呈现出新的数据特征。较为常用的无监督算法包括聚类分析（Clustering）、因子分析（Factor Analysis）、概率图模型（Probabilistic Graphical Model）、复杂网络分析（Complex Network Analysis）等（周志华，2016）。

大数据时代中的技术主要应用于金融、零售、电信、医疗卫生、公共管理等方面。通过整合并且深度挖掘和分析各种行业及企业机构内部运行中产生的海量数据进而实现可视化和人机交互功能。其中，数据在采集方面主要包括系统日志和网络数据采集法。通过应用如 Kafka、Scribe、Flume、Chukwa 等分布式架构的数据采集工具，或广泛应用互联网中搜索引擎的技术从网络上抓取格式和非格式化数据。然后通过对原始数据的清理、集成、变换、归纳等进行数据处理。再通过结合 SPSS、SAS、WEKA、Matlab、Python等软件工具对不同的对象、多媒体、空间、时态和文本数据库进行挖掘，从而找出关键的特定数据规律或者模型。在数据储存方面，由于海量数据往往结构化程度不一、种类繁多，企业和机构往往通过使用 GFS、HDFS、Lustre等分布式文件系统，或云存储对数据进行存储和访问。最终海量数据通过可视化技术和人机交互技术保证其挖掘分析成果以较形象、易于理解的呈现方式面向用户。

三、大数据在商业银行金融服务中的应用

商业银行作为最普遍的金融机构，是承担有关存款、贷款、汇兑、储蓄等业务的信用中介机构。在互联网金融时代，商业银行具有相对较高的信息化特征，拥有规模庞大的数据总量和多元的数据种类。商业银行在其运行中往往要比其他金融机构具有更准确的数据基础，因为有更加严格的法律法规和金融监督，因此大数据技术的出现使得商业银行迅速应用并从中得到较大的益处。

随着互联网技术的普遍应用，商业银行在各种交易类、客户类和管理类方面的数据也呈现倍数式增长。面对海量数据，传统金融技术手段已经不能满足商业银行的数据存储和处理分析要求。大数据技术作为重要的金融科技工具，其产生及应用及时地解决了商业银行普遍面临的信息管理瓶颈。目前，全球大数据产业链逐步形成，显示出一定的规模。例如，在数据收集初期，商业银行会存储、维护、管理在日常经营与交易过程中产生的客户个人信息、客户个人征信、信用卡、信贷业务、单据发票、通话记录、存取款金额及次数、业务使用和费用结算、网络视频、电子邮件等方面的数据。大数据技术通过对分布式文件系统的应用保证这些海量数据被挖掘统计、共享、分析预测，最后成为可视化信息输出，协助管理者决策。在设备人员支撑方面，商业银行必须具备能够存储和处理这些海量数据的主机系统和网络传送机器设备，以及保证云计算和系统正常运行的技术人员。往往很多中小型大数据互联网公司因为其服务种类多和信息处理能力强，已经起到了金融中介的作用，而不仅是信息的"搬运工"。现在很多商业银行的决策也在很大程度上取决于这些技术部门提供的数据信息。

（一）大数据在商业银行客户细分方面的应用

目前，通过大数据技术，商业银行更加注重以客户为核心的业务开展和营销理念。客户在大数据时代拥有更多的选择能力，对财富管理更加敏感。

由于大量信息都已经互联网化，个人和机构客户往往可以根据自己的投资、理财和交易需求在不同商业银行之间、商业银行和互联网金融服务商之间、不同互联网金融服务商之间进行信息对比，从而选择最优方案。因此，现今的金融消费者具有更为强烈的自主判断和选择意识、更多的话语权和谈判权、更加复杂多元的需求及更加强大的选择和购买能力，商业银行必须通过自身领域的改革，提供更为优质的产品与服务，去面对并解决大部分客户群体流失至互联网金融服务商的现状和挑战。

商业银行以决策管理人员和专业信贷风险等分析师为主导，通过对数据进行初步分析，给客户经理、营销人员、网点负责人等提供其所需的客户数据。在进行数据分析后，商业银行通过搭建或对接电子商务平台，让从事不同行业、具有不同金融需求的客户群体在平台上共享信息、在线交易等。在此基础上，商业银行根据不同客户在借贷存款、理财产品、基金等方面金融活动的风险偏好、交易行为特征，结合人口统计基础信息和日常经济行为偏好进行细分和用户画像，从而制定不同标签类型，通过整理、重组和合并目标客户群体画像，从而产生不同维度的营销方案。针对目标客户，商业银行可为客户创建便捷投资名录，推荐投资产品，并且与客户建立牢固的关系。

（二）大数据在运营营销方面的应用

传统商业银行在传统营销中，一般遵循由大到小的客户营销和锁定过程。在大数据时代，商业银行在依照获取、提升、成熟、衰退和流失的五个步骤，从而采取相应的分析技术突破周期，通过准确分析客户的收入购买能力、经济活动区域、风险行为偏好等进行有效的传播。例如大数据呈现客户经常消费车类或母婴类产品，那么商业银行可以由此开展推销车类保险或增加母婴产品作为购买理财后的赠品等方式。因此，商业银行通过准确挖掘和处理分析不同客户群体已经满足的或潜在的需求，通过数据获得以客户需求为导向的市场发展趋势。在分析了客户各方面信息后，商业银行还可针对不同客户进行实时营销，通过互动的业务向客户介绍产品。商业银行还将大数据技术应用到传统营销中，通过对海量数据的实时呈现，在营销和服务的过程中根据客户个体信息进行系统个性化推荐，开发线上移动网络终端让客户更加方便地选择产品。大数据技术让商业银行在营销过程中更快、更准确、更全面地呈现数据，让客户和产品快速匹配，从而实现成功营销。

大数据针对现今的日益敏感、时效和庞大的日常运营管理需求也进行了及时的技术补充。因为越来越多的交易已经转移到了线上和线下、前台和后台数据平台搭设和共享的方式。这样首先确保了银行各个部门和分支机构之间的信息数据传送。商业银行及时开通线上内部管理大数据系统，整合渠道数据，对日常运营管理进行有效监督，以便凝聚内部竞争优势，提升外部客户营销能力。同时，商业银行对技术的更新换代也需要走在其他行业之前，如搭建内部运营数据共享平台等。金融市场的竞争因为金融科技时代的到来而日趋激烈。商业银行为了降低客户流失率、提高客户黏性就必须整合内部管理数据资源，建立一套以科技为基础的客户营销和运营管理体系，这有助于对客户营销信息进行在线采集，从而发掘潜在客户、潜在需求，预防客户流失，提升个性化服务。只有利用好大数据技术才能较大程度地改善传统商业银行的决策机制，优化内部人事、财务、业务等的流程，及时发现和反馈管理事务漏洞并弥补亏损。

（三）大数据在信用风险管理方面的应用

大数据管理和分析已经成为银行业风险管理中一个非常重要的工具。长期以来，银行虽然有许多不同类型的数据可用，但如何管理及应用庞大的数据却是每一家商业银行面临的挑战。2008 年，由美国引发的金融危机波及了全球金融市场，导致一些国家政府和企业破产，这固然与金融系统自身稳健运行防范不足有关，但是也与相关大数据储存、分析及应用尚不普及有关。商业银行负责发放贷款的客户经理往往只是根据客户自身提供的较为浅显的个人信息和财务信息，并且结合客户经理个人经验为主导判断还贷能力。如果那个时代客户经理能够应用大数据管理和分析技术，那么金融风险也有可能被规避掉，至少会降低其发生的概率和减少其破坏程度。

目前，大数据在金融机构尝试通过过滤"亮红灯"的数据来识别无法还贷的客户，以此更为快捷和准确地判断债务风险警戒，有助于早期发现高风险账户，从而减少客户违规行为，提高资产安全性。目前，银行与大多数客户都是通过网络进行业务往来，为了增进竞争优势及降低风险，商业银行更积极地利用大数据分析进行资金监管，确定客户行为，增加金融产品销售。

个人和机构的征信信息是商业银行面对的风险控制核心。在传统金融时代，商业银行面对海量数据时，往往通过人工手写进行记录，但这些方式常常存在信息量准确率低、不长更新的误差偏差度。尤其在应对不同程度的客户时，单是识别客户提供的信息是否符合标准、是否准确可靠便需要耗费大量的人力、物力。在不具备对客户情况进行完好的数据筛查时，传统业务中的征信方式、征信数据都不足以支撑和协助银行进行相关的金融活动。这往往使银行陷入两难境地，即提高征信规范要求，则往往会将潜在优质的客户排斥到服务之外；简化征信规范要求，则往往会降低风险识别标准，提高不良资产比率。

在大数据时代，商业银行能够利用新兴金融科技综合分析各种信息数据。在征信时，大数据技术允许全国联网、跨省调取客户的相关信用历史记录，其中包括交往客户、债务、逾期、还贷、财务压力等，以此来评估客户信用等级。例如，商业银行在对客户进行贷款风险评估时，当客户对象被锁定后，客户经理及技术人员通过客户申请，对其相关信息进行采集，其中包括身份验证、黑名单验证、社保公积金、教育和社交等方面的信息。然后直接进行授信决策从而协助商业银行决定是否进行借贷款的审批。此外，商业银行还通过大数据进行放款和贷后的售后管理，通过这样的方式，商业银行能够快速地处理审贷业务，完成贷前审查。

第二节　物联网

一、物联网的概念、发展历程及特征

（一）物联网的概念及发展

互联网已经成为我们日常生活中不可缺少的一部分，成为重新刻画世界的重要力量。1995~2016 年，全球互联网用户从 4400 万人增长到 34 亿人。这一数字的增长印证了美国著名社会学家托夫勒早在 20 世纪 80 年代就提出的社会演进阶段——人类社会终将逐步从农业社会过渡至工业社会及信息化社会。互联网用户的快速增加让人们在处理日常生活、工作业务和联络等方面的能力也迅速提升了很多，沟通交流变得快捷且有效。在移动互联网时代，我们可以同时使用笔记本电脑、智能手机、平板等完成浏览网页、下载、在线聊天、网上交易等，编辑、管理文档也不再是烦琐的事情。互联网变得更快，用户界面也越来越友好，越来越多的人开始看到它的核心竞争力和优势。因此，在当下互联网时代，人们不仅在随时随地产生着数据，同时更是数据的使用者和受益方。也正是有了互联网，当下各类科技，如大数据、云计算、人工智能、物联网和区块链才有了诞生及普及的机会。

随着互联网技术的日益成熟，其延伸面和扩展面日益扩展，从人—机—人的互联互动开始向人—机—物的互联互动转变，由此物联网（Internet of Things）也就应运而生。物联网技术一般指一种对物品智能化的识别、跟踪、定位、监控和管理，按照约定的协议将物品与互联网连接，让信息与通信连接，通过射频识别、红外线感应器、全球定位系统、激光扫描器等信息传感设备实现的一种网络。

如果说互联网时代的技术创新让人们之间的距离更近，那么物联网则让人与物之间的关系更加紧密。物联网是通过嵌入式设备将各种日常物品连接至互联网，使它们能够发送和接收数据，实现信息监控、接收警报、状态更新及远程控制等一系列信息收集与应用操作。智能电灯开关、智能恒温器、智能锁、家庭安全摄像头和智能家电等都是物联网应用的初级产品。

物联网，"物物相连的互联网"，1998 年首次被美国麻省理工学院的学者们提出。随着全球互联网技术的快速发展，国际电信联盟在其 2005 年的报告中对 "Internet of Things" 的定义进行了扩展和补充说明，明确了物联网是"将所有物体利用信息传感设备通过网络平台进行信息交换"——物联网是任何时刻、地点、物品、网络、服务及人的相互双向连接。这一概念被欧盟第七框架下 RFID 和物联网研究项目簇发布的《物联网战略研究路线图》研究报告更新，认为物联网是未来 Internet 的一个组成部分，可以被定义为基于标准的和可互操作的通信协议且具有自配置能力的动态的全球网络基础架构。美国 IBM 在 2009 年通过 "智慧地球" 的项目计划，明确了物联网将成为美国乃至全球经济增长的新助力。

我国在 2006 年便编写了《中国射频识别（RFID）技术政策白皮书》，之后分别成立了中关村物联网产业联盟和无锡国家传感网创新示范区。随着国务院发布《关于加快培育和发展战略性新兴产业的决定》，物联网正式成为我国七大战略性新兴产业之一。2010 年政府工作报告提出，"大力培育战略性新兴产业。国际金融危机正在催生新的科技革命和产业革命。发展战略性新兴产业，抢占经济科技制高点，决定国家的未来，必须抓住机遇，明确重点，有所作为。要大力发展新能源、新材料、节能环保、生物医药、信息网络和高端制造产业。积极推进新能源汽车、'三网'融合取得实质性进展，加快物联网的研发应用。加大对战略性新兴产业的投入和政策支持"。这一报告明确指出我国经济发展中应积极开展物联网信息技术的开发和应用，同时该报告对物联网的定义是指通过信息传感设备，按照约定的协议，把任何物品与互联网连接起来，进行通信和信息交换，以实现智能化识别、定位、跟踪、监控和管理的一种网络。它是在互联网基础上延伸和扩展的网络。

工业和信息化部电信研究院在 2011 年发布的《物联网白皮书》对物联网进行了更为简明易懂的解释——"物联网是通信网和互联网的拓展应用和网络延伸，它利用感知技术与智能装置对物理世界进行感知识别，通过网络传输互联，进行计算、处理和知识挖掘，实现人与物、物与物信息交互和无缝连接，达到对物理世界实时控制、精确管理和科学决策目的。"这一解释在 2016 年《物联网标准化白皮书》中得到了更为全面的阐明，物联网是通过感知设备，按照约定协议，连接物、人、系统和信息资源，实现对物理和虚拟世界的信息进行处理并做出反应的智能服务系统。RFID 技术、M2M 技术、传感器网络技术、多媒体技术、生物识别技术、3S 技术、条码技术等感知技术都属于物联网技术体系的重要组成部分。这些技术在不同行业领域的物联网系统中应用，是物联网系统实现的重要技术手段。

因此，根据以上定义，物联网成为了互联网的新兴应用和现实载体。与互联网略有不同，物联网主要涉及物品与物品（Things to Things）、人与物品（Human to Things）、人与人（Human to Human），以及后来更加被认可的机器对机器（Machine to Machine）、人对机器（Man to Machine）和人对人（Man to Man）的互联关系定义。物联网通过对传感器、二维码、跟踪定位、条形码、GPS、智能卡、蓝牙、近距离通信等新兴信息技术和设备的应用实现其快速、便捷的人机交互体验。从应用的角度看，物联网是提供者与消费者在现实与虚拟、实体与物理世界的重要技术突破和实现。物联网中较为关键的是数据的交流而不是点对点的交流，因此物联网的建设是以内容为中心的网络架构和原理。从系统的角度来看，物联网可以被看作一个高度动态的、完全分布式的网络系统，由非常庞大的数据代表了智能对象在交互过程中生产和消费的信息，实现了网络与物理领域交互的能力。通过感知物理现象并将其转化为信息流，从而以数据的方式输出信息，这种技术让使用者轻松穿行于"实"与"虚"之间。

目前，全球物联网的发展劲头十足。虽然从整体来看，目前物联网相关技术、标准、应用、服务还处于起步阶段，但在未来几年，全球物联网市场规模将出现快速增长。据预计，未来十年，全球物联网将实现大规模普及，年均复合增速将保持在 20% 左右，到 2022 年全球物联网市场规模有望达到 2.3 万亿美元左右。据测算，2017 年全球物联网设备数量将达到 84 亿，比 2016 年的 64 亿增长 31%，2020 年物联网设备数量将达到 204 亿。这一市场规模的预估让欧洲国家、美国、日本、韩国为物联网技术的进一步开发和应用提供了不同的政策鼓励，如美国"智慧地球"计划、欧盟"十四点行动"计划、日本"U–Japan 计划"、韩国"IT839 战略"和"U–Korea"战略、新加坡"下一代 I–Hub"计划等都将物联网作为当前发展的重要战略目标，抢占新的市场先机。

物联网需要以覆盖更为广泛、传输速度更快的互联网作为支撑，使通信技术、大数据和实体经济融入数字经济发展之中才能发挥其应有的功能和价值。截至 2018 年 12 月，我国网民规模为 8.29 亿，全年新增网民 5653 万，互联网普及率达 59.6%，较 2017 年底提升 3.8%。此外，我国网络基础设施建设不断加快，光纤入户加速推进。在 4G 网络覆盖和 5G 技术研发方面，我国 4G 网络覆盖率持续提升，4G 用户数量超过 11 亿户，而在 5G 领域，其技术研发和标准建设取得积极突破，城市试点与部署陆续落地。5G 产业综合竞争力加快升级。在以上利好因素的推动下，我国数字经济发展"根基"稳固、"动力"充沛，为物联网的使用奠定了更好的基础。在应用层面，我国许多城市通过开发以数字城市和物联网结合的智慧城市项目，加快推动了物联网技术的落地。其中，城市信息从数字化网络化向更高级的智慧化发展，旨在通过物联网技术使得基础设施更加智能、公共服务更加便捷、社会管理更加精细、生态环境更加宜居、产业体系更加优化。就此，物联网已经逐步成为我国互联网时代下具有无限发展潜力的科技领域之一，全面推动物联网改造各类传统行业成为我国实施供给侧结构性改革的重要措施。

（二）物联网的特征

物联网主要通过认知媒介和信息技术实现对用户或物体数字化、虚拟化的全面感知，通过现代网络化信息系统，将人、物、网进行连接协同，在由数字组成的网络化空间中得到较好的"物联"。物联网的基本特征主要表现在以下几个方面：

（1）广泛的信息触达性。

物联网主要通过各种电信网络和互联网的对接与融合，接收到的感知信息可以通过传感和互联网技术进行实时远程传送，实现信息的交互和共享，并进行各种有效的处理。由于传感器网络是一个局部的无线网，因而无线和移动终端通信网是作为承载物的有效支撑。当通过大数据计算技术如云计算、模糊识别等时，物联网可以在任何时间段接收到跨地域、跨行业、跨部门的海量数据和信息进行分析处理，提升有关物理世界、经济社会各种活动和变化的洞察力，实现智能化的决策和控制。物联网通过对使用者感官的参与和服务，在将人彻底置身其中的前提下进行各类交互数据的采集和信息反馈，其终极目标是完全实现人类无时无刻、随时随地与任何网络进行连接和使用，从而实现信息的整体、自由、高效地交换。物联网能够在其平台上实现跨越时空和物理阻隔的联通，使信息的触达具备普遍性——"但凡能够被感知都可以被纳入应用对象的范围之内"；精准性——"通过应用全面的系统和方式去精准、快速、有效地采集和收集相应数据"；时效性——"可以随时随地通过任何技术设备捕捉到需要感知的人或物体信息"，最后所呈现的信息具有可视化的特性。

（2）便捷的人、物、网之间的互联互通性。

首先，由于其信息采集层的工作不受时间限制，物联网在充分利用现有信息和通信技术进行感知与交互体验的基础上，通过对人或物的各种数字化标签的处理，让所获得的信息具有很强的时效性、实时性，这样在最大程度上保证了管理决策的处理具有快速更新、随时获取、分析和输出的交互与管理体验。其次，物联网具有针对自动化设备的数据采集、储存与分析功能。由于不同层次的现代科技硬件技术均具有一定自动化特征，所以一般物联网能获得大量较少或无人工干预的数据，通过分析处理能极大程度地降低出错率、提升效率、缩减维护成本。由于信息采集时的设备是属于较容易获得、购买的器材，有利于低门槛地进行海量规模的大范围信息数据采集和分析处理，大大提高了全球人、物、网的连接，通过增加的 Ad-hoc 技术，实现真正的物联网大数据，让其传感所能提供的信息反馈更加准确、快速、便捷。最后，物联网作为需要随时更新从而保证时效性的信息技术产业，可以保证24 小时在线进行数据收集与处理，让人、物、网之间的互联互通性越来越高、越来越紧密。

（3）广阔的市场应用性。

物联网具备准入门槛较低、涉及行业广泛的特征，作为一个热点频出、炙手可热的信息技术产业，具有极大的发展潜力和战略意义。物联网在其产业化方面具有明显异于现有信息技术的优势，体现了以点带面的特征，开辟了更为广阔的市场，主要包括"物对物"在服务应用、网络、设备、平台和分析处理五个有关网络安全的市场，如有关嵌入式和感官数据采集设备的市场；对通信方面基础设施建设的设备和模块市场；针对"物"的相关开发、连接、挖掘、激活、认证、通信方面的管理市场；为计算和分析通过"人和物""物和物""人和人"产生感官交互而产生的数据软件、咨询市场，以及最后通过结合前面所有市场产生的数据分析结果而进行相关有效信息服务的应用市场等。

二、物联网的核心技术

物联网技术与传统网络技术不同的地方很多，主要体现在物联网技术的运行框架中的参与元素颠覆性的改变。传统的互联网主要通过四大非人格化的机器交互元素——移动式电脑、大型和超级计算机、普通个人电脑以及不同服务器之间进行虚拟互联网信息的采集、联通、交流、处理、分析、存储和回馈，而物联网则主要围绕着人与机器之间以及智能机器之间产生交互。物联网技术主要体现在让无法与互联网直接产生连接的非信息化、非计算机化设备通过网关与互联网产生交集，从而直达服务器进行信息传送和反馈。因此，其核心技术包括了这三个阶段的不同设备和信息化科技，例如全球物品编码、射频识别系统、传感器、无线传感网等几大类型。在物联网类型方面，主要包括公有、私有、社区和混合物联网四种类别。单从字面上理解，公有类型物联网是指通过互联网面对大众和大规模用户群体进行信息服务的；私有类型的物联网则是指单个机构或应用单位通过内网提供不对外的内部物联网服务；社区类型的则是指面对社区或一定范围公共机构提供物联网服务；混合类型的则指这几种的任意两种的结合服务。

具体而言，物联网主要应用了三种核心技术——可以针对事物和人的感官认知数据进行标签的无线射频识别（RFID）和无线传感网络与近场通信技术。

物联网最为关键并受到广泛应用的当数 RFID 技术。从 20 世纪 40 年代起，人们通过对雷达技术的开发和应用，将一种名为 "Radio Frequency Identification" 进行创新延伸。何谓 RFID？化繁为简，RFID 属于使用无线射频进行数据信息自动识别的技术。在现代信息社会，应用最多的便是 RFID tagging——无线射频识别的物品标签功能，其通过无线射频方式进行非接触双向数据通信，对记录式的媒介（电子标签或射频卡）进行读写，从而实现目标识别和数据传送。随着近些年的发展，RFID 技术已经得到了诸多领域和产业的广泛认可和应用，如供应管理、智能辨识、追踪识别、定位系统、护照 / 门户识别、物流和安全等。无线视频识别也将跟着物联网技术的普遍应用得到更多关注和相应资本投入。

无线传感网络由大量的智能传感器组成，能够在各种环境下采集、处理、分析相关信息。传感器根据感知到的物理效应和现象产生电信号，微型计算机处理器和存储传感器输出，收发机接收来自中央计算机的命令并将数据传输到计算机。每个传感器节点的电源都来自一个电池。无线传感器网络在工业自动化、智能手机、视频监控、交通监控、医疗设备监控、天气状况监测等广泛应用中发挥着重要作用。

近场通信也是支撑物联网的技术之一，它是一种允许设备间进行短程通信的无线电通信协议。NFC 是基于 RFID 标准构建的，它的工作原理类似于RFID。进场通信包括标签和小型发射器，可以将信息发送到彼此距离很近的其他智能设备。NFC 标签包含一个标识，提供智能设备之间的通信支持，NFC 在无须授权许可的 13.56 MHZ 射频频段内工作。NFC 的距离约为 10 厘米，比蓝牙短得多，蓝牙可以传输高达 10 米的数据。NFC 的数据传输速度只有 424 Kbits/s，低于蓝牙的速度。然而，使 NFC 更受欢迎的是它的兼容性和易于使用的功能。它可以与其他无线技术通信，并能够与许多不同的 NFC传输进行交互。NFC 也较为安全，易于与其他技术一起使用。

三、物联网在商业银行金融服务中的应用

物联网的固有属性与内在特质决定其可以应用到各行各业中，物联网与金融服务的融合不仅是一种发展概念，更是商业银行发展的一种现实选择。商业银行借助物联网技术，可以构建新的产品组织形式，拓展新的市场发展

空间，并且现阶段两者融合发展的基本条件已经成熟，可预期的社会经济效益显著。具体而言，物联网可以在供应链金融、移动支付业务等方面助力商业银行实现高质量发展。

（一）物联网在供应链金融方面的应用

以往商业银行的信贷业务中，出于风控等诸多考虑，银行的业务往往更多集中于信息披露机制健全、业界口碑较好的大中型企业。由于银行与企业间信息不对称、信息获取难度较大、企业生产经营状况透明度低等现实因素，一些小型企业（多为民营企业）往往融资困难，难以在银行获得能够充分满足其经营发展需要的信贷额度，这不仅制约了小企业的发展壮大，而且直接影响了我国实体经济的活力与市场的多元化。物联网技术的飞速发展为这一问题的解决带来了曙光。商业银行为大中型企业提供信贷服务的同时，其还可依托物联网技术，通过射频信号、标签读取、信息实时跟踪监控等手段，实现获取供应链上众多小企业的经营状况，有效解决银企之间信息不对称的问题，破解供应链金融发展的制约瓶颈。商业银行应充分抓住物联网技术发展带来的机遇，推进供应链创新与应用，深耕小微企业金融服务市场，大力发展普惠金融，在业务转型中获得银行自身与实体经济的互利共赢。

（二）物联网在移动支付方面的应用

支付作为一项重要的金融业务，是银行账户体系价值的重要来源，也是传统银行赖以生存的重要基础之一。随着第三方移动支付的蓬勃发展，商业银行支付业务发展受到了较大的冲击，在一定程度上削弱了银行账户体系的价值，并且影响了银行业务的推广渠道。物联网技术以其快捷、高效、安全的特性，给银行的移动支付业务带来了变革与机遇。例如，速通卡（ETC）就是物联网技术与商业银行移动支付融合的典型案例。2019年3月，已有多家商业银行与北京速通科技有限公司合作，共同开发含有能够承载信息的速通芯片卡，利用物联网在一定区域范围内自动读取介质信息的功能，将移动支付服务应用于特定的生活场景中，从而实现金融产品与服务的创新。在移动互联的今天，生活缴费、电话充值、消费支付、教育医疗等各个领域几乎都实现了支付场景建设。借助物联网积极致力于移动支付的多领域场景建设，是商业银行发展转型的一大特色。

（三）物联网在运营风险防控方面的应用

进入互联网金融时代后，商业银行通过计算机联网、在线视频监控等手段初步实现了纯人工向网络与人工协作的风控模式转变。虽然较之过去在一定程度上有效防控了金融风险，但是仍然存在风险防控与监督客观性欠缺、透明度不高和时效性不强等缺陷，物联网技术成果则为弥补这些缺陷提供了技术支持。例如，银行网点的现金包（款箱）交接、重要空白凭证收发是重要的风险易发环节，可利用物联网实时监控跟踪，发挥异常情况提示功能，在现金包（款箱）、重要空白凭证中植入含有信息或信号的芯片，通过网络进行实时监控跟踪，遇到异常情况即刻触发风险预警系统，将风险隐患杜绝在萌芽状态。利用物联网技术在风控领域进行探索创新，使商业银行在进行产品与服务创新的同时，得以健全风控监督机制，创新风控监督模式，丰富风险防治手段。

（四）物联网在动产融资方面的应用

物联网技术的应用为商业银行动产质押带来了革命性变化，动产质押的难题是信息不透明和信用缺失。面对其中可能出现的重复质押、虚假质押及质押物权属不明确等风险，物联网技术的运用让风险防控变得简单直接，可实现对融资风险的控制。物联网动产融资，就是要通过物联网传感设备（如重力传感器、定位设备、3D轮廓扫描装置和视频监控等）及智能监管系统平台，对动产进行识别、定位、跟踪、监控和管理。实现质物的"特定化"，让融资变得更加简单安全，进而使银行在此基础上为企业提供动产融资服务。

国内某银行在物联网技术应用于金融上的尝试就表现得较为突出，很好地展现了物联网变革传统金融业的巨大推动力和无限潜力，可作为典型案例。2016年，该银行应用物联网技术打破大宗商品贸易融资的瓶颈，建立了"仓单管理平台系统"，将企业质押动产的存放库位、重量、形状轮廓等信息进行详细记录。前端质押动产信息传至该系统后，所有信息会打包封装，形成一张电子"感知仓单"，与质押动产形成唯一对应关系。"感知仓单"有效屏蔽了人工监管可能带来的监守自盗道德风险。在动产质押给银行后，监管报警服务激活，一旦系统感知到质押动产的位置、重量、轮廓这些足以改变货值或质押状态的关键信息在没得到放货方许可的情况下发生变化，就会自动报警。银行信贷客户经理、监管方和仓库管理方的手机、电脑都能在第一时间收到报警信息，系统也会实时抓拍现场照片。此外，银行能在"感知仓单"管理平台上查询货物仓单是否处于质押状态，有效避免了重复质押仓单进行骗贷的情况。

第三节　人工智能

一、人工智能的概念及发展历程

（一）人工智能的概念

人工智能（Artificial Intelligence，AI），是研究、开发用于模拟、延伸和扩展人类智能的理论、方法、技术及应用系统的一门新的技术科学。人工智能是计算机科学的一个分支，它企图了解智能的实质，并且生产出一种新的能以人类智能相似的方式做出反应的智能机器，该领域的研究包括机器人、语言识别、图像识别、自然语言处理和专家系统等。人工智能自诞生以来，其理论和技术日益成熟，应用领域不断扩大，开始涉及心理学、哲学和语言学等学科，这些学科几乎涵盖了自然科学和社会科学的所有学科，其范围已远远超出了计算机科学的范畴。

（二）人工智能的发展历程

20 世纪中期，随着计算机科学的发展，来自不同领域的科学家开始讨论制造人工大脑的可能性。最初的人工智能研究是 20 世纪 30 年代末到 50 年代初的一系列科学进展交汇的产物。神经学研究发现大脑是由神经元组成的电子网络，其激励电平 ① 只存在"有"和"无"两种状态，不存在中间状态。维纳的控制论描述了电子网络的控制和稳定性；克劳德·香农提出的信息论则描述了数字信号，即高低电平代表的二进制信号；图灵的计算理论证明数字信号足以描述任何形式的计算。这些密切相关的想法暗示了构建电子大脑的可能性。1951 年，马文·明斯基参与建造了第一台神经网络计算机，将其称为 SNARC，在接下来的 50 年中，明斯基是 AI 领域最重要的领导者和创新者。1956 年，在由马文·明斯基、约翰·麦卡锡、克劳德·香农及内森·罗彻斯特组织的达特茅斯会议上，正式提出人工智能的概念，即"学习或者智能的任何其他特性的每一个方面都应能被精确地加以描述，使得机器可以对其进行模拟"。自此，人工智能这门学科正式诞生，出现了最初的研究成果和最早的一批研究者。

此后，人工智能迅速发展，20 世纪 50 年代后期到 60 年代涌现出大批成功的人工智能程序和研究成果，其中最具代表性的为搜索式推理、自然语言及微世界。搜索式推理指为了完成一个目标，人工智能所使用的算法会不断推进，如果遇到阻碍，则会返回重新进行计算（回溯），该过程就如同迷宫游戏。自然语言指计算机要实现"人机对话"，就意味着必须把人类语言翻

---

① 电平是两功率或电压之比的对数，有时也可用来表示两电流之比的对数。激励电平（功率）是晶元件工作时会消耗的有效功率。

译为计算机可以理解的语言，即自然语言。微世界指帮助计算机理解具体场景的简化模型。同时，这一时期人工智能研究开始分化出两大阵营：一是规则式（Rule-Based）阵营，二是神经网络（Neural Network）阵营。规则式阵营使用的规则式人工智能系统也被称为符号式系统（Symbolic Systems）或专家系统（Expert Systems）。规则式阵营的研究人员认为，要使人工智能软件更好地适应现实世界，必须把相关领域的人类专家的智慧成果编写为软件代码输入人工智能。因此，这些研究人员们选择用一系列写好的规则"教导"计算机如何思考。神经网络阵营的研究人员则认为与其"教导"计算机，不如在计算上"重建人脑"。因此，这些研究人员选择把大量的数据输入人工神经网络，让网络从数据中学习、识别规律，这种方法意味着人类的干预越少越好。此外，这一时期，人工智能研究得到了政府的专项资金支持，进一步推动了人工智能的发展。1963 年，美国麻省理工学院得到美国国防部高级研究计划局的专项资助，用于研发人工智能。在突破性的研究进展和充裕的研究经费支持的背景下，研究者们认为具有完全智能的机器将在 20 年内出现。

20 世纪 70 年代，神经网络阵营的研究者们遭遇了难以克服的基础性障碍，被规则式阵营的研究者攻击，很多研究人员认为神经网络阵营的研究方法不可靠且用途有限。尽管某些研究障碍后来被成功突破，但至今仍有许多难题无法解决。由于缺乏进展，研究者们没有兑现项目研发的承诺，研究经费逐渐转移到一些特定的研究项目上，人工智能的发展遭遇瓶颈，这一时期（1974~1980 年）被称为第一次"人工智能低谷"。

20 世纪 80 年代，人工智能在经历了一段短暂的发展期后，又步入寒冬。1980 年，卡内基·梅隆大学的人工智能研究团队设计了一款名为 XCON 的专家系统，该系统可以每年为该团队成功节省近 4000 万美元的成本，这为专家系统融入商业市场提供了借鉴。自此，全世界的公司和科研机构都开始研发和应用专家系统，到 1985 年这些公司和机构已在专家系统上投入了 10 亿美元，其中大部分资金用于公司内设的人工智能部门。1981 年，日本经济产业省拨款 85000 万美元支持"第五代计算机项目"，其目标是造出能够与人对话、翻译语言、解释图像及像人一样具有推理能力的机器。其他国家也纷纷做出响应，英国、美国都加大了对人工智能的资金扶持。1982 年，物理学家 John Hopfield 证明一种新型的神经网络（现被称为"Hopfield 网络"）能够用一种全新的方式学习和处理信息。同一时期，David Rumelhart 推广了反向传播算法，即一种广泛用于训练前馈神经网络以进行监督学习的算法。这些发现使神经网络阵营的研究重获新生，同时也意味着结合了人工智能、心理学和认知心理学的联结主义的复苏。这一时期网络取向的联结主义取代了符号取向的认知主义，成为现代认知心理学的理论基础。

1987~1993 年，人工智能进入第二次"人工智能低谷"。此前在商界受到热烈追捧的"专家系统"遭受质疑，应用专家系统的硬件公司所生产的通用型电脑开始落伍，被苹果公司和 IBM 公司所生产的台式计算机取代。老产品失去了存在的理由，所以对人工智能的硬件需求也迅速下降。缺少了经费支持，学术界对"专家系统"感到失望。美国国防部高级研究计划局的新任领导表示人工智能并非"下一个浪潮"，拨款将倾向于那些看起来更容易出成果的项目。此外，日本的"第五代计算机项目"的目标也没有完成，事实上其中一些目标，如"与人展开交谈"，直到 2010 年也没有实现。20 世纪 80 年代后期，研究者对人工智能在开发路径上有了新的思考。一些研究者根据机器人学的研究成果提出了一种全新的人工智能方案。这些研究者相信，为了获得真正的智能，机器必须具有躯体，即它需要感知、移动、生存，与这个世界交互。他们认为这些感知运动技能对于常识推理等高层次技能来说是至关重要的。因此，他们号召"自底向上"地创造人工智能，这一主张复兴了从 20 世纪 60 年代就沉寂下来的控制论。这些研究者的代表人物有在理论神经科学上造诣深厚的 David Marr 和提出了"物理符号系统假设"的 Rodney

Brooks 等。

经过短暂的发展瓶颈期，1993 年人工智能重返研究视野中心，神经网络研究的突破性进展使人工智能走上了新的路程。1997 年 5 月 11 日，AI "深蓝" 成为战胜国际象棋世界冠军卡斯帕罗夫的第一个计算机系统。2005 年，Stanford 开发的一台机器人在一条沙漠小径上成功地自动行驶了 131 英里，赢得了 DARPA 挑战大赛头奖。2006 年，杰弗里·希尔顿（Jeffery Hilton）将性能大增的人工神经网络定义为 "深度学习"。自此，"深度学习" 被认为是 "狭义人工智能"。2012 年，杰弗里的团队在一场国际计算机视觉竞赛获胜，人工神经网络以深度学习的形式受到公众的关注，同时人工智能也开始真正地应用于现实世界。

进入 21 世纪，得益于大数据和计算机技术的快速发展，许多先进的人工智能技术成功应用于经济社会中。2016 年，与人工智能相关的硬件、软件产品的市场规模已经超过 80 亿美元，纽约时报发表了人工智能已经到达了一个热潮的观点。深度学习更是极大地推动了学者们对图像和视频处理、文本分析、语音识别等问题的研究进程。2016 年 3 月，阿尔法围棋程序（AlphaGo）击败李世石，成为第一个不让子而击败职业围棋棋士的电脑围棋程式。2017 年 5 月，AlphaGo 在中国乌镇围棋峰会的三局比赛中击败当时世界排名第一的中国棋手柯洁。

人工智能在 2016 年才开始广泛地进入我国投资和研究领域，但是在短时间内实现了突破式的发展，目前我国人工智能技术与西方发达国家齐头并进。强有力的政府扶持、庞大的市场需求、良好的创业环境及大量翔实的数据信息基础，为人工智能构建了有利的发展环境。清华—中国工程院知识智能联合研究中心发布了《2018 中国人工智能发展报告》，从技术发展、市场应用等四个方面揭示了中国人工智能的发展状况，报告显示：在科研上，近 20 年来中国人工智能论文数量和被引数量均排在世界第一；在人才投入上，中国人工智能人才拥有量世界第二，但杰出人才占比低于其他领先国家；在产业上，中国人工智能企业数量位列全球第二；在投融资上，2017年中国人工智能领域融资额占到了全球的60%，堪称最"吸金"国家。

二、人工智能的核心技术

20世纪60年代至20世纪末，人工智能的发展可以说是在瓶颈与突破中曲折前行。进入21世纪，大数据、云计算等信息技术的革新为人工智能的发展带来了新的机遇，人工智能与各行业、各领域的融合也催生出大量新兴行业和技术应用。其中最具代表性的有自然语言处理技术、计算机视觉技术、机器学习技术及人机交互技术。

（一）自然语言处理技术

自然语言处理是让计算机拥有如人类般语言理解的能力，具体可以分为语音识别技术、语义识别技术及自动翻译技术。

语音识别技术也被称为自动语音识别（Automatic Speech Recognition, ASR），其目标是将人类语音中的词汇内容转换为计算机可读的输入，进而转化为对应的文本。随着人工智能技术的进步及移动互联网的快速普及，语音识别技术被广泛地运用到了社会的各个领域，其中包括工业、家电、通信、汽车、医疗、家庭服务等。

语义识别技术是在语言模型的基础上，分析语句的语序、语法结构进而从文本中提取出意义。语义识别系统并不了解人类处理文本的方式，但是它却可以用非常复杂与成熟的手段巧妙地处理文本。例如，自动识别一份文档中所有被提及的人物与地点；识别文档的核心议题；将合同中的各种条款与条件提取出来并制作成表格。

自动翻译技术是将一种语言通过计算机翻译为使用者所需的目标语言。其工作原理就是模仿人类的翻译行为，实现不同语言之间的转换。自动翻译的过程需经历三个过程：一是分析句子，该阶段对翻译结果起决定性作用；二是转换，根据第一阶段的分析结果将源语言转换成目标语言对应的结构；三是生成并完成目标语言的转换，形成最终的译文。

（二）计算机视觉技术

计算机视觉是计算机从图像中识别出物体、场景和活动的能力。通常来说，计算机视觉定义应当包含以下三个方面：一是对图像中的客观对象构建明确而有意义的描述；二是从一个或多个数字图像中计算三维世界的特性；三是基于感知图像做出对客观对象和场景有用的决策。计算机视觉技术的主要目的是使计算机能够同人类一样观察世界并理解世界，最终使计算机拥有自主使用环境的能力。计算机视觉技术的应用领域主要包括移动机器人视觉导航、医学辅助诊断、工业机器人的手眼系统、地图绘制、物体三维识别及智能人机接口等。在数字图像处理方面，早期进行数字图像处理的目的之一就是通过采用数字技术提高照片的质量，辅助读取判别与分类航空照片和卫星照片。由于需要判别的照片数量很多，于是人们希望有自动的视觉系统对图像进行判别解释，在这样的背景下，学者们发明了许多航空照片和卫星照片判别系统与方法。自动判别系统的进一步应用就是直接确定目标性质，从而进行实时自动分类，并且与制导系统相结合。在工业应用方面，工业机器人的手眼系统是计算机视觉应用最为成功的领域，由于工业现场的诸多因素，如光照条件、成像方向均是可控的，这样的环境有利于创建系统。与工业机器人不同，对于移动机器人而言，由于它具有行为能力，所以就必须解决行为规划问题，即对环境进行了解。随着移动机器人的发展，对视觉能力的要求越来越高，其中包括道路跟踪、回避障碍、特定目标识别等。目前移动机器人视觉系统研究仍处于实验阶段，大多采用遥控和远视方法。在医学应用方面，在医学上采用的图像处理技术大致包括压缩、存储、传输和自动/辅助分类判读。在地图绘制方面，以往采用的人工测量是一件耗费人力、物力和时间的工作，而现在更多的是利用航测绘制地图，大大提高了地图绘制的效率。

（三）机器学习技术

机器学习是人工智能研究的核心问题，也是使计算机具有智能的根本途径。机器学习是计算机系统无须遵照显式的程序指令，而只依靠数据来实现自我提升的能力。机器学习技术的核心是从数据中发现数据的模式，模式一旦被发现便可用于预测。例如，赋予机器学习系统一个关于交易时间、商家、地点、价格及交易是否正当等信息的数据库，系统就会学习到可用来预测信用卡欺诈的模式。该系统处理的交易数据越多，预测就会越准确。机器学习技术在公司管理、融资金额方面的应用都领先于其他人工智能技术。

机器学习技术的应用范围非常广泛，尤其针对产生庞大数据的活动，它拥有巨大的应用潜能。除了甄别欺诈之外，机器学习技术的应用还包括销售预测、库存管理、石油和天然气勘探，以及公共卫生等。机器学习技术在其他的认知技术领域也扮演着重要角色，如在计算机视觉领域，它能在海量图像中通过不断训练和改进视觉模型来提高其识别对象的能力。

（四）人机交互技术

人机交互（Human-Computer Interaction，HCI）是目前人工智能的另一个技术热点，它的目的是实现机器的智能化，确保机器和人类交互过程的顺畅。人机交互的实现一般需要机器人学理论和模式识别等技术的支持。机器人学主要研究如何使机械模拟人的行为，而人工智能领域内的模式识别是用计算机代替人类或帮助人类进行感知，也就是让计算机系统模拟人类通过感官获取对外界的各种感知。目前的人机交互形式包括通过实物进行交互、通过触控屏进行交互、通过虚拟现实进行交互及多种交互方式综合的多通道交互等。因此，人机交互技术的实现不仅要依靠硬件设备，同时还涉及手势识别技术、语音识别技术、触觉反馈技术、眼动跟踪技术及3D交互技术等。

人机交互可以使用户摆脱常规输入设备的束缚，从复杂的人机交互场景中有效提取分析对象，实现人与机器的感知交互。

三、人工智能在商业银行金融服务中的应用

如今，人工智能已经完全融入了人们的日常生活，随着它的不断发展，人工智能还将在更多的领域扮演更丰富、更重要的角色。金融是现代经济的核心，金融行业与人工智能结合的空间和发展前景是巨大的。人工智能可以打破时间和空间的限制，实现多空间、多维度有效的信息连接和产品方案呈现。因此，利用人工智能提供金融服务，不仅可以通过大数据提高风险等级评估的精准度，还能降低用户维护成本和金融服务成本，从而降低服务门槛，改变现有的金融服务版图。

（一）人工智能在智能客服方面的应用

在金融服务诸多环节中，商业银行对智能客服的应用是最为广泛的。银行对智能客服的应用主要包括智能客服机器人、智能语音导航、智能营销催收机器人和智能质检系统。智能客服机器人运用知识图谱和自然语言理解技术，搭建知识库，对用户提出的问题进行识别，并且根据搜索知识库完成问题的答案匹配，实现系统自动识别、理解、解答客户的问题，并且能够办理简单业务。智能语音导航指运用语音识别技术和自然语音理解技术识别与理解客户发出的语音指示，通过语音理解技术对指示进行解读并生成语音对客户的需求进行导航，引导客户完成办理业务。智能营销催收机器人不仅是智能化的催收外呼机器人，其还具备应用大数据算法来针对不同的催收人和催收类型制定相应催收计划和催收策略，并且根据实际执行情况实施更改优化催收策略，自动生成催收结果报告的功能。智能质检系统是针对企业客服人员提供的服务进行质量检验。智能质检系统应用语音识别技术和自然语言理解技术对人工客服的海量录音文件进行数据分析挖掘，以完成对人工客服用

语是否规范、客服人员情绪是否良好、是否有违禁词语等的核查。

智能客服已经成为商业银行的标准化服务产品，五大国有银行和 12 家股份制银行的客服系统均已全部引入智能客服系统为客户提供智能客服服务。银行 APP、微信小程序等多种线上渠道的普及和完善，使客户对银行网点的依赖程度逐渐下降。银行客服业务模式从纯粹依靠人力服务的客服模式向自动化的智能客服与人工客服相结合的模式转变。根据中国银行业协会《中国银行业客服中心与远程银行发展报告 2017》的数据，截至 2017 年末，银行业客服中心从业人员为 5.12 万人，较 2016 年同比降低 4%。银行业客服中心全媒体服务渠道的不断拓展、智能客服运营模式的持续转型，有效提升了在线服务体验和服务效率，分流了传统电话人工呼入来电量，加速推进了客服中心运营成本的管控。

（二）人工智能在风险控制方面的应用

经济金融化是近年来世界经济的普遍化趋势，金融渗透经济活动的各个环节，一方面推动了经济快速发展，另一方面金融风险也变得复杂化和多样化。面临着收益和风险的不确定性，商业银行对风险的控制就变得尤其重要。人工智能在数据处理和分析方面的优势，将给商业银行在风险管理方面带来颠覆性的变革。具体而言，应用在金融风险管理领域的人工智能模型主要包括神经网络、专家系统、支持向量机等。其中，神经网络可以在复杂数据结构中识别数据间的特殊关系，尤其是数据间的非线性关系，因此可以被应用于风险的预测和评估中。专家系统是具有大量的专门知识和经验的程序系统，它结合人工智能技术和计算机技术，根据某领域中一名或多名专家提供的知识和经验进行推理和判断，模拟人类专家的决策过程，以便解决那些需要人类专家处理的复杂问题。商业银行可以通过建立针对风险管理的专家系统来提高其在贷款授信方面的决策能力。支持向量机在解决小样本、非线性及高维模式识别中表现出许多特有优势，并且能够推广应用到函数拟合等其他机器学习模型中。支持向量机在信用评估方面有较大的应用前景。

在实际应用中，已有不少银行走在了前列。早在 2017 年，广发银行的信用卡业务就率先运用了人工智能技术，在完善大数据平台的基础上，开发出了实时风控首笔反欺诈模型并于 2018 年全面投入应用。根据广发银行的数据统计，广发银行首笔拦截的准确率提高了 4 倍，2018 年拦截上百万元的首笔欺诈损失。依靠全新风控系统的引入，广发银行信用卡在 2018 年末的不良率为 1.3%，较年初下降 0.27%，这也是广发银行信用卡不良率的连续第三年下降。2017 年，中国光大银行应用大数据和人工智能技术，深入研究客户信用风险特征及规律后，研发建设了阳光预警平台，实现了全行对公及零售两条线的信贷客户预警监测功能。经过两年多的发展应用，阳光预警平台监控的客户数量已达近千万户，监测的资产规模超过 2.6 万亿元，有效拦截了一些贷前问题客户的授信申请，并且实现了贷后管理的风险事前预警，进一步提高了中国光大银行风险预警及防控水平。

（三）人工智能在智能顾投方面的应用

智能投顾是利用人工智能化算法，根据投资者的风险承受能力、预期收益目标及投资风险偏好等，为用户提供投资参考，提高资产组合的回报率，让投资者实现"零基础、零成本、专家级"的动态资产投资配置。典型的智能投顾服务过程主要包含以下步骤：①客户画像，即系统通过问卷调查评价客户的风险承受能力和投资目标；②投资组合配置，即系统根据用户风险偏好从备选资产池中推荐个性化的投资组合；③客户资金托管，即客户资金被转入第三方托管；④交易执行，即系统代理客户发出交易指令，买卖资产；⑤投资组合再平衡，即用户定期检测资产组合，平台根据市场情况和用户需求变化实时监测及调仓；⑥平台收取相应管理费。

与智能投顾相比，传统财富管理存在以下缺陷：①覆盖的用户有限，管理收费较高，主要面对小部分的机构投资者或高净值客户；②资源配置效率低，获客成本较高；③理财顾问能力参差不齐，知识结构单一；④传统投顾服务有较高的道德风险，大部分理财经理不希望客户长线持有单一的理财产品，以免佣金收入下降。而人工智能投顾的优势则在于具备自主增加认知的能力，机器学习辅助大数据分析后，能够显著提高其投资管理的认知能力。但是智能投顾在我国尚属于发展的初期阶段，进一步实现大规模的应用还存在一些问题，如目前国内部分宣称开展智能投顾业务的平台对大数据挖掘并不深入，并且利用率较低。从本质上看，各平台在金融产品种类、金融产品配比、大数据运用上实力悬殊，并非所有宣传智能投顾概念的理财平台都可以真正做到智能投顾。

第四节　云计算

一、云计算的概念及发展历程

（一）云计算的概念

云计算（Cloud Computing）是分布式计算、并行计算和网格计算等概念的进一步延伸，它不是一种全新的网络技术，而是一种全新的网络应用概念。云计算是用户通过网络（即"云"）共享可配置计算资源（包括网络、服务器、存储、应用和服务等），从而实现计算效率的提高和相关成本的下降。

云计算是互联网高速发展的产物。伴随着数据量和信息量的高速增长，科学、工程、商业等领域需要处理大量数据，传统的互联网技术无法满足要求。在这种情况下，云计算应运而生。"云"实质上就是一个网络，从狭义上讲，云计算就是一种提供资源的网络，使用者可以随时获取"云"上的资源，按需求量使用，并且其是无限扩展的，只要按使用量付费就可使用。从广义上讲，云计算是与信息技术、软件、互联网相关的一种服务，这种计算资源共享池就称为"云"。云计算把许多计算资源集合起来，通过软件实现自动化管理，只需要很少的人参与，就能让资源被快速提供。也就是说，计算能力作为一种商品，可以在互联网上流通，并且价格较为低廉。

（二）云计算的发展历程

20世纪60年代，伴随互联网的兴起，分时操作系统（Time-Sharing System）的概念开始流行。分时操作系统是在一台主机上连接多个带有显示器和键盘的终端，同时允许多个用户通过主机的终端，以交互方式使用计算机，共享主机中的资源。分时操作系统便是云计算的前身。20世纪70年代，分时操作系统的解决方案开始被应用于CTSS、Unix等平台。到了20世纪90年代，许多通信公司将其提供的通信服务进行技术升级，由之前点对点的数据循环网转变为覆盖面更广、成本更低、质量更高的虚拟局域网。科学家和工程师们也开始探索更高效的算法，以优化分时操作系统，使它更有效地服务于更多的客户。1994年，一位通用魔术（Genral Magic）公司的工程师开始使用"云"来比喻通信网络。

2006年8月9日，谷歌的埃里克·施密特在搜索引擎大会上首次提出"云计算"的概念。2008年，微软发布其公共云计算平台（Windows Azure Platform），由此拉开了微软的云计算大幕。同样地，云计算在国内也掀起了一场风波，许多大型网络公司纷纷加入云计算的阵列。2009年1月，阿里巴巴集团旗下的阿里软件在江苏南京建立首个"电子商务云计算中心"；同年11月，中国移动云计算平台"大云"计划启动。到现阶段，云计算已经发展到较为成熟的阶段。2019年8月17日，北京互联网法院发布《互联网技术司法应用白皮书》，在发布会上，北京互联网法院互联网技术司法应用中心揭牌成立。

二、云计算的核心技术

作为一种新型的互联网服务技术，云计算的应用需要强大的技术支撑。云计算的主要核心技术包括数据中心、网络、虚拟化技术。

（一）数据中心

数据中心（Data Center）是云计算重要的乘载设备，数据中心系统在经历了局域网主机、互联网服务器后，最终进入了云数据中心时代。

传统定义下的数据中心是一整套复杂的设施，它负责乘载计算机系统和相关的电信存储设备，同时提供数据备份、环境监控等服务。谷歌公司把数据中心定义为一种仓库规模的计算机系统，这种系统能够提供各种信息服务（邮件、地图、搜索等），这些服务需要大量计算机节点通力协作，层次化的供电设施、制冷设备等高效配合，以及场地和物理空间的统一管理和维护。数据中心的基本组成模块包括服务器、网络互联设备、电力系统设备、空调设备等。按照任务类别划分，数据中心可以分为高性能计算数据中心（HPC Data Center）和互联网数据中心（Internet Data Center）。其中，高性能计算数据中心也被称为超级计算数据中心（Supercomputing Data Center），主要为科研所和需要高性能计算的企事业单位提供服务。互联网数据中心的使用对象非常广泛，主要以满足社会对网络接入和信息处理的需求为目标。随着互联网和大数据的不断发展，许多互联网数据中心开始按照云计算的要求部署专用服务环境，这就是云计算数据中心。

云计算数据中心（以下简称云数据中心）产生于互联网数据中心，并且随着互联网技术的发展，云数据中心不仅能支持网络存储与通信，还能提供高性能的计算服务。

（二）云计算的网络支持

在云计算这种模型中，资源和服务都是通过"云"来传递的，每一种

"云"都是服务和配置的一种组合。如果没有网络，就没有"云"，各种应用和数据服务将无法传递，因此网络对云计算有着绝对的重要性。互联网数据中心的基本特征就是服务器的规模偏大，进入云计算时代后，业务特征变得更加复杂，这些业务包括虚拟化支持、多业务承载、资源灵活调度等。与此同时，云计算的数据规模不但没有缩减，反而更加庞大，这就给云计算的网络带来了巨大的压力。在此背景下，云计算对网络的需求更加复杂。云计算的整体架构建立在由计算机及其他硬件设备构成的网络环境中。尽管不同的云计算模式对网络的具体需求有所差异，但是云计算对网络的共性需求体现在无感知服务、资源动态适配、可靠性保障、虚拟化和安全性等方面。

（三）虚拟化技术

对于云计算而言，虚拟化技术是不可或缺的。云计算快速发展对资源管理提出了新的要求，虚拟化技术能够在性能、效率、可靠性等方面优化数据中心，从而降低系统运营维护的成本，满足云计算的需求。

虚拟化（Virtualization）是通过虚拟化技术将一台计算机虚拟为多台逻辑计算机。在一台计算机上同时运行多个逻辑计算机，每个逻辑计算机可运行不同的操作系统，并且应用程序都可以在相互独立的空间内运行而互不影响，从而显著提高计算机的工作效率。虚拟化的核心软件虚拟机监控器[1]（Virtual Machine Monitor，VMM）是一种运行在物理服务器和操作系统之间的中间层软件。VMM 是一种在虚拟环境中的"元"操作系统。其可以访问服务器上包括 CPU、内存、磁盘、网卡在内的所有物理设备。VMM 不但协调着这些硬件资源的访问，也同时在各个虚拟机之间施加防护。当服务器启动并执行 VMM 时，它会加载所有虚拟机客户端的操作系统，同时会分配给每一台虚拟机适量的内存、CPU、网络和磁盘。

---

[1] VMM 包括规划、部署、管理和优化虚拟基础结构等端到端功能。

虚拟化技术是软件层面的实现虚拟化的资源管理技术，从整体上可以分为开源虚拟化和商业虚拟化两大类。典型的代表有 Xen、KVM、WMware、Hyper-V、Docker 容器等。以下主要介绍 KVM 和 Xen 技术：

KVM（Kernel-Based Virtual Machine）是基于内核的虚拟机，KVM 是集成到 Linux 内核的 VMM，是 X86 架构且硬件支持虚拟化技术（如 Intel VT 或 AMD-V）的 Linux 全虚拟化解决方案。它是 Linux 的一个小模块，利用 Linux 可做大量的任务，如任务调度、内存管理、硬件设备交互等。KVM 本身不执行任何硬件模拟，需要用户控件程序通过 /dev/kvm 接口设置一个客户机的虚拟地址空间，向它提供模拟的 I/O，并且将其视频显示映射回宿主机的显示屏。KVM 继承了 Linux 系统管理内存的诸多特性，如分配给虚拟使用的内存可以被交换至交换空间、能够使用大内存页以实现更好的性能，以及对 NUMA 的支持能够让虚拟机高效访问更大的内存空间等。KVM 基于 Intel 的 EPT（Extended Page Table）或 AMD 的 RVI（Rapid Virtualization Indexing）技术可以支持更新的内存虚拟功能，这可以降低 CPU 的占用率，并且提供较好的吞吐量。此外，KVM 还借助于 KSM（Kernel Same-Page Merging）这个内核特性实现了内存页面共享。KSM 通过扫描每个虚拟机的内存查找各虚拟机间相同的内存页，并且将这些内存页合并为一个被各相关虚拟机共享的单独页面。在某虚拟机试图修改此页面中的数据时，KSM 会重新为其提供一个新的页面副本。实践中，运行于同一台物理主机上的具有相同 GuestOS 的虚拟机之间出现相同内存页面的概率是很高的，如共享库、内核或其他内存对象等都有可能表现为相同的内存页，因此 KSM 技术可以降低内存占用进而提高整体性能。

Xen 是一个基于 X86 架构、发展最快、性能最稳定、占用资源最少的开源虚拟化技术。在 Xen 使用的方法中，没有指令翻译，而是通过两种方法实现的。一是使用一个能理解和翻译虚拟操作系统发出的未修改指令的

CPU（此方法称作完全虚拟化）。二是修改操作系统，从而使它发出的指令最优化，便于在虚拟化环境中执行（此方法称作准虚拟化）。在 Xen 环境中，主要有两个组成部分：一个是虚拟机监控器（VMM），另一个是 Domain0。VMM 层在硬件与虚拟机之间，是必须最先载入到硬件的第一层。Hypervisor 载入后，就可以部署虚拟机。在 Xen 中，虚拟机叫作"Domain"。在这些虚拟机中，Domain0 扮演着很重要的角色，其具有很高的特权。通常，在任何虚拟机之前安装的操作系统都有这种特权。Domain0 要负责一些专门的工作。由于 Hypervisor 中不包含任何与硬件对话的驱动，也没有与管理员对话的接口，这些驱动就由 Domain0 来提供。通过 Domain0，管理员可以利用一些 Xen 工具来创建其他虚拟机（Xen 术语称为 DomainU）。这些 DomainU 也叫作无特权 Domain。这是因为在基于 i386 的 CPU 架构中，它们绝不会享有最高优先级，只有 Domain0 才可以。

三、云计算在商业银行金融服务中的应用

在互联网技术日新月异发展的时代里，商业银行面临着巨大的挑战，但挑战也意味着新的发展契机。以云计算、区块链、人工智能为主要代表工具的金融科技不仅能够安全地存储和传输大量信息，满足商业银行在发展过程中面临的数据安全、存储和传输问题，还能够分析、使用信息，提高商业银行的决策效率，降低非系统性风险。由此可见，抓住新的机遇，商业银行也应顺势而为，加快金融科技背景下的业务升级，逐渐实现资源优化与共享。云计算技术能够在最小的成本下实现最大规模的数据储存和传输，并且能提供其他较高性能的计算业务，因此利用好云计算技术，把握好技术发展的契机，提高竞争优势，是商业银行亟待实现的目标。

（一）云计算在公司贷款业务中的应用

银行的本质是维护信用、经营风险的机构。当前国内大部分商业银行的

主要收入来源仍然是贷款业务，因而银行对各类贷款的风险定价能力，决定了银行的经营能力。要准确对每笔公司贷款进行合适的风险定价，就需要准确、广泛地掌握贷款企业的各类信息，特别是企业的财务信息和经营信息。

随着云计算时代的到来，商业银行直接从贷款企业的财务系统获取财务和经营信息的设想成为可能。商业银行通过云平台为企业提供财务系统和 ERP 系统，从而也就能获取贷款企业的相关数据，达到掌握企业财务和经营信息的目的。如果在云计算平台上运营数十万个、数百万个财务系统和 ERP 系统，那么该云计算平台将是企业界的核心运营平台，将拥有巨大的长尾效应优势，未来的业务发展拥有巨大的想象空间。

（二）云计算在普惠金融服务中的应用

2013 年，党的十八届三中全会提出要"发展普惠金融，鼓励金融创新，丰富金融市场层次和产品"；2015 年，李克强总理在《政府工作报告》中提出要"大力发展普惠金融，让所有市场主体都能分享金融服务的雨露甘霖"；2016 年，全国人大批准的"国民经济与社会发展第十三个五年规划纲要"中再次提出要大力发展普惠金融，着力加强对中小微企业、农村特别是贫困地区的金融服务。商业银行作为现代金融体系最为基础和重要的组成部分，政府对其参与普惠金融往往有明确的要求，同时也给予商业银行一定的政策激励。之前银行对中小微企业的支持主要体现在直接信贷、现金管理或结算等方面，伴随着金融信息化的快速发展，银行端的信息化程度越来越高，能够提供的产品也越来越丰富，但同期中小微企业受规模、资源和技术的限制，没有能力建设与银行相对接的业务系统，间接阻碍了中小微企业获取全方位金融服务的渠道。近几年金融科技的快速发展，越来越多的中小微企业也逐渐基于第三方的云平台快速构建了适合自身发展的业务系统，提升了企业的信息化水平。但上述这些云计算厂商仅提供系统建设方面的技术，中小微企业迫切需要与金融服务相关系统的建设和与商业银行系统的对接仍是金融科技发展的短板，商业银行可以发挥兼具金融和技术两方面的优势，为中小微企业提供具备金融业务特点的云计算服务。此类场景的典型案例如兴业数金、招银云创等，都已走在商业银行提供普惠金融云服务的前列。

（三）云计算在降低信息技术成本方面的应用

随着银行信息化建设的深入，商业银行信息处理系统日趋复杂，从初期的几台服务器发展到庞大的数据中心，单靠人工已经无法满足其在技术、业务、管理等方面的要求。在此背景下，标准化、自动化、架构优化、过程优化等降低信息技术服务成本的因素越来越被商业银行重视。云计算则具备标准化、自动化、统一架构及规范流程等特点，与商业银行运维自动化的需求高度吻合，通过构建统一的云管平台即银行的私有云，可以将资源池内的系统、网络、基础软件及设备等资源有机整合，较传统基于异构、分散系统的运维自动化成本大幅降低。例如，中国建设银行总行和分行的两级资源池，通过云平台 Portal 门户接口集中为生产、办公自动化和开发测试提供硬件资源；分行应用系统集中运营，实现分行系统集中灾备，实现精细化管理。

第五节　区块链

一、区块链的概念及发展历程

（一）区块链的概念

关于区块链的概念，目前尚无统一的定义，如在英国，区块链是一种利用区块存放记录的数据库；在日本，区块链被定义为数字资产交易技术。根据我国工业和信息化部于 2016 年发布的《中国区块链技术和应用发展白皮书》，区块链被定义为分布式数据存储、点对点传输、共识机制、加密算法等计算机技术在互联网时代的创新应用模式。区块链这一概念最早被中本聪（化名）提出时，实际上"区块"和"链"是两个分开的词，其中"区块"可以被理解为数据块，而"链"则是通过各种技术将各数据块相连的纽带。

区块链的本质是去中心化的分布式记账技术。为了进一步解释区块链的本质和特征，本书引入由莱斯利·兰伯特于1982年提出的"拜占庭将军问题"进行说明。

假设有几支拜占庭军队正在一个敌城外扎营，每支军队由一位将军指挥，各军队之间距离较远，只能依靠信使通信。在观察完敌情后，将军们必须达成一个相同的行动计划，即选择进攻或者撤退。如果将军中不存在叛徒并互相信任，那么可以通过一个中心机构将各将军的意见整合，这就是中心式记账。假如中心机构遭到敌军破坏或挟持，导致信息受到破坏或篡改，整个信息链将瘫痪，这就是中心式记账存在的问题。现在，假设将军中可能存在一些叛徒，他们会尽力阻止那些忠诚的将军达成一致，因此互不信任的将军之间构成了一个分布式网络，只能通过各将军之间互派信使来传递信息，这就是分布式记账。而忠诚的将军们必须找到一种算法，保证真实的信息能够得到有效的传递。该算法必须保证三个条件。

条件一，保证信息传递的通道不能遭到破坏，即保证"拜占庭失效"问题不会产生。具体而言，"拜占庭失效"是某位将军向另一位将军传递消息的信息通道遭到破坏，导致另一位将军没有收到信息，而派出信使的将军对消息未传递出去的情况也不知情。只有信息通道不遭受破坏，每个信息才能通过信使传递出去，将军们只有收到信息时才能判断信息的真伪，做出最终的决定。

条件二，将军们的目标最终要实现一起进攻或一起撤退。如果将军们始终无法达成统一目标，直到最后一刻，依然存在有些将军选择进攻，有些将军选择撤退的情况，那么即使信息被传递出去，将军们也能判断出信息的真伪，但最终做出决定也是徒劳的。

条件三，叛徒总数要小于 1/3。假设有三位将军 A、B、C，如果其中一位是叛徒。当 A 发出进攻命令时，B 如果是叛徒，他可能告诉 C，他收到的是"撤退"的命令。这时 C 收到一个"进攻"命令，一个"撤退"命令，于是 C 被信息迷惑，无所适从。如果 A 是叛徒，他告诉 B"进攻"，告诉 C"撤退"。当 C 告诉 B，他收到"撤退"命令时，B 由于收到了"进攻"的命令，而无法与 C 保持一致。因此，在叛徒总数大于或等于 1/3 的情况下，信息传递将会失效。

在满足上述三个条件的基础上，将军们可以通过"口头"和"书面"两种途径来解决信息传递问题。

口头传递成功的假设条件：一是信息能被准确传达；二是每位信息接收者准确地知道信息来源；三是每位将军都在传递信息。这样，通过口头传递，"拜占庭将军问题"得到了解决。但是，口头传递也存在致命的缺点，即因为口头传递无法进行加密，因此信息或信息源很容易被伪造。

书面传递在口头传递的基础上增加了一个假设条件，即每位将军都有专属个人签名，并且该签名无法被伪造，这样，每位将军都可以辨认出任意一条信息是由谁发出的。至此，书面传递成为解决"拜占庭将军问题"的最合理算法，而这一算法体现的恰好是区块链技术的基本原理。

现实生活中，"拜占庭将军问题"其实存在于很多领域和场景中，而区块链技术是解决"拜占庭将军问题"的最佳解决方案。在互联网数据传输过程中，如果仅依赖于第三方平台进行信任担保，即"中心式记账"，一旦第三方数据存储遭到破坏，就会导致信息遗失或篡改。区块链技术在分布式技术的基础上，通过共识机制使各节点达成目标一致，运用技术手段使信息得到加密及不可篡改，形成了一个能够传递价值的网络。

（二）区块链的发展历程

对 2008 年国际金融危机的反思。20 世纪 90 年代后，随着互联网的普及，人类发展进入了新的历史台阶。随后，科技创新不断取得重大突破，商业、投资、融资活动在全球经济一体化背景下愈加活跃，以美国为代表的许多国家进入了"量化宽松"时代，不断印钞以满足市场对货币的需求，同时银行信用创造的规模日益扩大，这为日后大量的不良贷款埋下隐患，从而引发金融危机。金融危机的结果便是人们对货币政策和金融机构失去信任，政府和中央银行又开始新一轮的"信任重建"。因此，中本聪认为，常规货币的根本问题是维持其运作所必须的信任。人们必须信任央行不会让这种货币贬值，但是不兑换纸币的历史则充斥着对这种信任的背弃。区块链就是中本聪给出的应对金融危机的解决方案——一个基于密码学原理的去中心化的电子支付系统。

2008 年，中本聪发表了一篇题为《比特币：一种点对点的电子现金系统》的论文，文中提出了一种完全通过点对点技术实现的电子现金系统（即比特币），该系统可以使在线支付在不需要任何第三方机构的情况下直接实现。每一位比特币的交易者都有两种签名即"钥匙"，分别是由哈希函数生成的私匙和公匙。当付款方向收款方用比特币进行支付时，付款方用自己的私匙对比特币进行签名，再使用收款方的公匙对该比特币加密；收款方收到比特币后先用自己的公匙解密，然后得到哈希值后对付款者的身份进行验证。这样，每一次交易就形成了一个数据块（Block），即区块。为了防止"双花问题"，即某位付款方将自己的私匙发给多位收款方的情况，中本聪为每一个区块加入一个随机生成的时间戳（Timestamp Server），并且要求支付者将时间戳进行全网公开，这样，比特币上的每一笔交易都相当于被全网"公证"，"双花问题"得以解决，同时区块间形成了一个公开的时间序列链条（Chain）。此外，中本聪引入了"工作量证明"（Proof of Work）机制，即在区块中补增一个随机数，保证链条上的信息不可更改。

2009 年 1 月 3 日，比特币客户端程序正式面世，中本聪进行了首次"挖矿"（Mining），获得首批 50 个比特币，同时创立了第一个区块"创世区块"，并且在该区块中记入一句不可修改的话，即"The Times 03/Jan/2009 Chancellor on brink of second bailout for banks"。当时正是英国的财政大臣达林被迫考虑第二次出手纾解银行危机的时刻，这句话是泰晤士报当天的头版文章标题。2010 年 5 月 21 日，一名美国佛罗里达州的程序员 Laszlo Hanyecz 用 10000 比特币购买了价值 25 美元的披萨优惠券，这次交易成为第一笔比特币交易。2010 年 7 月，世界上第一个比特币交易平台"门头沟"（Mt.Gox）诞生，自此，比特币开始被人们熟知。2014 年，戴尔、PayPal、微软相继支持比特币支付。2015 年，美国、欧盟相继出台针对虚拟货币的监管法规，使比特币的发展更加规范化。截至 2019 年 7 月，比特币已经形成了完整的产业生态链。在比特币蓬勃发展期间，区块链的技术价值也越发被认可。

二、区块链的技术原理

区块链最初被比特币等加密货币所使用，其后被广泛地应用于公共管理、金融交易、能源管理、资产公正等领域。要充分地理解区块链，明确其优势和劣势，就必然需要理解区块链背后的主要技术原理。区块链的技术原理包括分布式记账技术、共识算法和密码学技术等。随着区块链的快速发展，它所使用的技术也需要不断地创新和升级。

（一）分布式记账技术

区块链的本质是去中心化的分布式记账技术（以下简称分布式记账）。传统的信息记录使用一个中心服务器，集中记录和存储客户的交易信息，即中心化记账技术（以下简称中心化记账）。但是中心化记账容易因为黑客攻击或技术性原因导致信息外泄、被篡改或丢失。分布式记账技术则能够完美地解决这个问题。分布式记账技术包括分布式记账、分布式传播、分布式存储三个部分。首先，通过在整个网络设置多个节点，每个节点生成一个独立的"小账本"，分别储存信息，即分布式记账。其次，每个账本有各自对应的密匙，在账本信息传递的过程中能够确保各账本之间的信任，即分布式传播。最后，分布式记账还可以被视作一个公共的记账平台，每个人都可以参与信息的记录，也可以对账本进行备份，这样信息便可以被准确、完整地记录，并且即使账本受到外界攻击，信息也无法轻易被篡改，因为这意味着每个人的账本都要被修改，这就是分布式存储。由此可见，分布式记账技术不仅解决了中心化记账技术存在的问题，还能够使信息被更高效地记录和存储。

区块链技术可以视作分布式记账技术的一种类型。负责记录交易信息的"区块"形成一条"链"，信息通过分布式记账、分布式传播、分布式存储进行记录、同步和存储。这样的"去中心化"在保证区块信息的准确性、安全性的同时，还可以省去使用中心平台所产生的交易费用和维护费用。

（二）共识算法

区块链使用的分布式记账可以克服中心化记账成本高、安全性弱的缺点，但是分布式记账得以成功的前提是要使各节点间记录的信息达成一致，尤其是在一定数量的节点受到攻击时要依然保证信息的准确性和一致性。因此，保证各节点达成一致性的共识算法可以被视为区块链的基石。目前区块链技术的共识算法主要有 PoW（Proof of Work）、PoS（Proof of Stake）、DPoS（Delegate Proof of Stake）和 Ripple。

PoW 是由"比特币之父"中本聪提出的最早应用于区块链的共识算法。PoW 的字面意思为工作量证明，即证明"矿工"们的工作量，工作量则来源于"矿工"计算机的运算能力。按照分布式记账的原理，因为没有中心服务器，必须保证每个节点都有各自独立的"账本"，然而由于各节点所处环境不同，接收信息不同，所以同时记账极有可能导致账本记录的信息不一致。因此，必须推选出某一具体节点在某一时刻记录区块的具体信息，然后全部节点进行同步。推选方式便是各节点进行随机的算力竞争。例如，在比特币系统中，每10分钟进行一轮算力比赛，由PoW检查客户端是否做了相应的工作，并且决定最终负责"记账"的节点。因此，比特币网络系统中的任何一个节点，如果要生成一个新的区块，就必须通过PoW设置的问题。PoW虽然为分布式记账中的一致性要求提供了一种解决方案，但是PoW的完成需要大量的计算，会消耗大量的资源。此外，PoW的容错量也不是绝对的，它只能允许50%以下的"区块"出现错误。这些缺点最终导致PoW无法被广泛应用，它逐渐被PoS替代。

PoS是PoW的升级，它的原理是要求客户证明其拥有某些数量的货币（即对货币的权益），拥有的货币数量越多，"挖矿"成功（即有权记账）的概率就越大。因此，PoS在PoW的基础上降低了一定的计算难度，加快了"挖矿"的速度。点点币（Peercoin）便是采用了PoW和PoS相结合的共识算法，未来币则完全使用PoS作为共识算法。然而，PoS只是对PoW的一种改善，并不能完全摆脱对"挖矿"（算力比赛）的需求。

DPoS的出现解决了PoW和PoS存在的这类问题。DPoS引入了一个"代理人"，该"代理人"由所有持有虚拟货币的人（即股东）投票选出，而所有的网络参数如交易信息、生成区块的时间等都由代理人负责记录。需要注意的是，DPoS虽然看似具有中心化的特征，但它并不是强制性信任拥有最多权益的人，因此可以说DPoS在具备了中心化监管优势的同时，又保持了分布式记账的实质。DPoS相对于PoW和PoS两种共识机制而言，大面积减少了需要记录的区块，降低了耗能，提高了运行效率。

Ripple是建立在DPoS基础上的一种分布式记账协议，它可以让商家和客户乃至开发者之间进行货币兑换、支付和清算。Ripple 支持多种货币，其中包括美元、日元、欧元及比特币等。在 Ripple 系统中，每笔交易由客户端发起，在对各节点进行验证前，每个验证节点预先配置一份可信任节点名单（Unique Node List），名单上的节点可对交易是否达成进行投票，票数通过在51% 及以上的，则交易进入下一轮投票，之后投票中所需通过票数的阈值将提高到 60%，通过后再进行投票，直到阈值达到 80%。最终通过 80% 节点投票的交易才能被计入区块中，各节点进行更新。Ripple 系统每隔 5 秒便会进行一次共识过程。Ripple 虽然采用了基于 DPoS 的共识算法，但是 Ripple 共识算法并不是在全网一次性达成共识，而是通过可信任名单不断进行投票产生共识。由于可信任名单上的节点在投票前已确认，Ripple 共识算法的效率会比 PoW 等匿名共识算法高效，但这一特征也决定了 Ripple 共识算法只适用于一些特定场景，因为一旦假设可信任名单中超过 20% 的节点互相串通，则共识将失效，这也意味着 Ripple 共识算法相对其他算法容错能力弱一些。

随着区块链技术的不断发展，共识算法也在不断更新升级，这些共识算法也被应用于各金融机构和企业中，它们的共同作用都是使区块链中的节点达到一致性，保证分布式记账成功运行。

（三）密码学技术

密码学技术是保障区块链信息安全的基础和支撑。区块链系统主要使用了公匙加密算法、哈希算法、数字签名及时间戳等密码学技术。

传统的对称加密算法与解密算法基本相同，即加密者与解密者在密匙的基础上，对信息进行加密和解密。但是对称加密算法存在一个漏洞，就是加密者在传递信息的过程中必须把密匙附上，解密者才能解开密码。因此，加密者必须耗费时间和精力研究安全传递密匙的方法。

公钥密码采用了非对称加密算法，即运用两个不同的密匙对信息进行加密，有效解决了密匙分发问题。公钥密码的两个密匙分别为公匙和私匙，其中公匙必须公之于众，私匙则需私密保存，公匙无法导出私匙。具体到区块链的应用中，在对区块的信息进行加密时，使用每个区块均可见的公匙，而解密时使用私匙，只有拥有私匙的区块才能解开。

区块链使用了哈希算法为信息加密。哈希算法也常被称为哈希函数，指将任意长度的输入转换成固定长度输出的转换方法，最终的输出值为"哈希值"。哈希算法由美国国家标准与技术研究院（NIST）研发，1993 年哈希算法第一代成员 SHA-0 发布，两年后 SHA-1 发布。随后，哈希算法的"家族"不断壮大。哈希算法具备"单向性"的特征，即通过哈希值反向推理原数据几乎是不可能的。因此，哈希算法的破解主要是破坏哈希算法的"抗碰撞性"，所谓"碰撞"是当同一个哈希算法为多个信息加密时，可能会产生同样的结果，因而为了避免发生"碰撞"，必须保证不同的信息经过哈希算法后产生不同的结果，所以只要找到两个产生"碰撞"的加密信息，便有可能破解该哈希算法。在哈希算法发展过程中，MD5 算法和 SHA-1 算法是被广泛使用的两个算法，但是，2004 年中国学者王小云等提出 MD5 算法的破解方案；2017 年，谷歌宣布已成功破解 SHA-1 算法。随后，这两种哈希算法被使用的频率大幅减小。在比特币系统中，主要使用了两种哈希算法，分别是 SHA256 加密算法和 RIPEMD160 加密算法；以太坊使用了 SHA-3 的变体算法；夸克币和达世币则使用多种哈希算法为信息加密。然而，没有永远安全的算法，随着区块链技术的不断发展，算法的升级也是一条必经之路。

数字签名是哈希算法、密匙相结合的应用模式，是区块链技术的重要部分。数字签名以电子形式存在于数据中，它在区块链中的主要作用：一是向信息接收的节点发送公匙和私匙以确定发送节点的身份；二是运用哈希算法以确保信息在传输过程中的安全性。完成数字签名需要三个步骤：步骤一，从可选私匙中随机选择一个私匙，哈希算法输出私匙及对应的公匙；步骤二，依据给定的消息和私匙，生成一个签名；步骤三，依据信息、公匙和签名验证信息来源者。为了减少大量的签名计算量，一般先生成原始信息的哈希值，然后对哈希值进行签名。

数字签名虽然可以确保信息的安全性，但是并不能使所有信息按照时间有序排列，因此需要时间戳。与数字签名不同，时间戳主要负责记录每个区块接收信息的时间，相当于在每个区块上盖上一个时间印章。这样，所有的信息都能按照时间的先后顺序进行排列，保证区块可以按照信息先后顺序进行判断，最终达成一致性。

三、区块链在商业银行金融服务中的应用

区块链技术已在多个行业中得到广泛的应用，但其最重要的应用价值就是推动金融业的发展与创新。20 世纪 90 年代开始，传统金融行业开始与互联网相融合，全球进入互联网金融时代。经过 20 年的发展，互联网金融存在的问题逐渐凸显，需要新的技术来突破互联网金融发展的瓶颈，以满足人们对金融服务的需求。区块链的去中心化、安全性、开放性等特征，使它能够降低金融服务的交易成本，提高交易的效率和客户体验，扩展业务的多元化。对于金融服务最重要的提供者——商业银行而言，区块链的发展，一方面加快了业务创新，另一方面也形成了挑战。2015 年，吴晓波就预言，在未来的 5~10 年内，银行会像庖丁解牛一样被分解掉。负债业务、资产业务、中间业务、网点、信用卡和银联等这些传统银行领域中的业务，可能会完全消失。

面对压力，更多的银行选择了顺势而为，主动求变。2016 年 9 月，微众银行与上海华瑞银行共同开发针对联合贷款结算和清算业务的区块链应用系统。此举拉开了中国银行业进军区块链的序幕。根据互链脉搏统计，不

到两年时间，已有 14 家商业银行"触链"，涉及 25 个应用场景。其中，融资、数字票据和跨行支付 3 个场景应用范围最广，参与银行最多。2017 年 10 月，摩根大通与加拿大皇家银行和澳新银行联合宣布成立银行间信息网络系统（INN），这一创意旨在利用区块链技术优化和提高全球支付流程，解决银行之间在支付上的信息共享问题，提高交易效率。截至 2019 年，全球已有 259 家银行加入了银行间信息网络系统，我国的大连银行、南京银行、中信银行、广发银行、浙商银行、上海农商银行和南洋商业银行等也先后加入这一平台。未来，区块链将引领商业银行进入全新的时代。

（一）区块链在跨境支付业务中的应用

支付清算系统是金融市场的基础性支撑，但跨境支付领域尚存在许多亟须解决的问题。首先，支付清算需通过多方参与，完成交易耗时长。以国际贸易清算为例，传统的此类交易需要经过开户行、代理行、清算机构等多方协作完成，各机构可能还需要其附属机构的参与，导致清算过程冗长。其次，完成支付清算所需支付的成本较高。由于支付清算有多方参与，在交易进行过程中，各方之间需要支付各种费用。麦肯锡《2016 全球支付》报告数据显示，通过传统模式完成一笔跨境支付的平均成本在 25~35 美元。最后，进行支付清算的门槛高。目前，全球主要的支付清算系统是环球银行金融电信协会系统（SWIFT）。SWIFT 连通着遍布全球 200 多个国家和地区的超过 10000 家金融机构或跨国企业，每日资金转移次数高达 1500 多万次。两个国家或地区之间的银行要汇款，必须得通过 SWIFT 系统发送代码、接受代码、解码，完成这些流程后这两家银行才算完成交易。换言之，如果想与世界其他国家和地区做生意，必须成为 SWIFT 的成员，或者通过 SWIFT 的成员银行进行交易。SWIFT 主要以美国等西方国家为主导，发展中国家难有发言权。我国在 2015 年推出了人民币跨境支付系统（CIPS），但其还在发展中，覆盖面有限。

针对上述问题，应用区块链都能产生有效的解决方案。因此，金融业普遍认为支付清算尤其是跨境支付，是区块链最能发挥价值的领域。使用区块链技术的清算支付系统可以基本实现双方直接的交易，不需要第三方中介机构的参与，这一特点也使得交易流程的速度有所提高，成本也大大降低。尤其是在跨境交易方面，区块链技术可以应用于全球，它所构建的银行间金融交易系统可以提供全球化的跨境实时支付清算服务，使跨境支付清算变得更加便捷。以区块链为技术支持的支付系统代表是上文提到过的 Ripple。Ripple 是一个开放的支付网络，通过这个支付网络可以转账任意一种货币，包括美元、欧元、人民币、日元或者比特币，简便快捷，交易确认在几秒内便可完成，交易费用几乎为零，并且没有所谓的跨行异地及跨国支付费用。网络中运行的无数网关负责建立起 Ripple 网络，而最终用户需要通过 Ripple 网关来连接和使用整个网络。各网关通过共识机制来修改"总账"，也就是处理交易，整个交易过程非常高效。截至 2019 年 1 月，已有超过 200 家银行与金融机构和 Ripple 建立起合作通道，使用 Ripple 的 xRapid 软件配合 XRP 加密货币进行跨境支付。2018 年 9 月，IBM 推出基于区块链的新支付系统 Blockchain World Wire（BWW），几秒内便可完成跨境支付的清算和结算。在我国，由蚂蚁金服研发的基于区块链的电子钱包跨境汇款服务在香港地区上线，利用区块链技术来实现 AlipayHK 和菲律宾钱包（GCash）间的跨机构协同合作，解决了在中国香港务工的菲律宾劳工向母国转账的问题。"区块链 + 跨境支付清算"技术不仅简化了交易过程，节省了交易时间和成本，也使更多的机构、企业能享受到更加便利的清算服务。

（二）区块链在抵押贷款业务中的应用

商业银行抵押贷款流程需要多方参与。例如，贷款者使用房产或汽车作为抵押品向商业银行贷款时，要经历包括提交申请、银行核实抵押品并评估价值、银行批准放贷、银行向相关部门申请变更抵押品所有权等在内的多项流程，过程中需要商业银行、评估机构、房管局、车管所等多个机构和部门的参与。此外，在所有涉及人工操作的流程中，都可能存在信息被篡改的可能性。将区块链技术应用于抵押贷款流程可以提高业务办理的效率，降低信息不对称产生的风险。区块链在抵押贷款业务中的具体优势：一是通过运用区块链技术，提高资产抵押过程的透明度。二是可实现自动化监管。监管机构可以更清晰地维护历史交易和再抵押记录，并且这些记录不可被篡改。三是监管机构通过区块链技术进行合规监管，提升交易透明度，极大地降低违约事件对金融市场的影响，提高金融稳定性。四是智能合约使得机构和个人投资者对底层资产的尽职调查成本和时间成本都大幅下降。我国商业银行面临推进资产证券化的迫切需要，结合区块链的特性，住房抵押贷款证券化可以成为区块链落地实施的前沿阵地。

在实践操作中，已有很多国内外的商业银行、金融机构在积极地研发基于区块链技术的抵押贷款业务电子平台。在国外，有由 IBM 公司发起的 Fabric，以及 Factom 公司推出的 Factom Harmony 项目。在我国，2018 年 7 月，中国农业银行贵州省分行首笔 200 万元区块链农地抵押贷款在全国农村"两权"抵押贷款试点县遵义市湄潭县落地，用于支持当地茶产业发展。2018 年 9 月，交通银行成功研发出区块链资产证券化平台"聚财链"，资产证券化项目信息与资产信息实现双上链，各参与方在链上完成资产筛选、尽职调查、现金流测算等业务操作，降低操作风险，缩短发行周期，提高发行效率，实现了基础资产快速共享与流转，最大限度地保证了基础资产的真实性与披露的有效性。2018 年 9 月，交通银行成功发行交盈 2018 年第一期个人住房抵押贷款资产支持证券，总规模达 93.14 亿元。相信不久的将来，区块链在资产抵押贷款业务中的应用会越发普及。

（三）区块链在票据业务中的应用

票据在金融市场上是一种常见的融资和支付工具，是一种依靠"可信任第三方"的有价凭证。按照性质划分，票据可以分为纸质票据和电子票据。2016 年 12 月，上海票据交易所正式上线运行，票据载体从纸质票据进入到电子票据时代。票据业务是信用机构，按照一定的方式和要求为票据的设立、转移和偿付而进行日常营业性的业务活动。商业银行所涉及的票据业务主要有银行承兑汇票、商业汇票贴现、转贴现业务。

从票据融资自身特点来看，其具有成本低、灵活性强的特点，因此近些年来，票据业务发展迅猛，但与此同时也出现了许多问题，各类与银行票据业务相关的金融案件频发。例如，2016 年初，中国农业银行北京分行票据买入返售业务发生重大风险事件，涉及风险金额为 39.15 亿元；中信银行兰州分行 9.69 亿元票据无法承兑。总结来看，目前票据业务存在以下问题：一是票据的真实性问题，市场中仍然存在票据造假、克隆票、变造票等伪造纸质票据的现象。二是票据违规交易问题，当前票据市场中存在一票多卖等违规行为，难以有效管控和进行风险防范，票据市场演变成融资套利和规避监管行为的"温床"。三是票据信用风险较高的问题，商业汇票到期承兑人不及时兑付的现象屡现。为了适应票据市场进一步发展，解决这些问题势在必行，区块链的应用便可以成为新的解决方案。

区块链技术可以从以下方面解决票据业务存在的问题：一是区块链具有全网公开的特点，并且使用了时间戳技术，使得票据抵赖现象不再发生，提高了金融机构的可信度，降低"一票多卖"的可能性。二是建立在分布式记账基础上的区块链系统具有去中心化的特点，极大提高了减灾容错能力，即使少数节点出现故障也不会影响全网运行，保证了票据交易的安全性。三是区块链技术可以收集全网参与者的信用情况并对全网公开，使得低信用节点无处可匿，极大地降低了信用风险。

区块链在票据中的应用价值已经引起了广泛关注。2018年6月，狄刚在《中国金融家》上发文，介绍了区块链技术在数字票据场景的创新应用。他表示，基于区块链的新型数字票据平台增强了业务透明度，提升了监管效率，在票据法和有关制度的允许范围内可以支持业务试点创新。区块链与其他技术类似，都需要在技术进步和发展中长期演进，也将随应用的深化而逐步完善。随着跨链技术的发展，有助于数字票据业务未来与其他区块链平台的互联互通，构筑数字经济的新的基础设施。

第四章

金融科技赋能商业银行传统业务

第一节　支付结算业务

银行结算业务即转账结算业务，简称结算，也称支付结算，是以信用收付代替现金收付的业务；其是通过银行账户转移资金实现收付的行为，即银行接受客户委托代收代付，从付款单位存款账户划出款项，转入收款单位存款账户，以此完成经济债权债务的清算或资金的调拨。

一、当前支付结算业务存在的痛点

（一）内控监管机制有待完善

现阶段，我国商业银行在对公网点管理过程中允许办理企业账户开立业务，大型企业和中小微企业都可以通过这个账户进行资金活动。商业银行缺乏完整的监管机制，当基层网点完成特定时期内的存款任务后则无法对企业账户的资金活动进行监控。同时，由于基层网点部分员工专业素养不高，常常会出现伪造印鉴等问题，给支付管理带来了一定的难度。此外，审核方式滞后也是商业银行支付管理存在的一大问题，在企业支付指令审核中采用的是人工审核方式，当人工审核不能识别支付指令是否正确时会允许通过，这就给不法分子提供了漏洞。此外，对账是银行支付管理中的重要组成部分，而定期对账作为对账的关键工作内容，起到了确认资金是否合法的重要作用。然而对账所需资料大多来源于基层网点的对账单，而基层网点容易出现银行与企业串通、非法挪用资金等问题，导致对账单信息不准确[①]。

（二）用户体验和技术安全性有待提升

在市场竞争越发激烈的今天，提升客户体验已经成为全球领先企业产品供给的重要目标，能否打造卓越客户体验，正成为银行未来的竞争护城河。根据麦肯锡咨询公司对中国银行业的调研数据，在商业银行业务中，支付结算体验最差，但重要性最高，须引起重点关注。

如今支付电子化已成为支付结算的发展方向，但利用互联网进行高科技作案的违法行为也日益增多。在电子支付活动中，网络黑客猖獗破坏，支付数据伪造、变造、更改与涂销问题越来越多，对社会影响越来越大。同时，新兴小额支付免密服务也使资金面临被盗风险。科技手段在为人们提供极大便利的同时也带来了不可轻视的风险。另外，电子支付的业务操作和大量的风险控制工作均由电脑软件系统完成。目前，银行核心系统在技术和管理中往往存在不同程度的漏洞，安全性参差不齐，这为"有心人"作案提供了便利。特别是随着办公流程的电子化，系统漏洞为内部人员作案埋下隐患。

（三）跨境支付成本和效率有待优化

银行间支付结算普遍采用代理行模式，这种模式下跨境支付链条冗余，增加了与跨境支付相关的显性成本和隐性成本，也降低了完成交易的效率。为加快处理逐渐增加的外汇交易规模，需要进一步发展跨境支付结算体系并解决当前外汇交易清算过程中的复杂性问题。

[①] 任亚芬. 基于区块链与数字货币下的商业银行支付管理研究 [J]. 金融科技时代，2020（1）：68-70.

当前交易信息传递与资金清算结算系统主要是西方国家主导的环球银行金融电信协会系统（SWIFT）及持续连接结算系统（CLS）。若要完成贸易金融中的资金交割必须通过上述系统进行信息和资金的传输，层层代理的支付链条在到达目的地之前将会跨越多个司法管辖区。一旦被限制准入则会掉进"金融孤岛"，无法参与世界范围内的经济贸易活动。此外，在代理行模式下，容易出现包括信用风险、流动性风险、市场风险、重置风险和操作风险在内的外汇风险。这些风险可以通过银行持有不同的外币预先提供足够的流动性来降低，但这样会增加跨境支付的流动性成本[①]。

二、金融科技在支付结算业务中的应用

（一）云计算

随着"网购"与移动支付的快速兴起，其人群已经从年轻人向全民过渡，移动支付交易量越来越大，而且交易频次在节假日甚至会出现井喷式增长，呈现波动变化。以每年的"双十一""双十二"网购活动为例，网联平台处理资金类跨机构网络支付交易都会达到数十亿笔，金额超过万亿元，这对传统的支付结算的能力提出了巨大挑战。云计算具有较强的扩展性、扩容性，以应对波动的支付交易量，当云计算与支付结算结合起来时，可迅速提高服务能力，提高商业银行的交易承载量，从而推进数字经济的发展。另外，云计算分布式数据库不仅具有全分布、全冗余、高弹性、低成本等特点，使得去维护成本低，而且在出现网络、服务器、储存异常的情况下仍能正常使用，典型的例子就是扫码支付在一些方式下可以离线使用，这样就解决了数据由于网络失效出现储存失败的问题，方便后期查询与监管。

---

① 赵越强，蔚立柱，陈晓，等．区块链技术与跨境支付体系：发展现状、趋势及政策启示 [J]．新金融，2020（10）：44–48.

（二）人工智能

人工智能在支付结算的风险控制、监管发挥了巨大作用。在风险控制方面，通过人脸识别、生物指纹识别等技术对客户身份进行画像，利用人工智能算法对客户身份进行审核，做到支付结算的事前风险控制。在监管方面，由于人工智能采用多种完善的算法如在线过程分析（OLAP）、热点分析、聚类分析、相关性分析、预测模型、用户画像、决策树、神经网络等，使得其风险模型更加精确，在监管时提供更有价值的评估与反馈。商业银行可通过人工智能与对数据的深度挖掘，自动提示支付结算存在的风险；通过人工智能防范支付结算的尾部风险，将风险事件纳入风险监管模型，当支付结算出现时进行风险等级评估并做出分析。另外，人工智能在国内外银行系统的风险监管方面也发挥了很大的作用，如印度的 ICIC 银行、HDFC 银行在支付交易管理、反洗钱等领域内逐步引入人工智能技术进行监管。在国内，平安银行利用人工智能自动判断支付结算交易对象相关信息，防止诈骗。

（三）大数据

大数据在支付结算业务中的应用主要在用户行为分析、交易欺诈识别两个方面。在用户行为分析方面，"支付 + 精准营销"是基于支付环节产生的大量交易数据对用户行为进行研究的场景融合例子。商业银行可以通过大数据精准画出用户画像，对用户行为进行深度分析。在对客户精准分层的基础上，针对不同层次用户进行精准营销，同时也能为特约商户提供财务管理、营销规划等服务。在交易欺诈识别方面，目前支付交易操作十分便捷，客户已经可以做到随时、随地、随心地完成资金转账操作。面对盗刷和金融诈骗案件频发的现状，商业银行的市场主体交易诈骗识别系统正遭受巨大的挑战。大数据可以利用账户基本信息、交易历史、位置历史、历史行为模式、正在发生行为模式等，结合智能规则引擎进行实时的交易反欺诈分析；其能够甄别恶意用户与恶意行为，解决客户在支付、借贷、理财、风控等业务环节遇到的欺诈威胁，降低银行和客户的损失。

（四）区块链

区块链技术具有公开、不可篡改的属性，从而为去中心化的信任机制提供了可能，具备改变金融基础架构的潜力。区块链在跨境支付、支付网络构建领域均已得到一定的应用。在跨境支付领域，区块链技术能够直接连接收付款人，降低跨行、跨境交易的复杂性和成本，确保交易记录透明、不可篡改，降低运营风险；优化现有代理行模式下的资金转移和信息传递方式，大大提高支付效率，降低业务成本。在支付网络构建领域，利用区块链技术也能够实现更加安全稳定的支付环境。

三、金融科技推动支付结算业务创新发展

（一）优化用户体验

商业银行利用各种金融科技技术，创新支付方式，改善用户体验，让个人消费和交易支付变得更加安全、便捷和高效。以移动互联网与智能终端为代表的金融科技，不仅丰富了支付服务的内涵，而且提高了金融服务的可得性，为突破普惠金融发展瓶颈提供了科学合理的数字化解决方案。例如，许多平台公司开发的生活缴费端口，其中大多数功能都由商业银行提供。一些商业银行不仅和互联网公司在场景应用上有着深度合作，还通过直销银行整合自身存贷汇业务，让客户在需要银行支付结算服务的时候，用最简单的方式和工具，随时随地使用银行的服务。

（二）提升支付结算的效率

金融科技能够有效地满足长尾客户的新需求，适应互联网渠道交易高并发、多频次、大流量的新特征。一方面，利用互联网、物联网打造平台经济模式，充分整合产业链上下游优势资源，简化供需双方的交易中间环节，从而便利资金供需匹配，提升资金流通效率；另一方面，利用云计算技术构建跨层级、

跨区域的分布式支付体系，可按需分配、弹性扩展资源，最大限度地提高支付业务的响应速度和支撑效率。此外，商业银行依托设备丰富、流程便捷的线下营销服务平台，可以实现电子渠道与实体网络的互联互通、线下实体银行与线上虚拟银行协同发展的"大渠道"经营格局，使得客户无障碍地获取金融服务。

（三）提高风控精准度

新业态的发展使支付业务的边界更加模糊，服务方式更加虚拟化，经营环境更加开放，支付风险呈现隐蔽性强、传染性高、危害性大的特点，传统的风控手段已经难以奏效。作为金融科技的细分领域，监管科技的应用可以更好地感知风险态势，更准确地甄别风险隐患，更快地采取风控措施，建立与支付创新相匹配的高效风控机制。在大数据、人工智能、生物识别等新技术帮助下，许多商业银行都已搭建了智能风控体系，能够在支付交易的事前、事中和事后对风险事件进行实时监控，取得了良好成效。

第二节　国际保理业务

国际保理业务（International Factoring）是保理商在国际贸易为买卖双方提供的一项贸易服务产品，即出口商出口货物时采用商业信用的方式，将货款的发票和装运单据在出口商完成交货之后转让给保理商，完成交货后出口商就可以收取的大部分货款，之后如果进口商不付货款或逾期付款，保理商将会作为第一付款人承担付款责任。保理业务是一项综合金融服务，它融合了商业资信调查、保理融资、信用风险控制、应收账款管理与坏账担保等多项金融业务。随着经济发展步伐加快，国际贸易之间的竞争也日益激烈，国际保理业务作为一项盈利能力较强的中间业务，正逐渐代替传统的信用证结算方式，作为商业银行寻求利润增长点的新领域。

一、当前国际保理业务存在的痛点

（一）融资审核效率低

我国商业银行传统的国际保理业务长期以来效率较低。一是业务流程烦琐。在实际的业务中，并非所有的保理商都是国际保理会员，所以国际上的保单电子数据交换系统常常难以使用，而商业银行在业务开展中又常常需要进行信息交流和沟通，因此导致双方之间信息交流不畅、交易成本高。二是一般商业银行的国际保理业务还存在纸质作业的情况。受技术条件限制及长期以来的业务模式影响，在国际保理业务中大量的票据都是通过纸质方式进行邮寄，往来时间长且安全性难以保障，导致业务效率难以提升[①]。

（二）信用风险较高

国际保理业务是建立在买卖双方赊销商品或承兑交单基础上的。出口商完成保理业务的办理并销售商品后，商业银行作为第一付款人承担了企业应收账款的坏账担保，这对于银行来说意味着要承担巨大的风险。因此，在保理业务办理之前，商业银行需对企业的信用状况进行全面的调查了解，以防止在保理业务中出现坏账。然而目前，我国的社会信用体系还在发展完善中，有一部分企业的确存在欠债不还、欺诈银行的情况，并且由于国内银行在境外的代理机构较少，在开展业务调查时无法全面掌握国外客户情况，容易将自身陷入较大风险之中。此外，还存在进口商凭借买方地位，将自己的财务情况作为商业机密拒绝配合银行的信用调查的情况，这更加大了审核的难度[②]。

（三）票据传递存在数据丢失风险

国际保理业务中常常需要传递各项电子商业票据。根据我国对国际保理

---

① 李言，郭建峰. 区块链技术在出口国际保理业务中的运用及效果 [J]. 金融实践，2020（9）: 59–62.

② 刘颖. 商业银行发展国际保理业务探析 [J]. 中国国际财经，2018（8）: 8–9.

业务的规定，所有商业银行开展国际保理业务的电子票据，都首先要经过中国人民银行的电子商业汇票系统进行交互验证。这一规定是为了确保电子票据的真实性和安全性。然而，作为中心系统，如果中国人民银行的电子商业汇票系统遭到黑客攻击，那么所存储的数据信息则可能丢失，这也将会对国际保理业务的支付速度造成阻碍。

二、金融科技在国际保理业务中的应用

（一）区块链

首先，区块链技术的应用，为国际保理融资数据的收集提供了技术支持。国际保理业务中所涉及的上下游企业和与保理业务有关的各类市场主体，均可以接入区块链中。通过对这些数据的收集和整合，一份完整的出口保理业务的数据记录即可获得，以供审查和验证。在区块链系统中，业务审核人员通过时间戳便可对数据的信息主体进行验证，查看主体状态是否合法，并且对主体的信用情况进行评估，以确保符合保理融资的要求。

其次，随着区块链技术的应用，区块链系统可以对保理融资资金的使用进行动态检查，以便随时掌握账户的变动情况和资金的使用情况；同时对进、出口商的资金和财务情况进行监控，并且形成报告，定期存储到银行系统的信贷档案中。区块链技术中的智能合约使出口保理业务中的自动化清算、账款信息实时显示、资金转移等都成为了可监测的对象，极大地保障了回款的可靠性和安全性。

（二）大数据

大数据在国际保理业务方面的应用，可从以下三个方面体现：一是用于建立开放的商业保理服务平台，发挥产业集聚的能动性，打造一个以卖方、商业银行或保理商、买方为对象的生态闭环，同时沉淀行业内部交易数据，提升内生商业价值。二是利用外部大数据提升业务处理效率，包括但不限于

企业信息查询、交叉信息验证、经营性数据核验、高管背景核验、关联交易方分析等。此外，还可监测外部经营环境、行业政策变化，预警可能发生的外部风险。三是根据内部交易大数据和外部大数据进行串联分析，引入大数据的风险管理及预警机制，完善授信审查体系，深耕产业链，结合客户个性化需求，提供安全优质的金融产品。

（三）物联网

商业银行应用物联网技术，通过对各参与企业的信息流、资金流和物流的实时跟踪，可以大大拓展国际保理业务的客户范围和业务内容。一是提高了对核心企业下游客户销售信息获取的及时性、有效性，大大拓展了核心企业下游客户利用存货融资的范围。二是除了提供国际保理服务外，还可以提供财务管理咨询、现金管理、应收账款清收、资信调查和贷款承诺等中间业务服务。三是借助信息资源优势，还可以为曾参与国际保理业务的企业提供咨询服务，帮助它们合理安排应收账款账期的结构与数量，分析处于国际保理业务不同环节企业的资金周转情况和偿债能力。

三、金融科技推动国际保理业务创新发展

（一）降低信用风险

金融科技能够提高交易信息的安全性，使数据验证更便捷。例如，基于区块链数据的不可篡改性和去中心化的特征，国际保理区块链中每个节点均能够自动实现数据的安全交换，并且每一次数据变动所涉及的时间、当事人、具体金额及货物状况等都将按照次序被记录下来，实现安全、可靠的数据记录。这样，交易信息的真实性便比较容易验证。参与国际保理业务的企业的资信情况更易评估。随着金融科技的应用，各参与方、商业银行或保理机构、监管机构等所涉企业数据、信用评级和供应商评估数据将被保存、储存，这使征信系统中的企业数据得到极大补充。在征信系统中，可以较为容

易地查询企业的资信和失信内容。

（二）提升信息传递的速度与安全性

在金融科技赋能下，电子票据的安全性将得到保障，作为一种安全的、智能的全新票据形式，在国际保理业务中，所有信息都将更新和保存，其中包括合同信息、物流信息等，再附上时间戳，在全网实现分布式存储，确保了金融和监管机构能够对票据和资金流向做出实时跟踪和监控，预防资金挪作他用等情况的发生。此外，票据的处理不再需要电子商业汇票系统的验证，这也减少了由于黑客攻击电子商业汇票系统带来的数据丢失风险。因此，金融科技的应用提升了国际保理业务中电子票据传输的速度和安全性。

（三）降低运营成本

通过对金融科技的应用，商业银行不仅可以较为便利地验证交易的真实性和评估供应链参与者的信用状况，而且把交易处理变为了自动化运行，使处理单据业务的人工成本得以降低。此外，对保理商、出口商和进口商来说，智能合约的使用改变了传统纸质合同传送成本高的缺点，这也降低了业务的成本。以中国建设银行为例，根据该行披露的 2018 年年报数据，可以发现在金融科技应用后，单笔国际保理交易成本下降了 90 美元，仅为 10 美元，跨境支付成本降低了 90%。

第三节　资管业务

资产管理业务（以下简称资管业务）形式各异、内容广泛、类型多样，其范围涵盖居民个人理财业务、高端客户财富管理业务、企业客户资产管理及顾问咨询服务。在历经十余年跨越式发展和银行的长期信誉积淀后，银行资管业务已经成为国内资产管理市场上规模最大、客户群最多、影响最广的业务。资管业务是当前银行实现经营转型的主要业务，尤其近年来理财收入对商业银行的贡献率持续提高，成为推动业务转型的新利润增长点。

一、当前资管业务存在的痛点

（一）无法充分挖掘长尾客户

长尾客户的概念源于"帕累托法则"，在商业银行，长尾客户通常指占银行存量 80% 的中低端客户，如投资额在 50 万元以下的客户。这些客户的投资需求较为单一、类型比较多样、每次可投资金额小，呈现单笔多次的特点。以长尾市场为主的零售金融服务是中小银行的新增长点，但在传统的理财业务发展模式下，深耕很难，需要投入大量的人力资本。商业银行往往在成本与收益之间取舍，难以有效开拓长尾客户。在激烈的行业竞争下，商业银行不得不维持一定数量的客户，所以对长尾客户的开发是当前商业银行需要解决的问题。

（二）优质资产缺失，总体收益下行

当前，全球经济低迷，产能过剩与融资成本高成为显著问题，"资产荒"成为了金融机构普遍面临的困境。以理财市场为例，根据银行业理财登记托管中心报告，截至 2020 年，银行理财市场规模达到 25.86 万亿元，而 2017 年的银行理财规模就已经接近 30 万亿元了，面对资产规模的缩水，不管是银行还是银行理财的投资者，都需要时间去适应。从收益率来看，普益标准监测数据显示，近几年，银行理财产品收益率下降，已经连跌 45 个月，平均年化收益率降至 3.75% 左右。传统银行金融产品默认了"刚性兑付"规则，预期收益率实际上也成为银行的负债成本，为保障客户收益水平，维护投资者利益，一些银行只能决定提前终止该批发行时预期业绩基准较高的产品。在市场规模缩小、收益率下行的环境之下，商业银行发展资管业务需要思考出新的发展策略，及时转型以稳定客户，保证利润。

（三）资管新规、理财新规下风控面临新挑战

资管新规是 2018 年由中国人民银行、中国银行保险监督管理委员会、中国证券监督管理委员会、国家外汇管理局联合发布的《关于规范金融机构资产管理业务的指导意见》，对资管行业进行规范化的治理，促进其形成健康发展的行业生态。2021 年 5 月，中国银行保险监督管理委员会发布《商业银行理财子公司理财产品销售管理暂行办法》，提出银行理财子公司从事理财产品销售业务活动，应向投资者充分披露信息和揭示风险，打破刚性兑付，不得直接或变相宣传、承诺保本保收益。资管新规、理财新规要求商业银行资管业务回归"受人之托、代客理财"本源，坚持"卖者尽责"与"买者自负"有机统一，业务模式的转变对资管业务的风险管理提出了更高、更严的要求。从资管行业发展来看，理财子公司势必成为理财产品供给主体，而代销渠道则会大幅拓展，但目前存在着代销业务人力资本不足的困境，理财代销业务人员职业道德欠缺，"以客户为中心"的服务意识不足，导致产品质量筛选、按照客户需求搭配产品的高质量服务供给较少，难以适应未来发展需要，这成为商业银行及其他理财机构必须面对的新挑战。

二、金融科技在资管业务中的应用

（一）大数据

深度整合金融科技，将客户信息及需求数据化并通过标准流程进行系统服务，降低客户服务边际成本，实现薄利多销是服务长尾客户唯一的可行路径。具体做法是，改变传统由产品经理一对一人工管理服务客户的方式，通过搭建以客户全方位信息为基础的数据库，将各不相同的客户通过标准化处理，得到标准化的数据信息，构建由客户分析、客户管理、客户服务三大模块构成的大数据基础，从而盘活"僵尸客户"。对长尾客户市场进行"开垦"与"挖掘"，颠覆传统营销中以人际资源为主的营销模式，从而改变银行对

单个理财经理的考核方式，推动其向运用大数据方式转型，从而使商业银行在长尾客户市场上获得有效拓展。

（二）人工智能

人工智能在资管业务中的作用主要在智能顾投（Robot-Advisor）方面。智能投顾本质上是利用量化算法为客户提供投资顾问服务的一种模式，而体现在资管业务上，则是通过了解投资者的财务状况和风险偏好，为客户定制适合其自身状况的资产配置组合的一种服务。智能投顾产品的核心优势在于低成本、高效率、多资产，一方面降低了传统业务的服务成本；另一方面能够通过智能化手段为投资者量身打造高效低价的财富管理服务，既降低了投资门槛，有效覆盖长尾客户，又可以为大众定制个性化财务管理服务，提高客户忠诚度。总而言之，智能顾投在资管业务中的应用为投资者提供了一种全新的投资方式和投资渠道，也在一定程度上缓解了商业银行的压力。

（三）区块链

在资管新规、理财新规下，银行资管业务将更加规范化、高质量、透明化地发展，未来将变得更加安全和高效率。资管新规、理财新规公布之后，很多商业银行已经推出了一系列基于区块链的资管业务平台，底稿处理不再以纸质文件方式承载，而是"上链"，实现了高度一致和高度透明，不可抵赖性大大增加，有助于降低金融产品风险。具体而言，区块链的共享账本、智能合约、隐私保护、共识四大机制可作为技术基础应用于资管业务运作的每一个环节，并且突出了业务系列化产品的信息共享和理财盈利情况。此外，区块链技术可用于进一步构建资管业务应用体系，建立起相应的区块链债券登记和资产公证体系、风险管理组织体系等，如可以选择风险较低且投资价值较高的银行信用类理财产品，借助区块链的资产配置体系，强化对该理财产品的跟踪和研究。

三、金融科技推动资管业务创新发展

（一）细化服务流程，提升服务效能

金融科技的应用使得商业银行能够根据投资者的风险承受能力、风险偏好、财务状况和理财目标等，运用智能算法及投资组合理论模型，为客户提供智能化的投资管理服务，并且持续跟踪市场动态，对资产配置的方案进行调整，大幅提升了服务效率。具体而言，首先，商业银行在长期发展过程中累积了大量客户数据，利用好这些数据资源，应用金融科技进行客户群体细分，可以为以后产品研发和资金配置提供决策依据。其次，金融科技技术还可以通过对客户可观测数据和主观问卷的综合分析实现对投资者的"精准画像"，并且提供相对应的大类资产配置方案，实现战略配置，极大地提高了投资者适当性匹配的效能，降低客户获取投顾服务的成本。在了解客户的资产配置后，投资人员可以依据算法模型测算各类资产的战术配置比例。最后，在资产配置完成后，还能够运用科技手段持续跟踪和监控市场，发出预警提示，提供调仓建议，保障资产配置的有效性，控制投资的风险[1]。

（二）精确风险识别，强化风险防控

金融科技的发展有助于现有风险管理模式的转型升级，通过将过去以满足监管合规为主的被动式管理模式向依托新技术进行监测预警为主的主动式管理模式转变，以系统化的运作实现全面的、有效的风险防控。全面风险管理体系包括风险的识别、分析、管控和评估。以风险评估模型优化为例，可以利用机器学习深度挖掘大数据信息，开发大数据的风控模型，获取更加精准的风险模型输入参数，并且根据情景分析的输出结果来帮助商业银行进行风险预测和防范。

---

[1] 王超.金融科技对商业银行资产管理业务的影响 [J]. 华北金融，2019（12）：54-57.

此外，金融科技还可在拓展风控数据源和提升信息分析技术上带来飞跃。来源于互联网的用户行为、舆情、社交、电商、定位服务数据可以从多维度刻画宏观经济指标趋势、市场情绪、区域经济热度和微观信用主体行为，而过往难以处理的搜索、新闻、地图、财表、研报、社交媒体等非结构化数据也可转化为结构化数据成为传统信用评价体系的有效补充。将数据以平台形式构造统一数据分析环境和专门的数据仓库，以动态知识图谱、机器学习等技术完成数据向知识转化的提取、组织、关联和生成过程，数据与信用研究框架、智能模型相结合，为非标准债权资产、信用债等提供高效实时的解决方案。

（三）推动产品创新，深挖投资机遇

金融科技可以将传统渠道和电商等新兴渠道获取的实体经济数据相结合，并且利用数据分析能力，实现大数据降维和可视化，输出指数产品和指标体系、研究报告及投资策略，从数据中发掘实体经济资产的价值，以及资本市场投资机会。此外，金融科技还能增加另类数据的获取，包括卫星数据、物联网数据、社交平台情绪数据等。算力的提升加快了投资决策模型的迭代，帮助客户抓住微小的投资机会。运用机器学习能预测市场变化及其对客户资产组合的影响。同时，还能运用自然语言技术自动"阅读"研报、新闻、社交平台信息及公告等，形成投资观点或构建独特的指数。

第四节　信贷业务

商业银行信贷业务又称贷款业务，是商业银行最重要的资产业务，银行通过放出借款，到期收回本金和利息，扣除成本后剩下的即为利润，所以信贷业务是银行最主要的盈利手段。从纵向来看，传统银行信贷流程主要分为六个环节：贷前审查、贷款审查、贷款审批、贷款发放、贷款管理及贷款收回。这些环节由不同的部门负责，相互嵌套并保持一定的独立性。

一、当前传统业务存在的痛点

（一）借款方与贷款方天然的信息不对称

信息不对称包括逆向选择难题和道德风险困境。逆向选择即"劣币驱逐良币"，在银行信贷过程中，对给定市场规定统一的贷款利率，并且市场中存在高风险、低风险两类借款人。统一利率会吸引高风险借款人而阻止低风险借款人进入市场。随着时间的推移，市场会完全由高风险借款人占领，这又促使银行进一步提高利率弥补利润缺口，从而导致不可逆的恶性循环。

道德风险是在信息不对称条件下，不确定或不完全合同使得负有责任的经济行为主体不承担其行动的全部后果，在最大化自身效用的同时，做出不利于他人行动的现象。因为商业银行的存款准备金制度，使其信誉很高，一般不存在破产的可能性，而这样使商业银行更容易发生道德风险，从而使其交易风险和融资成本居高不下。

（二）信贷业务审批机制复杂

现阶段我国商业银行普遍存在信贷审批流程较多、程序较为复杂的问题，并且审批周期很长，往往一个项目从前期上报到最终放款需要很长时间。这无论对于银行还是客户来说，都需要耗费较大的时间成本，也导致银行的运行效率下降，客户会觉得银行的服务质量欠佳，影响了其生产经营效率。同时一些商业银行，尤其是中小银行，在信贷审批过程中的责任分工往往受限于人力资源约束，最终导致逾期甚至坏账。

（三）信贷业务审查不到位

作为信贷审查部门，既要对上报的信贷事项按照有关要求进行审查，严格把控风险，同时又要站在业务发展的角度协助营销银行的信贷产品，以促进各项业务的快速发展。在实际工作中，有时难以把握这对矛盾，既做到有效防控风险，又促进了业务的发展，难以实施一套行之有效的办法。同时由于种种原因，目前信贷审查人员每天业务量超过自身审查能力，审查人员数量、客户经理数量与支行业务发展不匹配，审查压力较大，这对信贷业务开展和经营发展均有一定影响。

二、金融科技在信贷业务中的应用

（一）人工智能

人工智能在借贷业务中的应用包括机器学习、自然语言处理、知识图谱及计算机视觉等技术，通过运用计算机视觉技术如人脸识别，可以快速确认借款人的身份，降低冒用身份的风险，同时可提升客户申请贷款的效率，增进用户体验。通过计算机视觉和自然语言处理等技术的应用，可以减少用户的手工输入，如通过拍摄身份证照片，自动提取申请要素，在减少客户工作量的同时，也减少了人为输入错误，优化了贷款申请流程[①]。

引入人工智能技术，大幅增强了放贷机构的风控能力，为大量无法申请银行传统信贷的用户提供了便捷信贷服务。面对大量申请贷款客户，商业银行可通过人工智能赋予模型自我优化的能力，通过机器挖掘到大量的弱特征数据，让其自主建立评判模型。例如，通过输入用户特征数据和最终的贷款偿还情况，得出申请时多次修改申请资料的用户存在信息造假的可能性。此外，还可以利用人工智能对用户信息的真实性和可靠性进行检验，在机器学习方式下，通过积累大量交易数据，促进模型快速迭代优化，提高精确度，从而增强商业银行的风控能力。

（二）区块链

区块链的核心是分布式账本，其具有的去中心化、数据不可篡改及去信任化等优势。商业银行能够利用其链式结构的技术特点进行信息跟踪，将各

---

① 戴志锋，陆婕，贾靖.人工智能对银行借贷业务的影响及应用[J].人工智能，2020（6）：23–30.

种金融活动的数据记录下来储存在每一个节点上，金融机构也不再完全需要通过征信数据库获得客户的信用数据，提高了信贷审批的准确性、便捷性及信贷信息的完整性。同时，区块链技术可以将信用评估的范围扩大到人工信息采集无法面向的顾客群体，契合了普惠金融的理念，提高了信息收集的效率，降低了经营成本的同时也提高了银行的效益。区块链中数据信息高度透明、可验证、可溯源、不可篡改的特性使银行在获取客户信息后能够真正了解客户，确保所获取的信息完整有效，提高银行的风险识别能力和客户的授信审批效率。另外，在区块链技术下，信贷部门可以高效、定向、实时地对个人客户和企业客户的贷款资金进行监督考核，降低客户的违约风险，充分做好贷后管理工作。通过监测和分析分布式记账本内个人客户的资金使用动向，发现异常的客户交易状态，银行部门可以及时采取有效措施减少贷款损失[1]。

（三）云计算

在云计算模式下，由于信贷业务数据可以在云平台上进行集中处理，云平台中专业数据处理软件和分析工具能够无差别地同时供给大量业务人员使用，极大地突破了业务人员个体水平或团队规模的限制。外部政策条件变化和商业银行对信贷业务的调整也可以迅速应用到数据的分析和使用中，业务人员可以通过云计算提供的协同服务高效方便地进行业务沟通分享，从而降低了整体业务成本。同时，基于云计算的信贷业务模型使银行工作人员的工作量大大缩减，重复劳动率降低。云计算还有助于商业银行打破分行业务办理地的地域限制、解决机构分割和协同困难等问题，加快地区信贷业务的发展。

（四）大数据

在大数据时代，商业银行运用大数据技术，对客户需求、项目情况、市

---

① 魏明，阮素梅. 区块链技术在商业银行信贷领域中的应用 [J]. 哈尔滨学院学报，2020（10）：62–65.

场情况等进行更加科学合理的分析，对自身的服务对象和领域定位更加准确，可以更加科学有效地开展战略决策。在客户营销环节，通过运用大数据技术实施"互联网+"战略，使得银行工作人员能够在很短的时间内快速掌握客户的大量数据信息，并且通过对客户行为的分析，制定个性化的营销解决方案，实现对客户的精准高效营销。在授信审批环节，随着大数据技术的进步，商业银行可以采用大数据技术，对传统的信用评级模型进行完善，优化自动审批策略，对客户的授信审批更加灵活。在最容易出现问题的贷后管理环节，利用大数据和移动互联网技术进行贷后管理可以为银行客户经理的贷后管理工作提供有效支持。建立一套基于大数据技术的风险预警系统及贷后管理系统，将银行内外部各种信息进行共享和融合，可以有效加强商业银行贷后管理的薄弱环节。

三、金融科技推动信贷业务创新发展

（一）提高贷前评估准确性

金融科技在贷前评估环节辅助放贷机构进行客户画像和贷款授信。金融科技在贷前环节主要用于对借款客户的信贷行为和信用特征进行分析和画像。一方面，金融科技可用于反欺诈，特别是图案识别，验证相关账户所填信息的真实性，从而生成黑名单，将不符合信贷政策的人员排除在外；另一方面，金融科技可用于计算潜在客户的信用得分，划分信用级别，进而对不同客户进行差异化贷款决策，科学确定个性化的授信额度和贷款利率。

（二）实现贷中环节动态管理

金融科技在贷中监测环节辅助放贷机构对已贷项目进行动态管理和实时预警。金融科技在贷中环节主要用于快速追踪存量客户动态和资金流向，实时更新信评结果。一是实时监测借款客户的借还款情况，分析存量客户在本平台的额度使用和信用状况，对逾期、违约等行为及时预警。二是根据实时传输的第三方数据分析客户的消费、社交、支付等行为特征，从而对贷款流向及其合规性进行跟踪汇报。各类数据自动化抓取和分析实现了客户信用的快速修正，从而突破性地将信用风险纳入实时监控范围。

（三）实现贷后辅助催收

金融科技在贷后反馈环节辅助放贷机构实现逾期智能催收和征信模型迭代。金融科技在贷后反馈环节主要用于生成客户分析报告，从而对不同类型客户实现差异化催收，并且可检验内部模型的效率，不断进行迭代和完善。一是根据总体和特定个体的逾期表现和催还情况，挖掘还款和再借款规律，从而制定差异化的催收策略，提供个性化的贷后服务。二是相关贷后数据可作为检验实际违约率的新样本，对现有模型的预测效果进行评价，帮助调整系统参数和变量。这也是客户真实信用的重要反馈指标，进一步可用于新项目的贷前评估，不断完善金融科技从贷前、贷中到贷后的全流程服务。

第五章

金融科技监管

金融天生与风险相伴，金融业相比其他行业有其自身的特点，即垄断性、外部性、脆弱性。金融科技可以极大提高金融运行和服务效率，但如果利用科技手段进行监管套利，开展金融投机则会给金融体系稳定性带来挑战。在此背景下，金融科技的发展必然要伴随着监管措施的跟进，只有更好的监管才能保障金融科技的发展不脱离金融的本质，实现健康有序地发展。总体来看，世界各国和地区在监管程度上大体表现为先宽后紧的态势，既鼓励发展，如英国的监管沙盒和美国的功能性监管，也注重合规性和防控风险，如中国对金融科技发展过程中出现的问题进行的专项治理行动。金融监管是降低金融风险的最后一道防线，监管的宽松与否一方面决定了金融创新的力度；另一方面也决定了金融系统的稳定性，金融监管在促进金融发展和控制金融风险之间寻求平衡。

第一节　金融科技准入监管的国内外实践

金融是经济的命脉，关系到投资者的资金安全，各国对金融机构的设立都设定了一定的门槛，目的是确保设立的金融机构自身具有一定的实力，同时也避免了过度竞争。金融科技的重心偏向科技，但最终目的还是要应用到金融领域中，促进金融发展和防控金融风险。因此，无论是颠覆金融业务模式的金融科技公司还是与传统金融机构合作的金融科技公司，其业务范围仍然适用于国家对金融机构的规定。

一、金融科技公司业务许可监管

（一）监管环境

整个金融业从自由走向管制以来，监管经历了数次宽松、危机、严格、抑制、宽松、危机、严格……每次金融危机过后必然是严格的监管。20世纪30年代的经济大危机打破了古典经济学派的市场万能论神话，凯恩斯学派的国家干预政策取得了经济学的主流地位。1933年美国的《格拉斯—斯蒂格尔法案》主张商业银行和投资银行分业经营；1956年美国的《银行控股公司法》主张商业银行和保险公司分业经营，并且限制银行的规模。分业经营虽然降低了业务的交叉风险，但却抑制了金融效率。1999年美国《金融服务现代化法案》的实施放宽了银行、保险和证券的经营权限，金融效率得到了极大的提高，但也提高了系统性风险。2008年次贷危机就是过度金融创新放大系统性风险的结果。2010年美国的《多德—佛兰克法案》提出拆分陷入困境的金融机构，并且限制大型金融机构的投机性交易，这意味着美国金融业再次迎来强监管。2017年美国白宫发布了《金融科技白皮书》，对金融科技采取功能监管，即按照其所设计的金融业务按照功能纳入现有的金融监管体系。

英国监管可划分为三个阶段。第一个阶段是1997年金融服务管理局（FSA）成立之前，英国崇尚自由经济，英格兰银行作为中央银行实行较为宽松的监管。第二个阶段是1997~2008年，英国采取英格兰银行、金融服务管理局、财政部"三头监管体制"。在2000年发布的《金融服务与市场法》中，确定了金融服务管理局对银行、证券、金融市场、保险、交易清算系统等的监管权限。第三个阶段是次贷危机以后，英国2012年出台了《金融服务法案》，强化了英格兰银行进行宏观和微观审慎的监管职能，撤销金融服务管理局，设立审慎监管局（PRA）和金融行为管理局（FCA）；2013年金融行为管理局承担对金融科技创新的监管。

我国的金融监管体系是随着金融体制改革的进程逐步完善的。1995年，《中华人民共和国中国人民银行法》颁布，中国人民银行作为央行的法定地位正式确立；2003年，中国银行业监督管理委员会正式成立，我国金融监管架构逐步开始搭建。随着经济的快速发展，我国的经济金融化程度不断加深，尤其在2008年后，以监管套利为主的影子银行快速发展，对"通道"模式和"资金池—资产池"模式的应用开始积累了大量的风险。随着金融科技广泛渗入传统金融业，迫切需要监管体系不断完善。2017年，中国人民银行等发布的重要文件《关于规范金融机构资产管理业务的指导意见》打破了之前分机构监管的格局，对资管业务的监管是按照产品类别实行功能性监管，做到宏观审慎、逆周期、跨市场的穿透性监管。为了顺应功能性监管趋势，2018年中国银行业监督管理委员会和中国保险监督管理委员会合并为中国银行保险监督管理委员会，保证了监管机构能够更好地行使职能。

从各国监管改革实践来看，机构监管向功能性监管仍处于探索阶段，分业监管向混业监管模式的改变才能适应功能性监管，需要更加完善跨机构、跨市场、跨时间的全方位监管框架设计。Merton和Bodie认为，"金融功能比金融机构更稳定，金融功能优于组织结构"[1]，交易技术的发展和交易成本的降低模糊了不同金融机构提供的产品和服务的边界，尽管金融产品种类繁多，但是功能上是同质的，并且在长时间内具有相对稳定性。功能监管关注实现中介功能的机构和组织结构，而不是试图保护现有的机构形式，这样的

---

[1] Merton R，Bodie Z.A Functional Perspective of Financial Intermediation［J］. Financial Management，1995，24（2）：22–42.

监管方式更具灵活性，可以减少金融机构进行监管套利的可能性，有利于促进机构进行必要的改革。

当然，目前各国要实行完全的功能监管还为时尚早，一方面因为功能监管需要建立在打破金融机构界限的混业经营基础上；另一方面金融业务实行准入制，监管规则往往滞后于金融创新。当然，金融科技的力量同样适用于监管领域，在未来的发展中，通过推动金融科技的发展，倒逼甚至助力监管改革。

（二）金融科技创新公司金融牌照的准入条件

金融科技是金融与科技的融合，改变了部分金融业务的运作模式，模糊了金融机构本身的固有属性，这给金融科技的监管带来了挑战。从导向来看，大体分为两种方式：一种是根据金融业务属性，直接纳入现有准入框架，实行归口管理；另一种是采用有限准入措施，通过试验方式逐步获得全部牌照。

1. 直接纳入现有准入框架

金融科技是科技与金融的融合，目前大部分金融科技的应用都是金融机构与金融科技公司合作形成的，并且在合作中主动与监管机构沟通而不是事后寻求批准，这种合作最终的目的是对现有金融服务的优化。依托云计算、大数据、人工智能、区块链等技术，金融业数字化、移动化趋势明显。有的业态是传统金融服务从线下向线上的迁移，如手机银行服务、移动金融服务等；有的业态是以人工智能为基础的机器服务对人工服务的替代，如自动存取款机和智能投顾等；有的业态则是对传统服务的颠覆，如数字货币。

从国外的实践来看，美国形成了以科技创新为主要驱动力的金融科技生态，采取功能性监管，将金融科技设计的金融业务按照功能分类纳入现有的金融监管体系中。美国对直接利用自有资金发放网络贷款的，要求先获得贷款业务许可证，而对于以贷款为标的、通过互联网平台发行证券的业务，适用于证券法，受美国证券交易监督委员会监管。2018年7月，美国货币管理署宣布将接受从事银行业务的非存款金融科技公司的银行牌照申请，获得牌照的金融科技公司需要满足同类银行的标准。

德国的网络平台业务中涉及贷款的，需向监管部门申请信贷机构的牌照，并且需要符合现行监管规则的要求。一些网络平台与银行合作发放贷款的，再将债权通过资产证券化的方式销售给投资者的模式被认定为证券经纪业务，需要申请证券经纪牌照，并且受德国联邦金融监督局的监管，这与法国的规定类似。

墨西哥拥有280多家金融科技企业，是拉丁美洲最大的金融科技中心。2018年3月1日，墨西哥国会通过了《金融科技法》，为电子支付、众筹和加密货币领域的金融科技机构提供了法律框架。金融科技公司必须获得墨西哥央行的批准才能经营加密货币相关业务。根据该法案，金融科技企业年利润最低达到10万美元、约3.5万美元的监管合规成本、良好的公司治理结构和管理体系及必要的资源和基础设施，才能获得业务许可。对于加密货币，墨西哥央行将加密货币定义为"虚拟资产"，哪些加密货币可以交易由墨西哥央行决定。

2019年8月8日，国务院办公厅印发的《关于促进平台经济规范健康发展的指导意见》提到设立金融机构、从事金融活动，必须依法接受准入管理。总体来讲，一些金融科技公司试图进军金融业之前，必须取得相应的牌照。对于一些新技术在金融产品和业务模式上的应用，如互联网支付、众筹、网络借贷等，并未改变现有支付清算、债务融资、股权融资等金融业务的基本属性和金融体系的基本结构，因此只要与现有金融机构从事同类业务，都应该取得法定牌照，遵守现有金融机构相同的业务规则和风险监管要求，以维护公平竞争的市场环境。

2. 有限准入措施

由于金融科技重在为金融机构提供具体解决方案，提高金融行业效率，因此监管部门都希望在金融科技上取得进展，所以鼓励创新，避免过度监管扼杀创新。目前已经形成的监管沙盒、创新指导窗口和创新加速器三种监管方式，都给予金融科技充分试错的监管环境。

2014年10月，英国金融行为监管局推出"项目革新"（Project Innovate）计划，该计划是一种"非正式引导"方式，强调支持创新和保护消费者利益，建立孵化器和创新中心两个机制，帮助金融科技企业熟悉金融监管规则，并获得业务许可。2015年，英国金融行为监管局推出"监管沙盒"（Regulatory Sandbox），针对现有监管框架内尚需观察的金融创新产品或服务，由监管部门在法律授权内，根据业务风险程度和影响面，按照适度简化的准入标准和流程，允许金融科技企业获得有限业务牌照，然后依照真实或模拟的市场环境测试3~6个月，测试后能够全面推广，可依照现行法律获得全牌照，并纳入正常监管范围内，否则退出沙盒计划，这类似于我国实行的"创新试点"。测试的目的不仅让参与的企业了解消费者对不同定价策略、商业模式、新技术和传播渠道的接受程度，也有助于理解监管框架。截至2017年10月，英国金融行为监督局共收到146份参与监管沙盒的申请，实际测试的项目有41个。

之后，澳大利亚、新加坡、中国香港等金融监管部门也不同程度地采纳。2015年4月，澳大利亚证券和投资委员会（ASIC）成立了沙盒创新中心，通过该创新中心可以模拟测试自身商业模式的合规性；2016年12月推出257号监管指南《在不持有AFS或者信贷许可证的情况下测试金融科技产品和服务》，提出了金融科技许可豁免的条件，主要包括提供金融服务金额及服务金融对象数量的限制。

2016年香港金融监管局成立金融科技与创新组织专门负责金融科技领域的发展和监管，发布金融科技"沙盒监管准则"，金融科技公司可以采取申请"沙盒"计划，以试验的方式向市场推出其产品和服务，监管机构根据申请的方案进行测试和评估。

2015 年 8 月，新加坡金管局下设金融科技和创新团队，建立支付与技术方案、技术创新实验室和技术基础建设三个办公室；2016 年 5 月，新加坡创新机构和金管局联合设立金融科技署来管理金融科技业务；2016 年 6 月，新加坡金管局发布《金融科技监管沙盒指南》鼓励金融科技实验，根据试验向市场推出产品和服务的结果评估，决定是否发放牌照；2018 年 11 月，新加坡金管局推出"快捷沙盒"计划，对风险较低的金融科技公司的审批标准简化，只关注创新的程度和利益相关者的适用性，并且将审批流程缩短到 21 天以内。

2018 年 3 月，欧盟 13 个成员国建立"金融科技促进者"的监管沙箱，使初创公司能够更快地进入市场，更好地了解规则和监管期望，欧盟大部分成员国都建立了创新中心。

2016 年印度储备银行成立了金融科技工作组专门负责调查金融科技产业；2019 年 8 月 13 日，印度储备银行发布《监管沙盒授权框架》，对入选参加监管沙盒的金融科技企业、银行和金融服务机构设定了门槛，即在印度境内注册或运营，必须具备完备 IT 基础设施和管理资源，资产最低为 250 万卢比，项目发起人或董事的银行账户和信用记录要达标。同时，还明确了不被纳入监管沙盒计划的项目和技术，即信用登记，加密货币、首次币发行、链上营销服务及其他被监管禁止的产品和服务。

2017 年 5 月，中国人民银行成立金融科技委员会，规划和统筹协调我国的金融科技工作。2015 年，我国监管机构开始向私营公司提供申请银行牌照的机会，共有 5 家民营银行获批成立，其中 2 家为互联网平台企业发起，主要通过线上进行金融服务。2019 年 8 月，中国人民银行印发《金融科技（FinTech）发展规划（2019—2021 年）》，提出要建立健全试错容错机制，完善风险拨备资金、应急处置和保险计划等风险补偿措施，在风险可控范围内开展新技术试点。2022年1月，中国人民银行再次印发了《金融科技发展规划（2022—2025年）》，将"健全金融科技治理体系"确立为未来5年的发展目标之一，将"加强金融科技审慎监管"确立为重点任务之一，明确提出"按照金融持牌经营原则，坚持所有金融活动必须依法依规纳入监管，严格厘清金融业务边界，加强金融机构与科技企业合作的规范管理，对金融科技创新实施穿透式监管，防止以'科技创新'之名模糊业务边界，层层包装产品等行为"。从两次规划对于金融科技监管的内容对比中可以看出，总体来讲向着更为审慎的方向发展，尤其在持牌经营的原则上更为强调。

二、不同金融业务牌照的申请措施

巴塞尔委员会将金融科技分为支付结算、存贷款与资本筹集、投资管理、市场设施四类。下面将具体介绍国内外在移动支付、数字货币、网络借贷、众筹等方面的监管准入实践。

（一）支付结算业务的准入

价值互联网是以两项技术为基础的：一个是手机，让每个人能够实时交换价值；另一个是数字货币，提供了用作交换的存储手段。移动支付为普惠金融提供了广阔空间，不仅改变了商业银行支付结算的渠道，还对其形成了强大的竞争力。数字货币是对现有法定货币的挑战，去中心化的数字货币对法定货币具有颠覆性，但对于如何监管还在研究之中。因此，支付结算业务的准入是目前监管的重心。

1. 第三方支付准入的实践

传统的支付行业可分为两类，一类是VISA、MasterCard、银联等支付机构，几乎涵盖了大部分银行的支付业务；另一类是美国运通银行、Discover银行等，其本身便是商业银行，业务包含支付业务和信用卡业务。这两类已经具备支付牌照，不涉及准入的问题。但是一些金融科技公司借助新的技术（如人脸识别、语音识别、指纹识别、设备识别）开展支付业务，更加注重客户体验，支付方便快捷，这些公司在支付细分领域发展快速。例如，Square 公司提供手机支付方案，Check 公司通过 APP 获取账单并且高效安全地转移资金，Stripe 公司试图简化互联网商务处理交易和管理在线业务，支付宝为电子商务提供支付方案，微信借助社交软件进行支付等。这些公司中有的与金融机构进行合作，有些则与金融机构形成了竞争关系，但这些都对传统金融业的支付模式产生了颠覆性影响。

发达国家的金融科技企业专注于线上用户，而发展中国家和地区的金融科技创业者致力于开拓移动端用户。根据 MasterCard 公司的调查，中东和非洲地区超过 70% 的人准备接纳手机支付，欧洲地区愿意采用手机支付的人群比例只有 38%。手机网络的普及为支付创新提供了沃土。根据国际电信联盟的预测，全世界 95.5% 的人口将拥有手机，这使得移动端相对于互联网具有更大的影响力。例如，2013 年世界银行旗下的国际金融公司（IFC）成为了 bKash 公司的股东，2014 年比尔和梅琳达·盖茨基金会也向 bKash 投资，为孟加拉国广大的低收入人群提供更多的金融资源和服务。因此，移动支付成为第三方支付的主要方式，其影响范围广、发展快，并且对现有的支付结算体系形成了挑战。

早在 1997 年 7 月，美国发布的《全球电子商务框架》就明确指出大力发展安全和可靠的电子支付系统。为了减少各州对第三方支付法律的冲突，2000 年 8 月，美国统一州法全国委员会通过了《统一货币服务法》，对第三方支付机构设立准入门槛，其中包括保证金要求、最低净资产要求和投资限制、流动性要求、不得从事银行的存贷款业务，并且受到联邦和各州的监管。2015 年，美联储发布《美国支付体系提升战略》，目的是提升美国支付体系和跨境支付体系的速度、效率和安全性，促进大中型企业、支付企业、金融机构和消费者等的合作。美国批准了 Google 和 PayPal 的牌照申请，

Facebook 也取得了电子货币执照。

英国对网络银行和第三方支付业务没有单独制定规则，其依据 2009 年英国金融服务管理局颁布的《银行、支付和电子货币制度》来执行，将支付业务和银行业务分开。2015 年，英国政府宣布启动银行业数据共享与数据开发计划（即开放应用程序接口的 API 计划），目的是营造开放性的数据环境，以促进银行和金融科技企业之间的合作，使消费者受益。

2010 年，中国人民银行发布的《非金融机构支付服务管理办法》中对申请支付牌照所具备的条件进行了规定，其中包括出资人资质、高管资质、反洗钱措施、支付业务设施、组织结构、近一年的财务会计报告、支付业务可行性报告、技术安全监测认证证明等。2011 年开始发放第三方支付牌照，正式纳入中国人民银行的监管体系。2015 年 12 月，中国人民银行出台《非银行支付机构网络支付业务管理办法》，明确了非银行支付机构应当遵循主要服务电子商务发展和为社会提供小额、快捷、便民小微支付服务的宗旨。可以为客户开立账户，客户的账户分为 I 类、Ⅱ类和Ⅲ类，自账户开立起累计 I 类和Ⅱ类账户的交易余额分别不超过 1000 元和 10 万元，Ⅲ类账户拥有更大的自主权；同时逐步取缔支付机构与银行直接连接处理业务的模式，也就是网连方式取代直连方式，不得变相经营证券、保险、信贷、理财、担保等业务，也不得为从事信贷、理财、担保、信托等机构开立支付账户。2016 年监管政策收紧导致支付行业并购增多，第三方支付的第一批企业续牌被延期 3 个月后，只有 27 家机构通过了评估继续持有支付牌照，并且中国人民银行表示未来一段时间内不再批设新机构，这对支付行业产生了重大影响。2019 年 8 月中国人民银行印发《金融科技（FinTech）发展规划（2019—2021 年）》，推行条码支付互联互通，统一条码支付编码规则，构建条码支付互联互通技术体系，打破条码支付壁垒，实现不同 APP 和商户条码标识互认互扫，中小支付机构不用受场景不足的影响，消费者也不用被强制捆绑支付工具。

2. 数字货币构想

世界上最风靡的加密数字货币是比特币，其背后的核心技术是区块链。区块链是一个数字化、分布式的持续交易记账系统，它按照时间顺序匿名记账，信息一旦进入区块链，就永远不能被变更或删除，从而确保交易记录及相关信息的透明度和准确性。由于区块链技术可以提升运营速度和效率，银行、保险公司等正试图挖掘区块链及分布式账本技术的能力，以提升不同业务流程的效率。

针对区块链公司的监管，各国政府仍在观察。考虑到技术的全球性、规模扩张、国际监管和安全问题等，该技术未来可能面临的最大障碍是各国政府或国际组织的过度监管。美国对区块链的监管处在初期阶段，2016 年 4 月，在区块链和分布式账本技术会议上，美国联邦存款保险公司和证券委员会的代表建议对区块链的监管保持在州层面，因为大部分对区块链感兴趣的公司规模较小且是本土公司。

目前，各国央行都在研究数字货币，但都对其持有非常保守和谨慎的态度。主要原因是数字货币所具有的去中心化特点其实就意味着难以监管甚至无法监管，如果承认其地位，则会改变原有的货币发行和货币传导机制，弱化甚至完全扰乱中央银行对货币的调控能力。在数字货币能否如支持者所阐述的那般美好尚未可知的情况下，放松对货币发行的监管，无疑会带来灾难性的后果。事实上，如比特币这样的数字货币，由于没有政府信用背书，没有价值支撑，在实际运行中，其价格始终不稳定，波动性极大。

对于数字货币是否为法定货币，各国持有不同的态度：新加坡承认数字货币的合法地位。2018 年 11 月，新加坡金管局发布《数字代币发行指南》；2019 年 1 月，新加坡国会通过《支付服务法案》，定义支付类代币是任何关于价值的数字表达，规定任何提供具有支付功能的数字代币的公司，都要依据该法申请牌照。2019 年 6 月，新加坡金管局宣布 8 月开放数字银行牌照申请，包括两张全数字银行牌照和三张批发数字银行牌照。其中，全数字银行牌照只开放给总部设在新加坡、总部在由新加坡人控制的公司。牌照采取分阶段授予，要求最低资本金为 1500 万新加坡元，业务上限制存款额度，禁止提供结构性票据、自营交易和衍生品等，当确认公司没有任何重大监管问题后，再实行全数字银行牌照，取消存款上限，并且最低资本要达到 15 亿新加坡元。批发数字银行牌照则开放给新加坡或外国公司申请，只为中小企业和非零售客户提供服务，最低资本要求为 1 亿新加坡元。

一些国家将数字货币视为商品，如在墨西哥的《金融科技法》中，将加密数字货币认定为虚拟资产，而不是法定货币，以防止使用虚拟货币从事洗钱等非法活动。美国将数字货币定义为商品，受美国衍生品监管机构的监管。2019 年 2 月，美国众议院通过《金融科技保护法案》，成立独立的金融科技工作小组来打击利用加密货币为恐怖主义融资等违法行为。还有一些国家从反洗钱的角度规范数字货币，如澳大利亚参议院希望政府采用更加有效的策略规范比特币等数字货币，同时也不放弃采用金融科技手段监管市场；2016 年澳大利亚正式发布《数字货币行业行为准则》。

现实中，不少项目已经推出数字货币来支持商业发展，如柯达在 2018 年推出加密货币"柯达币"，用于支付使用摄影师作品的费用；Banana Coin 的项目用比特币或以太币购买代币，支付国际市场上香蕉的价格；英国与 GovCoin Systems 公司合作开展基于区块链的福利支付解决方案的试验。

2019 年 6 月 18 日，美国社交网络 Facebook 推出加密货币 Libra，计划在 2020 年正式上线。Libra 货币的发行主要来自用户的兑换行为，通过在区块链上记账产生等值的货币。Facebook 发起的 Libra 联盟得到了 VISA、MasterCard、PayPal 等支付机构的支持。该项目白皮书的宣言称，应该让更多的人享有金融服务和廉价资本的权利；每个人都享有控制自己合法劳动成果的权利；开放、即时和低成本的全球性货币流动将为世界创造巨大的经济机遇和商业价值；人们将越来越信任分散化的管理形式；全球货币和金融基础设施应该作为一种公共产品来设计和管理；所有人都有责任推进金融普惠，支持遵守网络道德规范的用户，并持续维护这个生态系统的完整性。但也有人对加密货币持完全反对的态度，伯克希尔·哈撒韦公司副主席芒格表示，我们已经有了一种数字货币，也就是银行账户，而人们之所以采用加密货币，只是因为它在敲诈、绑架和逃税等非法活动中有用途。

中国的移动支付走在世界前列，2004年支付宝网络技术公司建立只是作为解决淘宝支付问题的工具；2007年支付宝从阿里巴巴中独立出来成为第三方支付机构，支持其他电商付款；2008年支付宝推出手机支付业务；2011年5月26日支付宝获得国内第一张《支付业务许可证》；2013年支付宝完成超过27.8亿笔、金额超过9000亿元的支付，成为全球最大的移动支付公司；2014年支付宝推出二维码扫码支付，完成了从线上到线下全支付功能覆盖。

移动支付只能做到货币的转移，而数字货币则是一种颠覆性的设想，中国对数字货币的态度始终是积极探索、稳步推进。2014年，周小川提议研发中国的央行数字货币（Digital Currency），作为电子支付手段。2016年1月20日，中国人民银行首次提出对外公开发行数字货币的目标。2017年5月27日，中国人民银行成立数字货币研究所。2018年9月5日，中国人民银行的数字货币研究所在深圳成立"深圳金融科技有限公司"，并且参与贸易金融区块链等项目的开发。2019年8月2日，中国人民银行召开2019年下半年工作电视会议中明确指出要加快推进我国数字货币的研发步伐。2019年8月10日，穆长春在第三届中国金融四十人论坛上提到了央行数字货币的运营投放、管理模式和技术选择。初步构想的央行数字货币采取双层运营体系，上层是中国人民银行对发行的数字货币做信用担保，下层是商业银行等机构向公众发行央行数字货币，同时向中国人民银行缴纳全额准备金。2019年底，数字人民币在深圳、苏州等地进行试点，随后试点规模不断扩大。截至2021

年 12 月 31 日，数字人民币试点场景已超过 808.51 万个，累计开立个人钱包 2.61 亿个，交易金额 875.65 亿元^①。

与比特币等数字货币不同，我国数字人民币受中国人民银行和金融机构的约束，是对现金进行技术升级的产物，本质上并未改变银行存款准备金和现钞的货币属性，数字货币仍然在中国人民银行监管中，中国人民银行和社会公众之间仍然是债权债务关系。数字人民币部分利用了区块链技术，但并不是去中心化的，而是完全按照中国人民银行中心化的要求，不影响其宏观审慎监管和货币调控的职能，非但不会使其成为洗钱、非法交易的工具，还会利用其可追溯性，打击各类经济犯罪行为及为政府宏观调控提供强大的支撑。

（二）互联网金融的准入

互联网金融表现为新技术、新产品、新模式、新业态，并且呈现出专业化与多元化、个性化与综合化、平台化与生态化等新特征。例如，互联网金融基于大量用户的大数据画像，与位置服务、用户行为、互联网热点事件等因素相结合，通过与 APP、电脑网页和线上线下网点协同，为用户提供个性化的金融服务。

1. 对 P2P 网络借贷准入的实践

2005 年，全球第一家 P2P 网络借贷平台 Zopa 在英国成立，最终取得了英国公平交易管理局（OFT）颁发的消费者信贷许可证，但在 2010 年之前未获得英国金融服务管理局（FSA）的监管。随着网络借贷的兴起和快速发展，2012 年英国监管体系全面改革后，P2P 网络借贷平台开始由金融行为监管局（FCA）单独监管，并且在 2014 年 4 月修订的《金融服务和市场运作法案》中确立了 FCA 的监管地位，要求 P2P 网络借贷机构必须先向金融行为监管局

---

① 2021 年末我国数字人民币试点场景超 800 万个［EB/OL］．新华网，http://www.xinhuanet.com/2022-01/18/c_1128275921.htm，2022-01-18．

（FCA）提出申请，获得批准后才能进入市场。

2014 年 3 月，英国金融行为监管局发布了全球第一部 P2P 网络借贷平台完整的监管法案，即《关于网络众筹和通过其他方式发行不易变现证券的监管规则》，将 P2P 和 P2C 业务归为借贷类众筹，要求 P2P 网络借贷平台建立最低资本标准、信息报告制度、客户资金保护规则、平台倒闭后借贷管理安排与争端机制等。例如，网络借贷平台最低资本金在 2017 年 4 月 1 日之前是 2 万英镑，2017 年 4 月以后是 5 万英镑，最低资本要根据平台借贷资产总规模采取差额累计制。对已经拥有 OFT 颁发的消费者借贷许可证的 P2P 网络借贷平台，可以直接获得 FCA 颁发的临时许可，并且在 2015 年 8~10 月申请正式授权，2016 年 4 月前获得正式授权的 P2P 网络借贷平台才能继续经营。2016 年 12 月，FCA 发布的《对征集 FCA 有关众筹平台管理规定工作回顾的临时反馈》中，提出了对借贷类众筹的担忧，未来可能做出调整。

美国对直接利用自有资金发放网络贷款或提供信贷信息服务的网络平台，统一界定为"放贷机构"，2001 年美国货币监理署发布的《国民银行网上银行注册审批手册》对设立网络银行的主要流程及审批标准作出规定。对将已发放贷款作为基础资产、通过互联网平台向投资者发行证券的网络平台业务认定为"证券发行或销售行为"，适用于证券法，受美国证券交易监督委员会监管。

在法国和德国，网络平台在业务流程中只要涉及贷款发放，则被认定其属于信贷业务范畴，须向监管部门申领信贷机构牌照并遵守现行监管规则。其中，许多在德国运营的网络平台通过与持牌机构（如银行）合作来发放贷款，再将相关债权向投资者推介销售。该模式被认定为证券经纪业务，须向监管部门申请证券经纪牌照（纯信息中介且全流程不涉及客户资产和资金的模式除外）。

中国对网贷行业并未实行牌照管理，通过设置投资限额使其适用小额豁免让网贷平台合法化，这主要是从普惠金融的角度，将网贷平台认定为直接融资的范畴，属于信息中介。2011 年，中国人民银行颁发第三方支付牌照是互联网金融起步的标志性事件。随着 P2P 集中爆雷，风险事件频发，2015 年开始新一轮互联网金融整治工作。2015 年 7 月，中国人民银行发布的《关于促进互联网金融健康发展的指导意见》已经明确 P2P 网络借贷业务由银监会负责。2016 年 8 月，银监会、公安部、工业和信息化部、国家互联网信息办公室联合发布《网络借贷信息中介机构业务活动管理暂行办法》，明确银监会和地方金融办"双负责制"，并且将 P2P 定位为信息中介和小额分散的经营模式。银监会负责设计监督管理制度、规则及日常的行为监管，而地方金融办负责监督网贷机构，包括机构的备案、登记及风险防范和处置。网贷机构不仅要备案，还需要银行托管，不得吸收存款、建立资金池、不允许跨界销售产品进行混业经营，规定同一自然人在同一借贷中介的借款限额为 20 万元，在所有中介借款限额为 100 万元，超过则视为"非法集资"。2016 年 8 月，银监会、工业和信息化部、工商总局联合发布的《网络借贷信息中介机构备案登记管理指引》规定，新设立的网贷中介机构依法向工商登记注册，10 日内向注册所在地的地方金融监管部门申请备案登记，设立分支机构无须办理备案登记；对已经设立并经营的网贷中介机构按照分类处置结果，对合规的机构进行备案登记，对完成整改后经监管部门认定后也备案登记。2017 年底现金贷新规后，小贷公司开始密集补充资本金。2019 年，我国对网贷监管力度不断加强，P2P 业务基本清零。

2. 对股权型众筹准入的实践

众筹兴起于美国 Kickstarter 网络平台的搭建，这是一种风险较高、期限较长的投资行为。众筹是互联网金融的典型产品之一，是被重点监管的对象。美国众筹的模式包括捐赠模式、回报模式、股权模式和借贷模式。英国将众筹分为两类，即 P2P 网络借贷型众筹和股权投资型众筹，这两类都要取得金融行为监管局的授权，而捐赠类众筹、预付或产品类众筹不在监管范围内。

股权众筹融资具有公开、小额、大众的特征，是为初创企业、小微企业服务的新型民间金融融资渠道，其涉及社会公共利益，需要监管。监管的重心有两个：一个是股权众筹的合法性问题，另一个是投资者保护的问题。各国普遍将股权众筹纳入公开发行股票的证券监管框架。一方面，根据网络平台股权众筹单笔金额小的特点，适当简化监管程序，如美国允许符合条件的众筹中介机构无须获得证券经纪牌照；另一方面，则进一步强化其他方面的监管约束和限制，如规定严格的合格投资者标准，对融资和投资规模实施限额控制，要求进行持续的风险揭示、信息披露和投资者教育等。

美国是全球最大的众筹市场，在监管方面也走在前列。2011 年 11 月，美国众议院通过了《企业融资法案》，规定众筹融资总额不得超过 100 万美元，但提供审计报告的可融资 200 万美元，单个投资者限额 1 万美元或低于年收入的 10%。2012 年 3 月，美国通过了《工商初创企业促进法案》，其对众筹的监管给予了宽松的环境，该法案修改了美国证券法，允许企业公开发行一定额度的证券并豁免证券发行注册要求，修改了《证券交易法》；其规定承担众筹豁免证券发行和销售的中介机构可以是注册经纪自营商，也可以是注册融资门户（相比注册经纪自营商的监管要求低一些的中介），这大大降低了企业以众筹形式筹资的成本，将众筹平台合法化并受美国证券交易监督委员会监管。初创企业具有破产率高、流动性低和欺诈风险高的特点，投资者风险承受能力低，这对监管部门形成了挑战。2015 年 10 月，美国证券交易监督委员会出台的《众筹监管条例》进一步明确了众筹豁免政策的豁免条件、注册方式、反欺诈、信息披露等方面的要求。2016 年 1 月，美国金融业监管局发布《融资门户监管规则》，对融资门户会员申请的流程、标准、准则和要求进行了规定。

2014 年，英国金融行为监管局（FCA）发布了《关于网络众筹和通过其他方式发行不易变现证券的监管规则》，对股权型众筹的投资者资质、投资额度限制、投资咨询要求做了规定。其中，投资者必须是年收入超过 10 万英镑或净资产超过 25 万英镑（不含住房、养老金），投资两个以下众筹项目的投资者的投资额度不超过净资产的 10%。

在英国，网络平台主要通过拆分融资项目份额，以债权或股权的形式向投资者发售，因此被认定为网络众筹。英国金融行为监管局（FCA）在现行监管框架下进一步细化了监管要求，规定借贷型众筹（网络借贷）平台需经监管机构批准设立，并且在最低资本、信息披露义务、消费者保护等方面提出了相关监管要求。

新加坡对众筹平台的监管要求是先获得牌照，并且要求其遵守最低资本和信息披露要求，不允许众筹平台吸收存款。

2016 年，澳大利亚公布了《公司法修正案》，规定以股票发行方式募集资金的项目在 12 个月内必须筹集最高资金为 500 万澳大利亚，发行项目企业的总资产和年收益不低于 2500 万澳大利亚的才能发行类似于众筹的投资项目。

2014 年，中国证券业协会发布了《私募股权众筹融资管理办法（试行）（征求意见稿）》，确立股权众筹融资非公开发行的性质，要求股权众筹平台净资产不低于 500 万元，投资者实名认证且投资人数不超过 200 人，并且将投资者的准入条件定位为高端人群，即净资产不低于 1000 万元，或金融资产不低于 300 万元，或最近 3 年个人年均收入不低于 50 万元的个人，限制股权众筹的发展。2015 年，中国人民银行等发布《关于促进互联网金融健康发展的指导意见》，再次将股权众筹融资方定位为小微企业。

第二节　金融科技运营监管的国内外实践

历史上，金融业特别是银行业经历了多次技术创新，ATM 机的出现打破了金融服务的时间限制，网上银行的应用打破了金融服务的空间限制，覆盖了更多的客户。金融服务从注重物理网点和运营管理，逐步过渡到注重新技术、新服务模式和新用户体验，但这种改变也将产生新的风险，对金融科技的运营监管需要更多地关注其合规性。

一、监管环境

2016 年，金融稳定理事会定义金融科技是技术驱动的金融创新，是运用现代科技成果改造或创新金融产品、经营模式、业务流程等。金融科技是通过科技力量推动金融发展提质增效，它最终的落脚点仍然是金融，仍然脱离不了金融的本质，当然也必须要受到金融监管。金融科技对传统金融服务模式具有颠覆性影响，但它不可能消灭传统的银行金融机构。从已有的监管框架来看，商业银行成为中央银行货币政策执行的重要渠道，具有吸收存款、支付结算的基本功能，并且拥有优质客户群和数据，这使得银行牌照的价值含量较高。牌照和央行背书成为保护银行的先天优势，那些积极应用新技术的银行或许还能迎来新的复苏与崛起。在大多数国家，少数商业银行占据了大部分的市场份额，金融科技往往在细分领域内发挥作用。同时，金融是经济的血液，金融机构的经营要以安全性为底线，即便金融科技的重点在于金融创新，也不能离开金融本质，对监管者来说只有在合规性的前提下才能有创新的必要性。

商业银行运营监管的核心是防控风险，巴塞尔委员会设计的微观审慎框架起到了关键作用。1973 年，全球金融危机使监管机构开始全面审视银行跨国业务的监管问题；1974 年，国际清算银行成立巴塞尔委员会，设立一些协议、监管标准和指导原则，供各国监管机构参考；1988 年，巴塞尔委员会通过《统一资本衡量和资本标准的国际协议》，提出资本充足率要求；2004 年，巴塞尔委员会通过《新资本协议》，强调最低资本要求、监管部门监督检查、信息披露的重要性；2010 年，《巴塞尔协议Ⅲ》吸收了次贷危机的教训，提高资本充足率要求，其中反周期缓冲资本范围为0%~2.5%，系统性重要银行增加1%的附加性资本，并在原来信用风险、市场风险和操作风险的基础上，增加交易对手风险和流动性风险，这些监管设计都体现了微观审慎监管。

宏观审慎监管框架是2008年次贷危机以后为防范系统性风险做出的重大政策选择。事实上，20世纪80年代，宏观审慎监管的概念就已经出现在国际清算银行的报告中，但未能得到更多关注。1998年1月，国际货币基金组织在《迈向一个健全的金融体系框架》中将"宏观审慎监管"的理念最先用于金融监管体系。2009年，国际清算银行提出用宏观审慎的概念来概括导致危机中"大而不能倒"、监管不足、顺周期等问题。2009年6月26日，在瑞士的巴塞尔成立金融稳定理事会，该机构将制定和实施促进金融稳定的监管政策，解决全球金融脆弱性问题，具体在场外衍生品、影子银行、风险治理、处置框架和会计改革等方面进行研究。应该讲，金融危机使世界各国都普遍意识到了加强金融监管的重要性。2017年7月，我国也设立了国务院金融稳定发展委员会，调整中国人民银行职责，通过机构调整以适应宏观审慎监管框架的要求。

近几年，随着计算机和信息技术的突破性进展，金融科技也为微观审慎和宏观审慎提供了多种方法。例如，《多德—弗兰克法案》全面加强对微观数据的收集和分析，作为宏观审慎监管的重要步骤，通过对数据可视化技术的运用能够快速对数据进行过滤、分割和组合，将信息转化为可应用的知识，更好地为政策服务。当然，新的技术应用还带来了新的风险，如网络安全风险、技术风险，模糊了金融机构之间的业务边界，扩大了风险传递的概率，提高了系统性风险。

因此，对金融科技的监管也需要将微观审慎和宏观审慎相结合。国际监管组织和各国监管机构都在密切关注金融科技发展，并且按照业务属性将其纳入适应的监管框架中。巴塞尔委员会专门成立了金融科技工作组，重点关注金融科技对银行经营模式、市场地位和银行业系统性风险的影响及对监管的挑战。

当然，监管体系也会随着金融科技的发展而创新监管方式。例如，大部分的监管部门下设金融科技工作组专门负责金融科技的监管，并且给予金融科技企业充分试错的空间。在准入方面，"监管沙箱"被很多国家采用。在运营方面，创新指导窗口和创新加速器是另一种监管模式。创新指导窗口对金融科技企业提供创新产品和服务，监管部门根据政策规定、监管程序提前进行提示和指导，使市场主体较早了解监管要求，确保创新产品和业务的合规性。创新加速器是金融科技企业、金融机构与政府部门共同协作，及时评估和检验新产品方案的合理性和可操作性，促进其更好地向实践转化，类似于我国科技企业"孵化器"的制度安排。

二、金融科技运营的风险防范

金融科技在创新金融产品、提升金融服务效率、再造业务流程上发挥了重要的作用，但也造成金融业务交叉甚至出现混业经营，在一定程度上带来各类金融风险的相互传染，增加了监管的难度，容易形成监管真空。本书着重从网络信息安全风险防范、信用风险防范、技术风险防范三个层面对各国的制度和实践进行经验总结。

（一）网络安全风险防范

随着数据重要性的提升，新的风险场景带来新的合规问题，数据资源的滥用、信用欺诈、信息泄露、侵犯个人隐私等问题突出，犯罪分子和黑客可以借助于计算机和网络，破解并入侵到银行网络系统中，伪造账户资料，篡改计算机源程序或数据，攻击银行信息系统网络，等等。

一些小型银行或社区银行的资源有限，倾向于外包或与第三方运营商合作，虽然控制了成本，但也存在安全隐患。一方面，金融机构不断使用客户识别代码接收数据请求，但其并不清楚请求是来自客户还是来自未授权的第三方运营商；另一方面，金融机构与第三方运营商之间费用分担也是一个问题，因为共享客户识别细节将提高网络攻击的概率。如一旦支付服务提供商被黑客入侵，可能会无意中将病毒传播到更多的客户群。因此，合作的第三方供应商应该制定更严格的网络安全规则，同时，金融机构需要设计更加强大的识别系统来提高保护力度。

网络安全风险监管的核心是数据安全，同时兼顾开放和保护两个维度。在数据开放情况下，对于监管的挑战表现为：带来显著的隐私泄露风险、存在数据不当使用风险；在数据保护情况下，对监管的挑战则为：带来成本的增加，效率的降低和竞争不足。当然，数据开放必须以数据保护为前提，也要针对不同金融机构类型、不同金融消费主体、不同数据类型、不同金融业务采取具体而差异化的监管政策，各国的实践有所不同。

美国是世界上最早提出并通过法规对个人数据隐私权予以保护的国家，采取分散立法的方式。2008年次贷危机后，美国建立了金融消费者保护局，2009年12月，美国众议院通过《美国金融改革法》中，明确了消费者个人数据的保护标准。

1995年欧盟制定了《计算机数据保护法》，2016年4月，欧洲议会通过《通用数据保护条例》（GDPR），于2018年5月25日在欧盟成员国内正式生效实施，成为全球数据保护领域较为领先的基本立法（刘倩，2019）。该条例的目的在于保护所有欧盟居民的数据权利及治理一系列数据侵权行为，在强化数据保护的范围和强度体现在四个方面：一是扩大域外适用范围；二是加大处罚范围及力度；三是严格的用户同意要求；四是扩大数据主体权利（包括侵权通知、获取数据的权利、被遗忘权、数据的可携带、隐私权设计、数据保护官）。该条例将数据保护适用范围也扩大到非欧盟主体，这对于跨国公司来说具有重要的意义，并为确立数据保护范围和数据主体的权利和义务提供了法律依据。

英国在金融网络数据监管方面也有较多探索。2015 年英国政府宣布启动银行业数据共享与数据开发计划（即开放应用程序接口的 API 计划），目的是营造一个开放性的数据环境，解决由"数据孤岛"导致的竞争不充分问题。自 2018 年 1 月，"开放银行"改革全面实施，要求英国最大的九家银行建立统一的应用编程接口，开放相关数据，并且设立开放银行倡议执行实体执行这一倡议。当然开放的数据必须得到消费者的同意，具体表现为消费者可以自行选择金融科技公司获取自身金融数据的范围、使用目的和时间，并且可以在任何时间取消这一许可。英国在《开放数据白皮书》中，专门针对个人隐私保护进行规范，强制要求所有政府部门制定《个人隐私影响评估手册》，并将开放数据划分为大数据和个人数据，规定大数据对所有人开放，而个人数据仅对个人开放。在英国脱欧的背景下，相比《通用数据保护规则》的立法，英国"开放银行"倡议的重点不完全在于用户数据的保护，而是促进数据开放来加强英国银行业的竞争，并促进金融科技的发展。

2018 年以来，中国围绕"开放金融""数据隐私安全"等问题的讨论日趋激烈，各行各业都在积极拥抱"互联网 +"，企业数字化转型进程迅速升温。2019 年 5 月，国家互联网信息办公室发布《数据安全管理办法（征求意见稿）》，明确指出个人信息和重要数据的收集、处理使用和安全监督管理的相关标准，并强化对于用户骚扰、贷后催收等违规行为的整治力度。具体的措施体现为完善社会信用体系，利用平台数据补充完善现有信用体系信息，加强对平台内失信主体的约束和惩戒，在网约车、共享单车、汽车分时租赁等领域，建立健全身份认证、双向评价、信用管理等机制。

2019 年 8 月中国人民银行印发《金融科技（FinTech）发展规划（2019—2021 年）》，提出加强金融网络安全风险管控：一是严格落实《中华人民共和国网络安全法》等国家网络安全法律法规及相关制度标准，持续加大网络安全管理力度；二是完善网络安全技术体系建设，健全金融网络安全应急管理体系，提升金融业信息系统业务连续性；三是动态监测分析网络流量和网络实体行为，绘制金融网络安全整体态势图，准确把握网络威胁的规律和趋势，实现风险全局感知和预判预警，提升重大网络威胁、重大灾害和突发事件的应对能力；四是加强顶层设计和统筹协调，建设跨业态、统一的金融网络安全态势感知平台，支撑金融业网络攻击溯源和精确应对，提升重大网络攻击的全面掌控和联合处置能力。

（二）信用风险防范

信用风险伴随着金融活动，不会因其支撑技术手段的先进而消失，金融科技一方面加速了混业经营的步伐，使业务交叉造成信用风险的产生更具有系统性、隐蔽性和复杂性；另一方面也提升了金融机构的信用风险管理能力，通过数据搜集和挖掘技术，利用拥有海量的客户信息数据开展信用评估，推动业务从线下向线上转移，以加速数据的积累，精准识别潜在用户，降低信息不对称。当然，一家金融机构积累的数据有限，通过建立网络化征信监管系统，有助于打破了"数据孤岛"，降低信贷管理的成本，实现动态化监管，成为各国推动金融科技运营中信用风险防范的重要内容。

美国具有发达的征信体系，个人征信市场形成了 Experian、Equifax、Trans Union 三足鼎立的稳定格局，通过信用评分出售信用报告。2009 年 9 月成立了的互联网大数据征信公司 ZestFinance，服务的群体包括两类：征信评分过低无法获得基本信贷需求的群体，以及融资成本过高的群体；主要利用 7000 多个变量，将 Google 的非线性大数据模型导入征信领域，建立欺诈模型、预付能力模型、身份验证模型、还款能力模型、还款意愿模型等进行集成学习和多角度的学习，形成信用评分，并且这 10 个模型在不断改进，每半年就会诞生新的版本，数据来源主要包括交易信息、租赁信息、法律信息等，很少使用社交网络数据（徐忠等，2017）。

德国的 Kreditech 公司自 2012 年起提供类似于 ZestFinance 公司的服务，为小额信贷提供征信支持，所不同的是数据来源主要是短信、第三方网页、Facebook 等社交渠道，要求借款人开放访问个人购物、位置等功能，利用大数据分析客户隐藏的道德风险、还款概率和还款意愿等。

中国的互联网大数据征信发展离不开电子商务的发展，比如基于阿里供应链电子商务平台的芝麻信用、基于社交网络的腾讯征信、依托第三方支付和外部数据源支撑的考拉征信。2013 年，国务院颁布《征信业管理条例》，中国人民银行配套出台《征信机构管理办法》《企业征信机构备案管理办法》《征信投诉办理规程》等一系列制度及行业标准，规范了征信机构的市场准入，明确了征信业务活动规则。2016 年、2017 年，中国人民银行分别印发《关于加强征信合规管理工作的通知》《关于加强征信系统查询用户信息管理的通知》等规范性文件，加强和完善了征信管理的法规建设。中国人民银行还建立征信日常业务报备制度，征信管理监测系统和违约率检验系统，自上而下的征信合规工作例会制度以及非现场的监管工作。

近年来，一些网贷平台出现了违约率较高的现象，比如某些平台刻意隐瞒真实信息，表现为虚假的网站域名备案、投资项目、借款人、营业地址、虚假合作。一些机构采取不正当竞争手段使一些真正有价值的互联网金融创新受到挤压；一些机构挪用或占用客户资金，甚至通过庞氏骗局造成了恶劣的影响，无证从事支付结算业务的现象突出，助长了电信诈骗、非法集资、地下钱庄等犯罪行为，对社会造成了恶劣的影响。2015 年电信诈骗案高达 59 万起，涉案金额超过 222 亿元，欺诈风险始于业务流程漏洞或薄弱环节。

究其原因：一是互联网金融服务于长尾客户，客户分布更广泛，资质参差不齐，虽然金融科技在某些领域因消费者和企业对创新产品和技术的需求而得到增强，但传统机构仍然掌握着与大多数客户的关系，互联网金融机构信用风险较大。二是部分网贷平台的资金来自银行，本身从事资金零售业务，因而贷款利率较高，现金贷新规后，小贷公司密集补充资本金就说明了其中隐含的潜在风险。三是传统金融机构贷款都有面签，而互联网金融大多不见面，欺诈事件更容易发生。

2015 年，国务院发布了《关于促进互联网金融健康发展的指导意见》之后，《互联网金融信息披露标准》《中国互联网金融协会信息披露自律管理规范》等文件陆续出台，其中，设置了强制性信息披露标准 65 个，鼓励性信息披露 31 项，包括从业机构信息、平台运营信息和项目信息三个方面。2016年 10 月，国务院发布《关于印发互联网金融风险专项整治工作实施方案的通知》，随后各监管部门对其所监管的金融科技进一步出台专项整治细则。互联网金融领域的风险隐患主要集中在 P2P 网络借贷、互联网保险、股权众筹、第三方支付、通过互联网开展资产管理及跨界从事金融业务、互联网金融领域广告等重点领域进行整治，见表 5-1。

表 5-1　互联网金融专项整治重点汇总

时间	发文部门	文件	整治的重点
2015 年 8 月 3 日	中国证券监督管理委员会	《关于对通过互联网开展股权融资活动的机构进行专项检查的通知》	以"股权众筹"等名义开展股权融资业务或非法集资活动、募集私募股权投资基金、变相公开发行股票、虚构或夸大平台实力和融资项目回报、挪用或占用投资者资金、与持牌金融机构合作开展违规违法业务等
2016 年 4 月 12 日	国务院办公厅	《互联网金融风险专项整治工作实施方案》	集中力量对 P2P 网络借贷、互联网保险、股权众筹、第三方支付、通过互联网开展资产管理及跨界从事金融业务、互联网金融领域广告等重点领域进行整治

时间	发文部门	文件	整治的重点
2016 年 4 月 13 日	中国人民银行等	《非银行支付机构风险专项整治工作实施方案》	①非银行支付机构的客户备付金是否集中存管，变相吸收存款赚取利息，逐步取缔支付机构与银行直接连接处理业务 ②无证经营的支付机构是否存在跨地区经营、层层转包业务、挪用和占用资金等
	中国银行业监督管理委员会	《P2P 网络借贷风险专项整治工作实施方案》	①落实 P2P 网络借贷的信息中介的定位，禁止设立资金池、发放贷款、自融自保、期限拆分、从事股权众筹 ②信息披露和第三方存管是否合规
2016 年 4 月 14 日	中国人民银行等	《通过互联网开展资产管理及跨界从事金融业务风险专项整治工作实施方案》	①具有资管业务资质但开展业务不规范的行为，如发行的金融产品通过线上向非特定公众销售或向特点对象销售但突破法定人数限制，嵌套开展资管业务，未执行投资者适当性标准，虚假宣传和误导，挪用和侵占资金 ②未取得资管业务资质但开展跨界金融活动等 ③各业务板块未设防火墙制度，关联交易、账户管理混乱等
	中国银行业监督管理委员会	《股权众筹风险专项整治工作实施方案》	强调不得擅自公开发行股票、非法经营证券业务、变相发行股票等
	中国保险业监督管理委员会	《互联网保险风险专项整治工作实施方案》	①互联网高现金价值业务，片面或夸大宣传和违规承诺收益或损失 ②没有互联网保险资质或合作进行非法经营 ③保险公司跨界合作中的新增服务、设立资金池、非法集资及风控不到位

时间	发文部门	文件	整治的重点
2017 年 5 月 17 日	中国人民银行等	《关于进一步做好互联网金融风险专项整治清理整顿工作的通知》	通过现场检查发现存在违规问题，采取差别化处置措施：将合规类机构纳入日常监管范围，整改类机构明确违法违规金融活动退出时间，取缔类机构按照处置非法集资、清理整顿各类交易场所或打击非法证券活动等工作机制予以查处

专项整治分为摸底排查、查处整改和总结报告三个阶段。摸底排查阶段通过全面排查、随机抽查的方式，制定整改方案；查处整改阶段要进行限时、全面整改，并开展现场检查，加大处罚力度；总结报告阶段要对有关情况形成书面报告，报送互联网金融风险专项整治工作领导小组办公室。经过专项整治，互联网金融乱象得到有效遏制，潜在的风险得到有效排除，也为金融科技健康发展创造了良好的金融生态环境。

（三）技术风险防范

金融科技催生了大量新生金融业态，跨界业务和交叉性金融产品不断涌现，大数据、云计算、区块链、生物科技、人工智能等最新科技在金融行业得到了广泛应用，在提升金融行业技术化水平的同时，也可能带来监管真空，更重要的是新业务、新概念、新场景、新科技的出现，使技术风险难以预估，对监管形成了巨大的挑战。

交易虚拟化使金融业务失去了时间、地点的限制性，交易对象变得模糊，交易过程变得不透明，金融风险产生的形式变得更加多样化。特别是这些不易观察的电子信息所引致的风险具有极强的隐蔽性，短时间内不易察觉。比如，基于区块链设计的智能合约，给人一种既智能又受法律保护的印象，但是在 The Dao 事件（区块链物联网公司 Slock.it 计划将自己的系统 Universal Sharing Network 向社区众筹并以 DAO 的方式运作整个系统，后来发现其他项目也可以采用同样的募资机制，因此决定先以 DAO 的方式众筹一个投资基金，将 Slock.it 项目作为 The DAO 中的一个投资项目）中，其编写的智能合约中存在重大缺陷，遭到黑客攻击，最终导致 300 多万元以太币资产被非法分离出 The Dao 资产池，说明了技术风险的存在性。

金融科技在财富管理领域的应用是智能投顾。智能投顾具有低成本（自动化和算法驱动的决策过程极大地降低了财务咨询和投资组合管理的成本）、易获取（由于财务咨询成本的降低，高级先进的投资策略更容易被广大的客户群体获取）、个性化策略（复杂的算法和计算机系统让投资策略更加个性化，可以为满足单个投资者的特点需求而对投资策略进行高度定制）、透明化（通过线上平台和移动客户端，客户可以查看自己的组合资产信息，了解自己的资金是如何被管理的）、便捷性（通过线上平台和移动客户端，可随时向客户按需提供投资组合的信息及管理功能）。

但智能投顾中同样存在着大量的技术风险，包括模糊的费用结构、算法产生的程式化假设、有误导性的客户问卷、错位的投资策略、个人信息泄露等问题。对智能投顾监管最为迫切的问题可能是"智能投顾是否有能力以信托的方式运作自动化的投资"，因为信托标准是维护客户利益最大化，类似于美国劳工部要求所有有关退休投资的建议都必须遵守信托标准。美国金融业监管局要求提供数字化投顾工具的公司，需要对每一个步骤中使用的算法进行关注，服务商应该评估算法是否与投资分析方法一致。

金融科技的技术风险来源于技术本身，也与技术应用过程中的不当行为有关。各国从法律方面约束金融科技在研发、应用、运行、维护等环节的行为规范。

新加坡金融管理局（MAS）针对金融业务中的数据分析和人工智能的应用发布了四个原则：公平、问责、道德、透明。公平原则是在人工智能数据分析对于用户合理设计相关的变量、算法和结果；问责原则是金融科技应用的主体需要对研发和应用环节负责，数据主体对人工智能和数据分析的过程和结果进行监督和审查；道德原则是要求技术使用过程中符合道德的原则；透明原则是数据的使用和人工智能的算法和流程需要向数据主体进行披露[①]。

欧洲 MIFID Ⅱ 应用基于 AI 和机器学习的算法模型和开发过程，金融机构需要确保流程的每个阶段都将潜在的风险考虑在内，以避免操作风险，同时要求从事算法交易的投资公司建立适合经营业务的有效系统和风险控制，以确保交易系统具有弹性并具有足够的容量，受交易门槛和约束来阻止发送错误的订单。

国际清算银行（BIS）提出金融机构在应用技术时，要确保技术风险的管理流程和控制环境，以有效地控制技术风险。

在金融科技的风险评估规则上，通过信息搜集、确立风险点、查找技术风险的原因、形成报告并反馈评估结果的方式来进行技术风险的预估和管理。2016 年香港金融管理局推行网络安全设防倡议，要求金融机构建立网络弹性评估框架，来提升网络攻击时的防御能力。

为了提升支付产品风险防控能力，2017 年中国人民银行发布《关于加强支付技术产品标准实施与安全管理的通知》和《关于加强条码支付安全管理的通知》，要求使用国家认证认可监督的支付终端、移动支付安全单元、客户端软件、移动终端可信执行环境。强化条码支付技术风险防范的措施包括：一是采取安全单元、条形码防伪识别、支付标记化、有效期控制等手段保障条码的可靠性和有效性；二是运用交易额度与交易验证强度相匹配的技术提高条码支付的安全性；三是合理应用大数据、用户行为建模等手段建立条码支付风险监控与预警机制；四是从木马病毒防范、信息加密保护、运行环境可信等方面提升条码支付客户端软件的安全防护能力。2017 年，中国

---

① 袁康.金融科技的技术风险及其法律治理［J］.法学评论，2021（1）：115–131.

人民银行对非银行支付机构分类评级，一级指标包括客户备付金管理、合规与风险防控、客户权益保护、系统安全性、反洗钱措施、持续发展能力、自律管理等方面，这一指标也为非银行支付机构加强自身风险防范机制提供了标准。

总体来看，金融科技技术风险的防范要以应用系统的安全性和稳定性为目标，明确应用主体责任，建立风险评估体系，针对不同的金融产品设置合适的技术实施标准和信息披露措施。

三、金融科技运营的风险监管实践

（一）监管原则

对金融科技监管的理念是包容性审慎监管，要在鼓励创新和合规之间寻求平衡。比如，美国对金融科技的监管更注重其功能性，2016 年 3 月，美国金融业监管局（FINRA）发布了《数字化投资建议的报告》，认为高质量的监管要了解客户对数字化智能工具的风险承受能力，监管不应该关心服务商的人工智能如何做，而主要关心它为用户提供什么，建议其应该在客户分析、交易执行、税收筹划、大类资产配置、投资组合的选择、分析和再平衡等方面提供更多功能。

2017 年，美国白宫发布《金融科技框架》，提出了监管的六大政策目标和十项原则。六大政策包括：政府积极培育和推广金融服务创新和创业；使个体和小企业的资金更加安全、公平和实惠；提高普惠金融；防范新型的、未经测试的技术使用及现有技术在新场景应用的风险，促进金融稳定；深化21 世纪金融监管框架，实现跨边际和层级的学习与合作；以消费者保护为先，引领金融科技公司跨境合作，保持国家竞争力。十项原则包括：一是广泛思考金融科技与传统金融机构的共生关系；二是以消费者保护为首位，提供安全、用户友好、透明和多选的产品和服务；三是促进政府与私营企业合作，扩大金融普惠的规模；四是政府与私营企业合作，评估可能在金融服务中出现的技术偏差；五是最大限度地提高金融科技公司向消费者、监管机构提供产品和服务的透明度；六是努力实现技术标准化，便于消费者享受不同的金融服务功能；七是监管始终贯彻网络安全、隐私保护和数据安全；八是提升金融基础设施的效率、安全性、机构完整度、透明度和合规性；九是金融科技公司与传统金融机构、监管机构合作识别并缓解潜在风险，维护金融稳定；十是加强各金融机构的合作，及时了解产品和行情发展状况。

新加坡对金融科技的监管理念采取"实质性"和"适配性"的原则，即对创新采取宽容和鼓励的态度，但在必要条件下，也要当机立断采取执法行动。监管者应该了解技术创新的动态和困难，以便及时制定具有实用性和前瞻性的监管政策。例如，新加坡通过设立统一的标准，倡导不同开发商创新的系统或应用软件具备兼容性或互操作性，以打通技术应用通道，引导和强化企业创新链整合协同发展，从而放大技术创新成果。2018年11月，新加坡金融管理局发布《关于人工智能与数据分析的应用原则》，其中包括公平性原则、透明性原则、道德规范性原则及可问责性原则。2019年1月，新加坡个人数据保护委员会提出《人工智能监管框架范例》，要求人工智能的决策必须是可解释的、透明的和公平的，并且对内部治理结构与措施、人工智能决策中的风险管理、用户关系管理和运营管理做出规定，以促进人工智能的使用。

中国对金融科技的监管方式是行为监管与机构监管并行，经历了由宽松到收紧的过程。2015年，中国人民银行等十部门联合发布《关于促进互联网金融健康发展的指导意见》，明确了互联网支付、网络借贷、股权众筹融资、互联网基金销售、互联网保险、互联网信托和互联网消费金融等业务的边界，监管要求体现为鼓励创新、趋利避害、防范风险和健康发展，监管原则体现为依法监管、适度监管、创新监管、分类监管和协同监管。2019年，中国人民银行印发《金融科技（FinTech）发展规划（2019—2021 年）》明确提出未来 3 年金融科技工作的指导思想、发展目标、基本原则、重点任务和保障措施。其中，基本原则表现为"守正创新、安全可控、普惠民生、开放共赢"。该规划要求制定金融科技监管基本规则体系，针对专项技术的本质特征和风险特性，提出专业性、针对性的监管要求，制定差异化的金融监管措施，提升监管精细度和匹配度，明确金融科技创新应用应遵循的基础性、通用性、普适性监管要求。

（二）金融科技监管的措施

虽然各国和地区的银行体系、监管方式和法律内容不同，大多数国家和地区金融监管部门对金融机构监管的重点放在常规的现场检查上，检查的内容除了获取一些主要数据和信息之外，还要检查包括贷款标准和政策、业务流程和风控水平、不良贷款的划分标准和确认程度、准备金和贷款核销的标准、内部报告和信息披露制度、管理人员的素质等一些定性的内容。随着金融科技的快速发展，尤其是对传统业务流程进行改造后，相应地也需要新的监管方式和措施，尤其是非现场监管发挥越来越重要的作用。

非现场监管主要是报送相应的监管所需要的数据资料。比如支付类业务，2012 年，中国人民银行发布《关于建立支付机构监管报告制度的通知》，设立了重点支付机构平台，要求监管各分支机构于每年 5 月 31 日前报送年度监管报告，包括监管对象的基本情况、财务稳健性分析、内部控制建设、支付业务开展情况、监管工作概述、监管评价及报告期内重大事项等。2013 年，银监会发布《支付机构客户备付金存管办法》，要求支付机构接收的客户备付金必须全额缴存至银行开立的备付金专用存款账户，目的是避免支付机构擅自挪用、占用、借用或为他人提供担保所引发的风险。支付机构应当按季计提风险准备金，且备付金收付账户合作银行少于 4 家，计提比例为 10%，当合作银行增加时，计提比例也提高。2015 年，中国人民银行出台

《非银行支付机构网络支付业务管理办法》明确了非银行支付机构应当遵循主要服务电子商务，并为社会提供小额、便民、快捷的小微支付的服务，不得从事除支付业务以外的其他金融业务。2016 年，中国人民银行对非银行支付机构的非现场监管系统上线。在网络借贷业务方面，2016 年 10 月，中国互联网金融协会发布《互联网金融信息披露个体网络借贷标准》，要求网络借贷平台披露 96 项披露指标，其中强制性披露指标 65 个，鼓励性披露指标 31 项，涵盖机构信息（基本信息、治理信息、网站或平台信息、财务会计信息和重大事项信息）、平台运营信息（包括交易情况、融资情况、逾期情况等）和项目信息（包括项目基本信息、资金使用情况、项目进度等）三个方面的指标。

无论是大数据、云计算还是人工智能，其核心基础都是标准化的、透明的、准确的巨大数据或信息，因此具备大型数据库才能使这些技术更好地服务于监管，以实现监管的自动性、实时性和智能性，因而各国监管当局在信息化系统方面投入了大量财力，以便更好地监管科技赋能后的金融业务。

1. 各国非现场监管科技的实践

美国采用非现场监管的系统有两个：全国检查数据库系统、银行机构全国桌面系统，前者属于美联储国家信息中心，后者从技术的角度解决了随时编辑、存储、查询监管资料的难题，实现数据的共享，通过功能设置解决监管部门之间的信息交流和合作，有助于监管人员对不同机构的同种业务类别和风险特征进行比较和分析。2012 年，美国借助 G20 平台推动全球金融市场建设标准的法人实体识别码（Legal Entity Identifier，LEI）系统，目的是收集和分享全球金融信息，打破传统金融机构之间的界限，推动跨行业的风险管理。欧盟、加拿大、澳大利亚、新加坡、中国香港、日本等国家和地区开始在相关领域推广 LEI 编码的应用。2013 年，美国证券交易监督委员会开发了市场信息数据分析系统正式上线，能从全美 13 个股票交易所收集约 10 万条微秒量级的交易记录。2016年，美国证券交易委员会建立了综合审计追踪系统（CAT），要求所有交易所和自律委员会价格数据提交范围扩大到每个交易订单的发起、修改、执行、消除等所有交易记录，构建中央数据库。

日本的金融监管信息系统有两个：金融机构数据库系统和金融风险监测信息系统。1991年日本银行和金融厅建立了金融机构数据库系统，监管范围基本涵盖了日本所有的金融机构，其数据的输入和维护由银行监管部门、信息服务部门负责，该系统可以为金融市场部门和支付系统管理部门使用，监管人员进行现场检查时可以下载和分析所需的数据库。金融风险监测信息系统按照时间、币种及风险类别，直接进行数据检索和处理，自动生成各种分析资料。

自2016年起，英格兰银行便与各类金融科技公司合作，进行了机器学习、数据分析、区块链和网络安全等技术在金融领域应用的概念验证，探索多项技术在金融监管中的应用。英国政府与行业合作，探索金融科技的应用场景，评估金融科技的收益与风险。2017年11月，英国金融行为监管局启动了"数字监管报告"（DRR）项目，使用分布式账本技术获取数据，以便于检查某一家企业时，从数据库中提取信息；2018年2月，英国金融行为监管局（FCA）发布《关于利用技术实现更加智能的监管报送的意见征询报告》，计划探索将监管规则翻译成机器语言命令，对于机构数据库进行自动访问，实现实时监测。此外，英国借助监管科技公司Encompass，通过自动化智能流程和人工智能技术，收集公司和个人的结构化和非结构化数据，构建可视化图片，实现反洗钱策略的自动化，提升发现和预防金融犯罪的精准化。

近年来，为更好适应金融科技迅速发展的要求，中国在非现场金融监管也开始不断完善。2017年，非银行支付机构非现场监管系统上线运行开始，主要目的是收集、存储支付机构或备付金银行的基本信息、备付金信息、业务信息、经营管理信息等。2019 年，国务院要求积极推进"互联网＋监管"，推动监管平台与企业平台联通，加强交易、支付、物流、出行等第三方数据的监测、在线证据保全、在线识别、源头追溯，增强对行业风险和违法线索的发现识别能力，实现以网管网、线上线下一体化监管，根据平台信用等级、实施差别化监管，对风险较高、信用较差的加大检查频次和力度。

2. 监管科技在平衡创新与合规上的举措

自 2008 年次贷危机以来，全球金融监管趋严，现有的 IT 系统无法应对监管的预期，从银行系统提取和汇报监管数据更加烦琐，合规成本大幅提升。根据美国知名创投研究机构 CB Insights 统计，美国证监会 2016 年执行处罚案件 868 次，累计罚款金额达到 40 亿美元，并估计全球金融业在合规方面的成本超过 1000 亿美元。根据中国银保监会的行政处罚数据，2017 年和 2018 年对金融机构的处罚金额分别为 9.32 亿元和 3.4 亿元，是自 2008 年以后罚款最多的两年。特别是，2017 年央行对 67 家支付公司开出 94 张罚单，累计罚款金额 2468 万元。因此，如何平衡创新和合规是金融科技企业和监管部门都要考虑的重要问题，目前主要在以下方面进行尝试：

第一，帮助银行履行欺诈报告义务。反洗钱是银行风控的主要工作之一，国际组织反洗钱金融行动特别工作组（FATF）认为有效实现金融诚信和普惠金融的关键在于金融机构了解客户规则（Know-Your-Customer，KYC）。身份识别和管理是最重要的环节，采用的方法是用户登录时的密码、指纹、手机验证码、动态口令、刷脸，还有最先进机器学习技术、生物识别技术、自然语言处理技术等通过人的行为特征进行识别。身份识别技术的突破，可以对反洗钱、欺诈进行监控，并生成合规风险报告和检测欺诈的报告。

第二，提高金融机构风险数据优化管理。随着金融科技的发展，金融业务交叉逐渐增多，导致引发金融风险概率提升。金融机构可以借助人工智能和大数据等手段，模拟真实情景进行压力测试，而风险数据的管理是必不可少的。风险数据管理包括数据整合、数据监控和数据保护，直接从所有监管通知和执行行动中提取风险情报，然后将其分类及逆行全球比较，找到与金融机构相关的数据；使用创新的算法驱动解决方案，满足会计要求和监管。

第三，助推自动化合规管理。合规管理是指金融机构确保业务符合法律规定，它包括采购、程序、文件、内部审计实务、第三方审计、安全控制和技术实施。应用机器学习和人工智能，减少认为干预的因素，不断更新信息能够极大地简化和优化内部流程；应用云计算便于整理、归纳和搜集更加准确和详尽的监管信息和动态；应用大数据技术对非结构数据进行挖掘，加快分析速度，产生可视化的报告。

第三节　国内外金融科技企业退出的监管实践

在市场经济中，通过竞争优胜劣汰，建立合理的退出机制，既是保障消费者权益的一种重要的方式，也是实现资源重新优化配置的必要性过程。各国在《公司法》中都对公司退出市场制定了相应的退出条件，对上市公司退出证券市场的要求更加严格。金融科技并不是科技和金融的简单相加，最终还是归于金融行业，因而要符合金融行业的监管属性：以安全性为第一要求，适度竞争。设立准入门槛的目的是筛选优质的金融科技企业，为投资者和消费者设置一道防火墙，而退出机制也同样重要，良性竞争有助于改善服务和降低服务成本。在金融科技发展初期，监管沙盒的理念下，创新环境较为宽松，牌照准入采取试验的方式；特别是技术具有普遍适用性，一旦技术应用于金融业务场景中，规模效应就会显现，很容易形成垄断，从而减少金融科技公司的数量。尤其是新成立的金融科技公司，拿到了金融业务许可证，当经营中出现问题，面临退出时，也需要按照一定的规则退出，及时从市场出清，以避免消费者的利益受损和风险的扩散。

金融科技公司在技术上具有主导优势，而金融机构在牌照、合规和风险控制方面更具有优势。但科技需要大量资金投入，金融牌照的获得容易受到监管环境的影响，两者直接决定了金融科技公司将以何种方式存活甚至退出。从退出方式来看，包括主动退出和被动退出。

一、金融科技公司主动退出方式

金融科技公司的主动退出方式主要是具有一定技术优势的金融科技公司被实力雄厚的金融机构并购。

金融牌照是金融科技公司开展金融产品开发的准入条件，而牌照的获得要进行审批，同时具有较高的准入门槛。对于初创型的科技公司刚开始都倾向于与金融机构合作，为其提供技术解决方案，这样不仅能降低经营成本，还能更早地了解客户和市场。同时，金融机构也愿意与金融科技公司达成合作意愿，积极拥抱金融科技以提升市场竞争力。例如，网络借贷平台 OnDeck 与美国摩根大通公司开展战略合作，摩根大通依托自身的业务经验和流程，引入 OnDeck 公司技术平台和评分引擎，优化信贷审批流程，提供实时贷款审批服务。IBM 与花旗集团合作，开发了基于人工智能的电脑程序，以人类的认知方式推断和演绎问题的答案，提供客户需求分析、预测经济走势等投资顾问服务。

由于技术应用到金融业务的具体场景上才能形成金融科技的产品，而金融科技公司所提供的技术解决方案本身就具有合作的保密性和应用场景的独占性，因此金融机构为了提升自身的科技化水平，一些具备资金和研发实力的传统金融机构会选择直接投资金融科技公司或直接并购，以控股、分公司的形式减少竞争，让金融科技公司主动退出。例如，中国工商银行大力搭建的电子应用体系，为客户积极推广融 e 购、融 e 联等产品，并以积累的数据为基础，开发消费信贷产品融 e 贷，符合条件的借款人可在线获得无担保、无抵押的消费信用贷款；美国 IBM 组建沃森超级电脑（Watson Group）研发团队，利用人工智能技术为客户提供大规模金融服务等。德国 Fidor 公司被法国第四大银行 BPCE 并购，Fidor 公司出售公司控制权，将最新创新成果卖出，实现相关金融服务的数字化；Google 收购人工智能初创企业 DeepMind，将机器学习和最先进的系统神经科学结合起来，发展人工智能服务；华泰证券以全资子公司收购 AssetMark，并消化吸收被并购公司的新技术以提升服务效率；Dynatrace 公司收购 Qumram 的技术和知识产权，提高监管科技解决方案。

二、金融科技公司被动退出方式

按照功能监管的要求，各国根据金融科技所属的具体金融业务的范畴，由不同的监管部门进行监管，因而对金融科技公司退出监管也同样适用于现行的法律法规。在基于包容性监管框架下，对金融科技退出又有一些补充性的监管措施。总体来看，金融科技公司被动退出方式分为两种情形：一种是准入之前的强制退出情形（非法经营）；另一种是准入之后在经营过程中发生重大风险、没有达到测试标准或违反现行法律法规被依法强制退出的情形，本书主要讨论的是第二种情况。

2016 年，英国金融行为监管局（FCA）推行监管沙盒成为很多国家效仿的监管方案。企业申请参加监管沙盒计划，被批准后获得有限牌照，然后进行一些测试计划。试验过程中要明确测试时间表、确保测试成功的措施、测试要素、消费者保护措施、风险评估措施及退出计划等内容。

从各国实施监管沙盒的实践来看，有五种退出方式：申请延期、主动退出、勒令退出、到期评估退出及应急退出（陈伟，2020）[①]。具体为：如果沙盒企业在规定的期限内没有完成测试，则可以申请延期测试；沙盒测试中，沙盒企业可以基于自身需求，主动向沙盒机构提前退出；在测试中，监管机构发现测试产品具有较大缺陷或风险等情况，可以随时终止测试，勒令沙盒企业退出；如果监管机构对测试项目结果满意，可以根据沙盒工具的不同授予限制性牌照，公示无异议，沙盒企业更改授予的牌照条件以便沙盒产品推向市场而退出；如果监管机构对测试结果不满意，则会撤销牌照，或者对存在恶意行为的沙盒企业，采取限制性措施。

2020年1月14日，中国人民银行发布《金融科技创新应用测试规范》，采用与英国相似的做法，即要求沙盒企业在方案中设计应急退出方案，将退出权限极大程度地交给沙盒企业。此外，在事前制定应急及退出机制上，采用风险拨备资金及保险计划等补偿手段，这与其他国家的风控方法不同。

各国在测试时间、测试标准、未通过测试后续要求上有所不同。在测试期上，英国的测试期为3~6个月，澳大利亚为1年，新加坡根据项目而定，没有固定的时间。在测试标准上，英国要求测试期间每周汇报项目运行情况，说明关键时点、重大发现、风险管理情况；澳大利亚在测试期要评估企业运行状况，测试期结束后两个月内提交运行经验报告；新加坡要求测试前金融科技公司报送监管所需的评估信息，21个工作日内会被通知是否通过。当未通过测试时，澳大利亚要求企业停止运作，不得从事相应的金融或信贷活动，但保留企业申请个别豁免权；新加坡在保证消费者权益的基础上，企业自行终止或被监管方强制终止运行。总体来看，英国注重测试期内的监管，澳大利亚注重测试中和测试后的监管，新加坡则注重测试前和测试中的监管。

[①] 陈伟. 监管沙盒退出机制的国际经验及本土化研究 [J]. 南方金融，2020（12）：44–53.

尽管各国对于退出后的监管宽松程度不同，但是当沙盒企业退出后，在测试期间开发的产品和使用的消费者的信息是测试后监管的重点，各国在消费者保护制度上做出了规范。英国采取四种方式：确保消费者对测试情况完全知情、确保消费者享有正常同等的权利，为每个项目设置特定的信息披露，赔偿和保护的方案，规定企业需要有足够的赔偿能力。澳大利亚的消费者保护方案更加细致：零售消费者不超过 100 人，对测试中的贷款金额、保险合同金额、证券产品金额进行限制，测试期间最大风险敞口为 500 万美元，争议解决系统等。新加坡的消费者保护机制包括：事先告知消费者风险、事中风险的化解计划、测试机制、退出监管沙盒的争端处置机制等（应尚军、张静，2021）[1]。

中国的监管沙盒试点较晚，之前在退出监管上，适用于现有的监管框架。而对于基于电子商务发展过程中延伸出来的支付、信贷等金融服务，在监管上相对滞后，也出现了大量的风险隐患，因此以许可、限期整改、清理等方式对金融科技公司的行为进行监管。比如，在支付业务领域，2011 年对非银行金融机构发放许可证，经过五年在账户管理、支付业务范围、信息披露等方面的规范中，也出现过无证经营或者风险暴露情况。2016 年对非支付机构的监管更加严格，在续牌方面设置了较多障碍，更加强调合规性，通过对非支付机构的评级，对于业务许可存续期间未实质开展过支付业务、长期连续停止开展支付业务、客户备付金管理存在较大风险隐患的机构，不予续展《支付业务许可证》，而对于业务量小、社会危害程度轻、能积极配合监管部门行动的无证机构，可以进行整改，限期整改不到位的，依法予以取缔。

我国的互联网金融的发展为金融科技开辟了新的实践，但是也暴露了大

---

① 应尚军，张静. 新形势下的金融科技监管思路——以"监管沙盒"制度框架为视角［J］. 西南金融，2021（2）：25-37.

量的问题。对于互联网金融平台频频爆雷、跑路事件，扰乱了金融市场，损害了消费者的利益，监管部门通过采取整顿、清理的方式，强制让大量互联网金融机构退出，到目前为止，P2P平台已被清理完毕。2017年6月，中国人民银行等国家十七部门联合印发了《关于进一步做好互联网金融风险专项整治清理整顿工作的通知》，要求采取有效措施确保整治期间辖内互联网金融从业机构数量及业务规模双降。对于经现场检查发现存在违法违规问题的从业机构，采取差别化处置措施：对合规类机构应纳入日常监管规范；将违法违规情节比较轻的纳入整改类机构，整改类机构应出具整改意见，按照主动退出、剥离独立、合并重组及转型移交等情况进行分类整改，明确违法违规金融活动的退出时间表；将不配合监管，拒不整改或整改后不合格及违法情节严重的纳入取缔类机构，取缔类机构应视具体情形，出具行政处罚意见或按照处置非法集资、打击非法证券活动、清理整顿各类交易场所等工作机制予以查处。此外，对于未纳入重点对象范围的从业机构，要采取宣讲政策、警示教育及集中约谈等多种方式进行全面自查并整改。同时对非重点对象也进行随机抽查，抽查比例不低于非重点对象的20%。

总体来看，金融科技公司的退出方式多样，既体现监管的兼容性特征，也要注重消费者权益保护制度的建设，更要符合金融行业的发展规律，必要时专项治理甚至清理，也是维护市场秩序的方式之一。

当前正是新一轮技术变革的关键时刻，尤其在新冠肺炎疫情蔓延之后，社会经济正在发生着全领域数字化、全链条数字化的趋势。对于商业银行来说，数字化转型的迫切性不言自明，金融科技已经是商业银行新的竞争赛道。我国已经敏锐地捕捉到了金融科技来临的浪潮，通过宏观布局为商业银行与金融科技的融合指明方向，从《金融科技（FinTech）发展规划（2019—2021年）》的落地到金融信创的政策推动，从法定数字货币的全面推进到银行混业改革趋势发展，密集的创新信号激发了金融科技对商业银行的价值链重塑。2021 年,《金融科技发展规划（2022—2025 年）》正式出台,在相应政策的推动下,商业银行正在从被动接受向主动拥抱转变,无论从运营思想、服务理念,还是前台业务、后台技术或获客模式等方面都在积极与科技创新融合。本章选取一家股份制 A 银行、一家国有大型 B 银行、一家地方性 C 银行、一家民营 D 银行对金融科技的应用为典型案例,针对上述银行对金融科技应用的布局和实践进行梳理,分析金融科技如何赋能商业银行的转型之路,推动商业银行加速向数字化、智能化和生态化转变。

第四节　金融科技的监管框架选择

以普惠金融作为目标监管金融科技,既要创新又要合规,还要做到普惠微利,这对金融机构的挑战是巨大的。这不仅需要监管部门整理现有的信息资源,统一金融服务基础设施和技术,还需要金融机构积极拥抱科技,抢占以往成本高而无法满足的市场或外包出去的市场,大型商业银行将在普惠金融方面发挥更多的作用。

一、包容性审慎监管框架

监管想要平衡创新和合规,就需要做出制度性的创新,"包容性"注重金融创新,"审慎"则注重合规,目前形成的监管沙盒模式、创新指导窗口和创新加速器都是包容性审慎监管的典型模式。监管沙盒的特点是简化市场准入标准和流程,实行有限牌照和豁免机制,为金融科技公司提前适应监管和市场提供了试错空间;创新指导窗口模式支持和辅导金融科技企业理解金融监管框架,识别创新中的监管政策和法律规范;创新加速器模式是金融科技企业、金融机构和监管部门共同合作,评估新产品方案的合理性和可操作性,促进其向实际应用转化。

目前，使用监管沙盒的国家具有的共同点：一是无论受监管或不受监管的机构，都可申请进入监管沙盒，将众多金融科技公司纳入监管大格局。二是申请者将得到监管部门个性化的建议或指引，以提高对监管的理解和提高金融科技创新能力。三是测试环境中设置了消费者保护等基本监管要求，测试过程中运用监管工具和手段。

中国在金融科技的监管方面虽然没有直接采用以上三种模式，但从监管态度和措施上也能体现出这三种方式。例如，对非银行支付机构的监管上，从 2011 年开放支付牌照后，逐步发布规则规范支付机构的业务范围、客户管理、资金安全等，当支付行业市场格局形成后，2016 年政策收紧，支付行业并购增多，通过考察只对一部分非银行支付机构续牌，减少过度竞争。对网贷平台的监管也是先松后紧，因为监管原则是将网贷平台定位为信息中介而不是信用中介，不允许网贷平台吸收存款，建立资金池，实际上类似于"小额贷款公司"。2015 年，中国人民银行等出台了《关于促进互联网金融健康发展的指导意见》，是在几家金融科技公司成长为大型企业后，向建立金融科技全面监管框架迈出的重要一步。该指导意见所表现出的监管态度：一是鼓励发展限于小额交易的数字金融服务，目的是将其作为补充；二是鼓励金融科技公司与传统金融机构合作，对现有的监管框架不进行大的调整；三是突出合规，在便付金管理、反洗钱、信息披露、信息安全等方面进一步规范，目的是化解金融科技风险，促进金融科技有序发展。由此可见，对于确实有利于降低成本、优化风险管理、填补金融服务空白、满足市场需求的创新活动应在整改范围的基础上给予支持，但对于规避监管或监管套利的，甚至涉嫌非法集资的"伪创新"或犯罪行为，应给予严厉打击。

英国在包容性审慎监管方面，除了监管沙盒模式，2015 年还发布了《开放银行标准框架》，其中包括数据标准、API 标准和安全标准。数据标准是基于交换数据的类型、行业和地区差异，最终确定统一 API 传输的数据语义和语法等，为开放银行提供通用的交流语言；API 标准是统一规范 API 架构、授权、开发与部署和版本，以便形成统一的 API 设计语言；安全标准涵盖身份认证、授权和加密，主要用于保护 API 传输中的信息。API 计划分阶段实施，要求银行逐步向第三方开放数据，目的是打破银行垄断，营造开放的数据环境，使消费者享受更好的金融服务。

此后，其他国家和地区都引用了"开放银行"这一理念。2015 年欧盟推出的《支付服务指令 2》（PSD Ⅱ）首先在支付业务领域开放银行的数据，推动支付更加快捷，而 2018 年 5 月欧盟实施《一般数据保护条例》，严格监管网络安全和数字经济进一步体现了审慎监管的要求。新加坡于 2016 年、中国香港于 2018 年分别发布开放银行指引，2018 年墨西哥《金融科技法》中，在用户授权下中小银行及初创的金融科技公司能够通过 API 使用大型银行客户的信息。我国的开放银行目前在试点阶段，金融机构的实践走在了监管的前面。2018 年 7 月 12 日，浦发银行正式推出中国首个无界开放银行（API Bank），2018 年 9 月 17 日，招商银行宣布开放用户和支付体系，通过 API、H5 和掌上生活 APP 7.0 链接金融和生活场景。2019 年 8 月，中国人民银行印发的《金融科技（FinTech）发展规划（2019—2021 年）》中提出，"鼓励银行业借助应用程序编程接口（API）、软件开发工具包（SDK）等手段深化跨界合作，在依法合规前提下将金融业务整合解构和模块封装，支持合作方在不同应用场景中自行组合与应用，借助各行业优质渠道资源打造新型商业范式，实现资源最大化利用，构建开放、合作、共赢的金融服务生态体系"。

综合国内外对金融科技的监管实践，不难发现包容性审慎监管的思路，其主要分三个阶段实施：第一个阶段是对设置包容性的准入措施，为金融科技公司提供充分的试错环境；第二个阶段是发布指导原则或风险警示，加强对准入后的金融科技公司的日常监管；第三个阶段是出台专门的监管框架，包括续牌措施、金融消费者保护、风险监控等。

二、功能性监管和行为监管框架

分业监管与经营主体分业经营相适应，而混业监管与混业经营相适应，无论是哪种方式都是以不同金融机构类型作为划分的依据。历史上，分业经营和混业经营交替演变，分业经营有助于风险隔离，但会存在金融创新不足和竞争过度问题；混业经营有助于提高金融创新的水平，但容易形成垄断和系统性风险。因此，采用何种监管模式要与金融科技发展与经营模式相适应。

1. 功能性监管

功能性监管是分业监管和混业监管的过渡性监管方式，是按照业务的功能划分类别而不是以机构进行划分，强调跨机构、跨市场的监管，减少监管真空和监管重叠，消除监管套利。金融科技使得传统金融中的直接金融和间接金融的业务边界变得更加模糊，比如网贷平台，通过打通借款人和贷款人的信息，以项目制进行融资，实现了直接融资的方式，而银行信贷却是间接融资。金融科技对金融商业模式的重构，对监管模式提出了新的要求，功能监管是相同业务相同监管，比较适合金融科技发展中业务边界不断模糊的状况。

功能性监管是防范系统性风险的有效方法，避免监管真空。近年来，中国的影子银行发展迅猛，金融机构之间业务交叉明显，银信合作、银保合作甚至银信证合作，出现了三套利（监管套利、空转套利、关联套利），三违反（违反金融法律、违反监管规则、违反内部规章），四不当（不当创新、不当交易、不当激励、不当收费）。究其原因，与机构监管是分不开的，因为银行业监管最严格，非银行金融机构监管宽松，而资管产品在各个金融机构都有，但是监管方式和严格程度却不同，因而出现了监管套利的情况，最典型的是通道模式。2018年的《关于规范金融机构资产管理业务的指导意见》

中定义了资管行业的范围，并在现有监管框架下提出了功能监管的思路，即对资产管理产品不再按照机构类型来划分，而是按照产品的功能和特性进行划分，同类产品适用于同类规则。这是我国在分业监管基础上改革的重要举措，对于金融科技的监管有重要的启示作用。

2. 行为监管

行为监管的对象是从事金融活动的结构和人，是从建立金融消费权益保护制度的框架下，对金融交易主体的行为进行规定，包括禁止误导性销售和欺诈行为、个人金融信息保护、充分信息披露等。

自2008年金融危机以来，国际金融监管改革呈现三条主线：巴塞尔协议Ⅲ的微观审慎监管体系、防范系统性风险的宏观审慎监管体系、金融消费者保护体系。行为监管非常强调金融机构开展业务的过程中有没有侵害消费者的权益，与机构监管有些不同。机构监管更多关注的是金融机构的安全性，而这种安全性往往体现在金融机构对风险的控制能力上；当然，机构监管与消费者保护并不违背，特别是最后贷款人制度和存款保护制度，是从消费者保护的角度设计的。

金融科技极大地降低了信息不对称，金融科技业务呈现多元化、场景化、混业化、生态化的趋势，金融业务也逐渐呈现网络化的特征，网络模式给现有监管模式带来了新的挑战。随着金融机构对金融消费者信息获取能力不断增强，实现精准服务，同时消费者信息被泄露、被滥用的风险也加大了，这对于金融机构的行为规范有了更高的要求。特别是，金融业在高科技的加持下，监管的难度将大大增加，等到风险爆发，出现了损害消费者利益的事件再进行整治和惩罚，会导致损失难以挽回的局面。

3. 功能监管与行为监管的融合

功能监管和行为监管是维护金融稳定的重要基石。2017年召开的全国金融工作会议中提出：强化金融监管，以防范系统性金融风险为底线，加强宏观审慎管理制度建设，加强功能监管，更加注重行为监管。

由于技术的普及性，一些大型金融科技公司的业务扩展到金融的多个领域，导致业务交叉甚至混业经营现象出现，特别是他们运用数据分析技术挖掘更多的金融服务，国际清算银行称之为"数据—网络效应—金融业务"的循环模式，这种循环使得金融科技公司在细分金融市场领域迅速扩大业务。

以普惠金融为例，普惠金融服务的对象金融知识少，风险识别和承受能力相对薄弱，建立金融消费者法律保护体系是当务之急。对金融科技的监管，要将创新、普惠、保护和稳定统一协调起来。典型的例子是网贷平台，之前中国将网贷平台定位为信息中介，通过小额豁免的方式进行监管，主要是从普惠金融的角度考虑，但是却带来了大量的风险敞口，P2P网贷平台中欺诈和违规的行为较多，消费者保护体系的缺失沉重打击了其对互联网金融的信心，这也推动了网贷平台信息披露、纠纷解决等消费者权益保护机制的形成。同时，一些网贷平台模糊了直接融资和间接融资的界限，跨市场、跨产品的监管套利不断显现，因此，将功能监管和行为监管结合起来对金融科技健康有序发展是非常重要的。

科技监管将在功能性监管和行为监管上发挥作用。因为，金融科技以大数据为基础，场景化、透明度逐渐提高，交易的可追溯和去中心化更加便于监管的动态化，也能实现分类监管。功能监管和行为监管并不是割裂的，而是金融科技业务应用过程中自然而然被监督到，只是如何识别统一业务类型，以及这些业务中牵涉到哪些消费者的权益，都是需要进一步探讨和实践的。

三、加强国际合作与监管协调

金融科技实施的基础是数据的互联互通，互联网起到了关键作用。互联网最大的功能是超越了时间和空间的限制，实现了全方位的人际沟通。通过互联网，接受金融服务的人群呈指数倍增长，跨区域、跨国界和跨时间形成的网络效应对监管提出了更大的挑战。例如，一些互联网平台公司已经建立了覆盖全球的服务网络，聚集了数亿人口的服务规模，在此情况下，单靠一个国家监管机构进行全方位的监管是不现实的，需要借助国际合作，建立共同的监管规则和秩序。

建立全球统一的金融科技监管措施任重道远，因为某些金融科技具有一定的颠覆性，对于各国监管当局来说，未知的风险更大，并且各国出于本国利益的考虑，对不同金融科技的态度不同。例如，一些国家将数字货币认定为法定货币，另一些国家则将数字货币认定为金融资产。目前，各国对金融科技的监管都处于试点阶段，国际组织和各国监管机构都在积极研究金融科技，如巴塞尔委员会、金融稳定理事会、国际保险监督官协会、国际证监会组织等都发布了相关的金融科技准则或金融科技研究报告，目的是为各国广泛参与金融科技监管奠定基础。英国在金融科技监管方面比较超前，其监管的手段和措施也受到了各国的广泛关注，一些国家也跟随英国的监管步伐发展本国的金融科技。

加强国际合作与监管协调，一是重点发挥大数据的共享作用，提高信息透明度，如 2012 年，美国推动全球金融市场建设标准的全球法人识别码（Legal Entity Identifier，LEI）系统，目的是收集和分享全球金融信息，推动跨行业的风险管理。二是加强对金融科技创新的研究和相关配套监管措施的制定，主要借助巴塞尔委员会、金融稳定理事会等国际组织的力量，加强各国央行之间的共同合作与交流。三是研究系统性金融风险传染的过程中，金融科技在降低风险和提高风险之间发挥了多少作用，特别是金融科技在跨国领域的风险传染，制定统一的监管标准。

第六章　金融科技赋能商业银行转型典型案例

当前正是新一轮技术变革的关键时刻，尤其在新冠肺炎疫情蔓延之后，社会经济正在发生着全领域数字化、全链条数字化的趋势。对于商业银行来说，数字化转型的迫切性不言自明，金融科技已经是商业银行新的竞争赛道。我国已经敏锐地捕捉到了金融科技来临的浪潮，通过宏观布局为商业银行与金融科技的融合指明方向，从《金融科技（FinTech）发展规划（2019—2021 年）》的落地到金融信创的政策推动，从法定数字货币的全面推进到银行混业改革趋势发展，密集的创新信号激发了金融科技对商业银行的价值链重塑。2021 年，《金融科技发展规划（2022—2025 年）》正式出台，在相应政策的推动下，商业银行正在从被动接受向主动拥抱转变，无论从运营思想、服务理念，还是前台业务、后台技术或获客模式等方面都在积极与科技创新融合。本章选取一家股份制 A 银行、一家国有大型 B 银行、一家地方性 C 银行、一家民营 D 银行对金融科技的应用为典型案例，针对上述银行对金融科技应用的布局和实践进行梳理，分析金融科技如何赋能商业银行的转型之路，推动商业银行加速向数字化、智能化和生态化转变。

第一节　股份制 A 银行对金融科技的应用

股份制银行在我国的金融体系中一直以经营机制较为灵活、管理链条相对较短、对各类创新相对包容为优势而展开竞争。A 银行是国内首家提出"金融科技银行"战略定位的银行，以"金融科技思维"为核心，以"金融科技"为手段，以"打造最佳客户体验银行"为目标，对业务、流程、管理进行全面再造，以科技敏捷带动业务敏捷，推进金融科技银行建设。

为了在金融科技方面持续发力，A 银行已成立金融科技创新项目基金，规模为上年营业收入的 1%，而且不关注其短期的投入产出比；建立金融科技创新孵化平台，为金融科技创新项目提供全面孵化支持。截至 2018 年 3 月，A 银行全行申报金融科技创新项目达 386 个，已完成立项评审进入沙盒验证评估阶段项目共 174 个，项目从提出创意到落地上线，平均周期仅 128 天。在基础设施方面，着力提升 IT 基础能力，在移动技术、云计算、大数据、机器学习、网络安全、区块链等领域加大投入，推动 A 银行金融科技基础设施向互联网转型。

一、零售金融业务与金融科技的融合

在零售金融方面，A 银行以客户为中心打造最佳客户体验，积极探索网点数字化转型，推进客户识别、服务、转介、营销、评价等网点经营管理的全流程数字化。

（一）A 银行手机 APP

2014 年，A 银行提早布局智能手机带来的场景大迁徙，提出并实施了"移动优先"策略，推出了 A 银行 APP。自此，A 银行 APP 不断迭代升级。2018 年 9 月，A 银行推出了 APP 7.0 版本；2019 年 9 月 12 日，A 银行 APP 用户突破 1 亿人大关，成为了国内首家 APP 用户数破亿的股份银行。从 2016 年 3 月到 2019 年 9 月，A 银行 APP 用户数量实现了从 3000 万人到 1 亿人的跨越式增长，不仅如此，每一次千万级别的增长，用时大多比上一次更短。在业界看来，这与 A 银行深入推进战略转型与升级，持续探索和打磨零售金融 3.0 时代的新打法密切相关。

2019 年 11 月 18 日，A 银行正式发布 APP 8.0，是为亿人级用户打造的全新的数字化服务平台，以数字化的方式重新定义财富生活。这是 A 银行的亿人级用户经营之策，也是 A 银行对零售 3.0 时代如何通过商业模式制胜的思考与回答。

零售金融 3.0 时代，A 银行重新定义了数字化转型最重要的平台和载体，这就是不断升级更新的 A 银行 APP。从"卡时代"向"APP 时代"的跨越，A 银行 APP 重新定义了零售银行的服务边界，并且构建 APP 财富生活生态圈。A 银行 APP 8.0 发布后，通过 APP 的开放生态平台与更多优质合作伙伴主动连接，引入内容、生活等非金融服务场景，为用户重新定义财富生活。一方面，持续深耕核心金融场景，并以此作为 APP 生态圈最重要的立足点；另一方面，顺着用户核心金融需求的延伸，该行又自然而然地发现了一些非金融的衍生场景，将社区频道、两票、出行、生活缴费、便民服务等场景引入 APP，打造更加丰富多元的 APP 生态。从金融到生活，从低频到高频，顺势而为，"做更好用的财富生活 APP"，成为了 A 银行 APP 对自身的定位。

A 银行 APP 以智能化、融合服务和金融"自场景"为核心理念，以实时互联、智能服务、内容驱动、自然交互为核心能力，推出智投、收支记录、收益报告和生物识别四大新功能，实现六个行业首创，不仅开启了智能理财新时代，还构建起"人 + 机器""线上 + 线下"的融合服务新模式。随着不断迭代升级，A 银行 APP 集合了收支记录、语音和分类搜索、生物识别（人脸识别、指纹识别、语音指令）、智投、理财顾问等新功能。

历经 8 个版本的迭代，A 银行 APP 在生活场景的建设方面，搭建了小程序平台，尽可能与更广泛的伙伴合作，主动将其引入 APP 平台，丰富 APP 场景生态。目前，小程序平台已接入包括社保、公积金、高德打车、顺丰速递、沃尔玛、饿了么等在内的 300 余家合作机构，覆盖便民、出行、旅游、快递、购物、外卖、文娱、教育、健康等高频生活场景，月活跃用户人数超过 700 万，"多彩生活 All in One"成为其闪亮的注脚。

与此同时，A 银行还在"两票"领域进一步深耕，积极与太平洋咖啡、瑞幸咖啡、肯德基、歌帝梵巧克力、哈根达斯、万达影城等头部伙伴开展全国性合作，并且大力拓展区域重点商户。目前，该行的饭票已覆盖 120 余个城市，合作商户超 10 万家，年销售额突破 80 亿元；影票覆盖 350 余个城市，在线影院过万家。

除了这些覆盖全国的生活服务，A 银行 APP 还为用户提供了本地化的特色服务。例如，该行地方分行的"签证通"业务，为一定级别以上客户提供 16 个国家签证代办服务，成为该行最受欢迎的特色服务；推出了邮轮母港、山姆会员、证件通等，都是 A 银行各分行结合当地用户的需求所开发的特色服务，一经推出即在当地反响热烈。

此外，A 银行部分支行的网点线上店也已经在 A 银行 APP 上线，通过品牌塑造、周边商户权益发放、网点活动宣传、理财产品推荐等系列活动，为用户打造出一个基于网点周边的生态圈。

开放生态战略不仅要"引进来"，而且要"走出去"。目前，该行正与华为钱包、芒果 TV 等头部平台合作，探索场景化的金融服务输出能力，在 A 银行 APP 之外主动连接外部生态。为取得良好的跨界合作效果，A 银行在"走出去"时将同步输出三种能力：一是智能账户，即以"一网通"开放用户体系为基础输出 II 类、III 类户，并探索电子 I 类户；二是通过智能账户构建聚合支付能力；三是输出零钱理财功能，让用户实现"会赚会花"。

A 银行 APP 具备丰富多元的场景生态，使其与其他银行"同业异构"。"异业同构"与"同业异构"兼而有之，进一步巩固了该行零售在数字化时代的护城河优势。

（二）A 银行掌上生活 APP

2010 年 10 月，A 银行掌上生活 APP 8.0 版本上线，成为该行拥抱金融科技的又一里程碑式作品，最新数据显示，掌上生活 APP 累计用户已突破 7000 万人。据易观智库数据，掌上生活 APP 下载量屡次蝉联国内银行信用卡客户端下载量第一。在这个数据背后，秘诀是 A 银行聚焦用户需求，以金融科技为"核动力"，依靠大数据、人工智能、云计算等新兴技术，不断提供智能服务。凭借着规模、产品、技术、安全服务等方面的优势，掌上生活已成为用户生活、消费的金融"利器"。掌上生活 APP 8.0 全新迭代，迎接信用卡业务下半场到来，对原有模块重新整合，以内容和电商为发力点，实现客户持续增长。

信用卡的下半场主要存在四个特征：

第一个特征，越来越多的经营者涌入行业，信用卡业务的经营环境发生变化。

第二个特征，行业风险形势日益严峻，严监管政策下信用卡的经营环境发生了深刻变化。一方面，经济下行压力之下，企业经营风险向个人传导；另一方面，大量机构迅速发展，并将风险传导至其他金融机构。遵循监管为有效防范化解潜在风险提出的"刚性扣减"政策要求下，持牌金融机构统一授信视图已初具成效，信用卡将在一个相对固定的空间内展开服务体验的竞争。

第三个特征，信用卡正在从增量市场进入存量市场，增长规律发生了根本性变化。中国人民银行《支付体系运行总体情况》数据显示，2019 年第二季度，信用卡发卡环比增速跌至 3%；2019 年第一季度，信用卡发卡增速跌至 1%，相比前几年呈现明显的放缓趋势。在我国劳动人口连续七年双降的背景下，尽管我国信用卡人均持卡量与发达国家相比仍存在差距，但是我国适合发卡客群已被高估，信用卡增长空间的局限已清晰可见。

第四个特征，信用卡竞争模式被重塑，传统以金融为核心的单一维度商业模式无法为客户创造更多价值。互联网头部平台依托场景和流量优势跨界布局并快速渗透个人消费信贷业务，对信用卡客户维系和资产经营造成冲击。互联网巨头通过线上线下的场景垄断，重塑了人们的支付习惯，使银行在支付场景中逐渐被后台化。同时，受限于传统经营模式，各家银行的信用卡业务在产品、营销等方面严重同质化，竞争日益加剧，亟待寻求新的业务模式。

在上述四个特征的共同作用下，用户增长红利消失，"跑马圈地"的规模扩张道路不再适用，信用卡的上半场已然终结。面对经营环境、外部监管、增长规律、竞争模式等趋势性变化，信用卡必须焕新出发，迎接下半场的到来。

掌上生活 APP 是 A 银行信用卡抢占下半场制胜点的关键所在。推出至今，掌上生活 APP 发展经过三个阶段：第一个阶段是运营重构，实现"云"端建卡；第二个阶段是经营进化，形成"金融＋生活"的场景结构；第三个阶段是连接探索，以内容和电商为发力点，完成新的用户增长使命。掌上生活三个发展阶段体现的是信用卡与 APP、金融与生活之间的关系变化，更深层次的是从客户到用户经营思维的变化。生活服务从初期金融场景下的附加增值优惠，扩展至金融场景能触及的每个角落，再到彻底打破金融壁垒，边界的扩展让更多人成为掌上生活的使用者，非持卡群体规模越来越大，A 银行开始着力研究掌上生活用户的经营。

从掌上生活 APP 8.0 时代开始，掌上生活将从维度、广度、深度入手重构与用户的连接，在维度方面，基于兴趣、信任、服务创新增加内容生态、品质电商、汽车生活三个维度；在广度方面，打造"合作伙伴生态"计划，源源不断吸收优质合作伙伴；在深度方面，通过"引擎之心"计划打造亿人级用户的运营能力，为用户创造更优体验，为合作方赋能更高效率。

掌上生活 APP 8.0 迭代最大的变化是把内容场景放在核心位置，内容就是一个开放式的场景，通过内容可以搭建起一个入口，将"人、文、货"通过系统进行关系重组，从而形成掌上生活式的消费驱动。A 银行信用卡将这样的变化作为下半场的最优解，不仅在信用卡领域，而且在全生活类 APP 中都是一个大胆的尝试。

掌上生活未来将以内容、电商、汽车为引擎，通过扩充产品维度、拓宽合作广度、坚持技术深度，助力实现成为"最佳客户体验银行"的愿景。

（三）线上小微业务

据统计，2019 年 4 月，A 银行普惠型小微企业贷款余额突破 4000 亿元，7 年累计发放小微贷款超过 2.5 万亿元，在服务实体经济、践行普惠金融方面发挥出了"头雁"作用。在新发放的小微型贷款中，有 75% 的客户通过线上平台发放，打造了"轻体验 少流程 快放款"的一键式贷款体验。

A 银行搭载了金融科技的快车，不仅建立了零售信贷工厂，实现"一个中心批全国 一个中心批全品种"，还改善了内部流程，在精准识别风险、提高效率的同时，大大降低内部成本。截至 2018 年，A 银行已完成全行 44 家境内分行全部集中审批，真正实现了"一个中心批全国"。

同时，A 银行推出了"Pad 移动作业平台 + 零售信贷工厂"业务模式，Pad 现场拍照收集客户影像资料，远程上传至审批系统后，通过系统大数据就可实现现场预审批。这一业务模式不仅省去了纸质资料传递耗费的时间，并且 1 分钟出具预审批结果，客户当场就能知道自己是否需要继续准备材料及申请通过大致的审批额度。

此外，A 银行还打造了线上小微新模式，小微闪电贷从申请到放款最快仅需一分钟。效率提升的实现得益于轻型化的线上平台及丰富的数据源。目前 A 银行 APP 已实现在线申请、在线评估、在线查询、在线转贷等贷款相关功能。

在风控数据支持方面，A 银行对接了 32 个地区的公积金、税务和社保数据，深入推进国家银政合作发展，这些数据不仅丰富了 A 银行小微客户的风险评分模型，还能为小微客户提供更多的贷款准入依据。同时 A 银行还引入大数据风控与风险量化模型应用，以"人机结合"方式建立一套以数据驱动为主导的风险管理体系。在此基础上，A 银行对风险来源多样化的小微客户建立了标准化、系统化的风险控制体系，从而有效解决客户前端申请"流程复杂、资料烦琐、时效漫长"的问题。在资料齐全的情况下，100% 实现小微贷款"T+2"审结,"T+0"放款。

目前,该行普惠金融已经从线下走到线上,从单一贷款演变为完整的小微业务生态体系,向更广阔、更可持续的商业模式发展。从平台入手,构建产品、拓展场景、广泛合作,实现从 G 端到 B 端、C 端的完整生态,开启APP 时代的普惠新征程。未来,该行还将通过搭建开放式平台,与政府、机构建立开放共赢的合作模式,打造数字化普惠金融生态圈,为小微型企业、农民、城镇低收入人群等弱势群体提供更优质的金融服务。

(四)智慧停车服务

近期,A 银行 APP 上线了智慧停车功能,打开 A 银行 APP,系统会带你找到最近的空车位,还能无感支付,直接开出停车场。目前,项目一期已经正式上线,数十家城市近百个停车场已正式接入 A 银行总行停车平台,车场数量稳步增长。

到底何谓"无感支付"?通过 A 银行 APP,绑定车牌及对应的扣费银行卡(支持他行卡含信用卡),即可开通无感支付功能。无感支付功能开通后,车主停车离场时无须做出任何动作,道闸会自动升起,真正实现"0"操作、"0"等待。

停车场景作为智慧交通中的重要一环,在智慧城市的建设中起着至关重要的作用。目前国内的汽车保有量不断攀升,保守估计存在 5000 万个停车位缺口。一线城市的汽车保有量与车位比高达 2.5,停车难的问题越发凸显。一线城市停车支付的高频性仅次于餐饮支付,A 银行的停车云平台在这一场景着力为用户提供更舒适、更便捷的智能服务。对于拥抱了"智慧停车"理念的车主来说,只需要打开 A 银行 APP 就可以享受多重便民服务,如附近车场查找及导航、车辆绑定、车牌认证、查询停车记录及无感支付等。随后,平台还计划提供发票打印、车位预约、车场寻车、月租车、商圈优惠互通、停车位共享等功能,逐个击破停车场景的各种痛点。

（五）"全面无卡化"项目

2018 年 12 月，A 银行宣布对全国网点的"全面无卡化改造"项目完成。至此，A 银行在柜面业务、可视柜台、ATM、取号、客户经理面访、金葵花门禁等网点厅堂业务中，除应监管合规、风险控制等要求的极少数业务外，均实现了无卡化办理。客户在 A 银行全国任何网点办理业务，均无须再携带银行卡。这意味着，A 银行成为我国首家实现网点"全面无卡化"的银行。

"网点无卡化改造"包含两层意思：其一，A 银行全国网点的零售业务，绝大部分可直接使用 A 银行 APP 线上办理；其二，必须通过线下渠道办理的业务，个人客户无须出示借记卡，直接用 A 银行 APP 扫码，或提供银行卡号、身份证号、手机号加刷脸，来替代银行卡完成业务。

目前 A 银行"网点无卡化"所覆盖的业务包括 ATM 存取款、可视柜台和柜面办理业务、APP 取号、客户经理面访等，几乎涵盖了目前网点零售客户必须要出示卡片的全部场景，这就意味着 A 银行全国网点几乎全部业务均可通过无卡化办理。

（六）智能投顾

该银行是国内最早推出智能投顾系统的商业银行。智能投顾是运用机器学习算法，并融入该银行十多年财富管理实践及基金研究经验，在此基础上构建的以公募基金为基础的、全球资产配置的"智能基金组合配置服务"。在客户进行投资期限和风险收益选择后，智投系统会根据客户自主选择的"目标—收益"要求构建基金组合，由客户进行决策、"一键购买"并享受后续服务。

智投系统并非一个单一的产品，而是一套资产配置服务流程，它包含了目标风险确定、组合构建、一键购买、风险预警、调仓提示、一键优化、售后服务报告等，涉及基金投资的售前、售中、售后全流程服务环节。

从产业链角度考虑，人工智能产业链的三个层次为"基础技术—人工智能技术—人工智能应用"，A 银行的智投系统是三个层次逐步进化的成功案例。第一个层次，基础技术支撑来源于数据和运算平台，包括数据传输、运算、存储等，智投提供基于 A 银行强大的客户和产品数据，已经积累较为丰富的数据分析经验。第二个层次，人工智能技术是利用基础资源和大数据进行机器学习建模，包括感知智能和认知智能，"摩羯智投"在投资建模方面取得了较好的效果，并且在语音语义识别等感知领域加快步伐。第三个层次，人工智能应用是将人工智能实现多场景应用，与传统业务更紧密地结合，基于公募基金组合配置场景的应用逐步优化完善，在更多场景的应用也在持续不断地探索。

从绩效角度看，智能投顾的投资业绩取决于资产配置的能力，智投系统对标的资产的甄选和动态调整是其业绩出色的保障。从服务角度看，每月生成月度运作报告，让投资人更好地掌握自己所购买的组合运作情况，个性化服务细致入微；在市场大幅波动或有重大事件时，智投系统还会为其持有人提供点评服务。从投资角度看，A 银行智投系统会为投资人不定期进行组合资产的一键优化，一键点击即可完成，便捷高效。

该行智投系统的面世，正在逐步改变银行财富管理业务的运作思维——以往传统银行更多会将竞争优势体现在对优质资产端的获取环节，即以管理优质资产为基础，推出跨投资、银行、保险等领域的理财产品，从而形成金融服务的自有场景，以相对高收益低风险的产品吸引用户。而该银行此举的最大价值，在于银行开始将业务中心从获取优质资产转向基于人工智能的优质组合优先配置，通过在海量资产端里挑选出最合适的投资组合，让用户同样能享受高收益低风险的投资成果。

（七）3.0 网点建设

2018 年，该银行推出了 3.0 网点，围绕"科技＋生活"的理念建设，空间设计上整合运用"点、线、面"等设计元素，给人简洁又时尚的感觉。

通过模块化的建设，优化网点布局，打造更高效智慧的网点。为顺应客户对电子化服务的需求转变趋势，尽可能地将服务设备功能整合。在灯光设计方面，引入智慧灯光系统，根据不同时段差异调节照度和色温，营造出最适宜的用光感受。甚至在嗅觉体验方面，专门设计了特有的香氛，打造专属A银行的嗅觉符号。

同时，3.0网点巧妙地将科技元素融入业务场景中，如会"呼吸"的背景墙、无限镜像背景墙等；在柜面服务中，把密码键盘从柜台桌面转移到面向客户的桌下方，方便客户操作，增强隐秘性。

（八）智慧营销平台

2018年8月，A银行携手SAS以"A银行智慧营销平台项目"联合荣获《亚洲银行家》2017年度"中国最佳客户关系管理项目"（Best CRM Project）大奖。

A银行"智慧营销平台"项目2015年启动，旨在以满足"客户需求"为中心，以"网络化、数据化、智能化"为目标。一是实现了客户需求洞察多样化，不仅精准探索客户金融需求（财富管理、消费融资和支付结算），而且挖掘客户的非金融生活需求（衣、食、住、行），让A银行成为客户的金融帮手和生活助手。二是实现了线上线下客户体验一体化，建立了包括短信、电子邮件、客户经理、远程银行、手机银行等在内的全渠道协同流程，实现多渠道多批次营销的协同联动管理，在客户互动上实现内容统一接触、OneBank专属银行的优质体验。

（九）智能硬件运作

2018年，A银行录制了新广告片，运用互联网传播手段迅速刷屏微博和微信朋友圈，24小时内曝光量达3000万次，点击量近700万次。广告片用一个特有符号智能存钱罐穿起了父母与孩子的关系纽带，更直击了"为事业拼搏"与"陪伴孩子成长"的矛盾痛点。智能存钱罐成为A银行首次试水智能硬件，并用IP化运作，整合了创意与实用价值。它可连接A银行APP、A银行储蓄卡等银行常用的介质。作为银行卡的一个形象的终端介质，让孩子感受到抽象的银行卡转账过程，也为家长在无现金时代培养小孩子的财商提供了一个手段。

（十）ATM 刷脸取款

2017 年，A 银行在 ATM 机上实现了"刷脸"取款的功能。"刷脸取款"应用"人脸识别技术"及"活体检测技术"，利用核心算法对人脸部的五官位置、脸形和角度进行计算分析，将误识率控制在较低水平，保证了较高的识别准确率。同时，该技术可以较好地抵御纸张照片、手机照片／视频，以及面具的攻击。用户首先在 ATM 机屏幕首页点击选择"刷脸取款"功能，系统将自动抓拍现场照片，然后与银行可信照片源进行对比，验证通过后输入手机号码进一步确认身份，紧接着输入取款金额、密码，最后取现金，整个流程非常便捷。

"刷脸取款"将人脸作为身份核验的自然交互标识，用户无须插入实体卡片，进一步简化了用户的取款流程，真正做到"随时随地，即刷即取"，大大优化了用户体验。在安全性方面，"刷脸取款"拥有三层安全防护，包括人脸识别、手机号码验证、密码验证，也就意味着"刷脸错"的风险大大降低。

（十一）手机刷脸支付

2018 年，A 银行推出了"刷脸支付"，并在"第 26 届中国国际金融展"亮相展区，一网通"刷脸支付"是 A 银行推出的创新型支付产品，它使用国内顶尖的 3D 人脸识别技术，支持全国二十多家的银行卡，可秒级完成支付，提供给用户安全、便捷的支付体验。

客户只要下载了 A 银行 APP，并且用一网通绑定过银行卡、开通了支付功能，就可以在实体店铺体验到"刷脸支付"，支付的全过程将无须使用手机。A 银行刷脸支付有较强的安全保障技术，主要基于 3D 人脸识别技术和国内顶尖的人脸识别算法。所谓 3D 人脸识别技术，是摄像头能在 1 秒内自动识别用户，在识别过程中，用户无须做动作或者读数字，摄像头通过活体检测来判断采集到的人脸信息是否为照片、视频等，从这个意义上来说，他人仅凭照片或视频来冒充，几乎不可能；而在人脸识别算法方面，3D 人脸识别技术的误识率只有十万分之一，这就是说，即使是双胞胎，它也能准确辨别出来。

刷脸支付的推出意味着，在继现金、银行卡、手机支付之后，我们又多了一种新的可选支付方式：即使忘记带钱包和手机，也无须去证明"我就是我"，安全、便捷，几秒内即可完成支付。

二、公司金融业务与金融科技的融合

公司金融是 A 银行客户服务体系加快向互联网模式转型、实现传统公司服务的线上化、服务向产业生态延伸、中后台支撑金融迈向智能化转型的重要方面。

（一）企业手机 APP

2018 年 7 月，A 银行正式发布企业 APP，这是 A 银行继个人手机银行 APP、掌上生活 APP 后推出的第三个 APP。

早在 2010 年，A 银行便推出企业手机银行，作为企业网银的移动端渠道延展，为公司客户提供便捷的移动在线查询、业务审批等服务；2015 年，A 银行创新推出移动支票，开启对公移动支付的探索，至今仍是企业移动支付领域的市场标杆；2017 年，A 银行企业手机银行交易数已接近 9000 万笔，交易金额突破 1 万亿元。

2018 年，A 银行以云平台和移动端融合的"云 + 端"形式，构建全新的企业客户移动服务新模式。

A 银行企业 APP 主打"智能牌""体验牌"和"生态牌"，把移动互联网、云计算、人工智能等技术整合到企业 APP 中，打造强大的办公利器；同时向合作伙伴开放接口，逐步加载第三方服务，形成一站式服务矩阵；借鉴

C 端产品设计理念，引入用户体验设计团队，持续优化产品的交互流程；在国内率先实现了对公移动端全场景免 KEY 支付，解决传统对公支付依赖于物理硬件证书 KEY 的痛点，用户可畅享安全便捷的企业移动支付新体验；深度融合产业互联网和个人 APP 平台，构建一系列基础性金融服务，企业级的二维码信息交互技术贯穿企业 APP 各类 O2O 业务场景，商户可以在企业 APP 上进行收款和管理，企业之间亦可通过二维码化的收款账户信息进行扫码支付。此外，企业 APP 还提供了移动缴费、银企对账、移动代发、移动理财、授信项下移动融资等金融服务，为用户提供丰富的金融场景应用。

A 银行企业 APP 加载了企业高频非金融应用，建设开放的云服务平台场景新生态，引入并在云端部署了 OA 协同、CRM、HR 管理、进销存管理等企业日常生产经营过程中的高频非金融应用。全新的 A 银行企业 APP 既实现非金融场景内嵌，也提供金融场景输出，在二维码 O2O 信息交互和 API 开放接口等技术的加持下，以微服务输出的形式为产业连接赋能，无缝嵌入企业日常生产经营场景，使金融服务变得无处不在、触手可及。

（二）企业客户 CBS APP

在移动互联网浪潮的背景下，随着财资管理对企业经营和战略发展的影响不断提升，针对移动财资管理场景的企业应用显得越发重要。

2019 年 11 月，A 银行发布全新升级的财资管理云 CBS7。跨银行现金管理平台 CBS 成为 A 银行针对集团企业、跨国企业及各类行政事业单位的全面资金管理需要，研发推出的专业资金管理系统，经历 7 个版本的迭代，凭借着该行自主技术创新及行业顶尖客户的管理经验沉淀，不断引领财资管理创新变革。此次升级发布的 CBS7 平台，融合 RPA 流程机器人、BI 大数据分析等全新技术，立足全球银行账户视图、高效稳定的收付结算、流程化内部资金计价、动态资金风险监控、一体化投融资管理、智能大数据分析六大财资业务赋能，将有效助力企业构建卓越安全的财资管理体系，加快财资数字化转型。

随着数字化进程的推进，各行各业正在不断拓宽数字技术的应用范围，新一波数字化浪潮已经到来。领先的企业纷纷通过数字化重构业务能力，其中至关重要的一环，就是财务和金融资源组织的数字化能力。根据《2018 中国企业财资管理白皮书》，财资管理工作内容日趋复杂化和专业化，传统财资管理的手段、工具已难以承载，超过 70% 的企业 CFO 表示，企业财资管理必须转型，以发挥主动价值创造的作用，应对数字化时代的挑战。

与此同时，经过 40 多年改革开放，我国企业掌控的财务资源和金融资源数以万亿计，尤其在近 10 年来规模体量成倍扩大。企业财资管理的对象日益复杂繁多，难度亦呈几何级数上升，众多行业领袖企业的 CFO 和财资总监已在实践中深刻感受到了这一前所未有的挑战，亟须应对并突破这种局面。随着我国经济已从高速增长阶段转向高质量增长阶段，以资源驱动的粗放型发展模式难以持续。如何将总体有限的财务资源和金融资源进行优化配置和高效整合是需要企业管理者积极思考的问题。

在此背景下，财资管理的需求已经从单纯的资金归集向基于财资全局可视化、可配置、可运营的财资经营转型，企业更加关注依托现金池、票据池、资金预算的全面流动性管理，对于资金流动和存量的监控也由关注资金头寸向关注与经营活动紧密结合的现金流量转变。一个能够支撑转型的智能化平台在企业财资管理变革突围中，发挥越来越重要的作用。

作为财资管理领域探索最早的商业银行，A 银行早在 2007 年就在业内率先推出了集团资金管理系统 CBS，凭借现金管理、支付结算、跨境金融、供应链融资等专业优势，开创了商业银行为企业客户提供财资管理数字化解决方案的先河，至今已经赢得了 5 万多家企业客户的信赖。

从技术方面来看，该行在云计算、人工智能、BI 大数据分析、RPA 流程机器人等最新技术方面的应用，让 CBS 真正赋能集团企业财资管理价值创造；特有的"公有云 + 金融云"的混合云架构让 CBS 拥有高性能的业务响应能力，帮助企业快速打造高安全、易运维、强拓展的资金业务数字化中台。无须集团企业自建机房服务器，CBS以持续交付架构提供服务不停机更新，快速满足企业管理需求升级。

从金融安全角度来看，CBS采用与金融机构核心业务系统同等安全级别的技术架构、多层传输加密及防火墙保护，（7×24）小时专业运维服务、异地双活应用级灾备支持，让系统拥有金融级别的信息安全和系统安全保障。

从渠道覆盖角度来看，CBS成熟的银企直连接口整合、全球首创的SWIFT报文通信端到端接入方案，支持境内150多家商业银行及境外200多个国家或地区10000多家银行和非银金融机构账户管理覆盖，多币种、多语言、跨时区的自动化业务处理，帮助企业高效搭建全球一体化财资司库。

值得一提的是，A银行还于业内率先推出了中英双语版CBS APP，支持与PC端实时同步的业务处理，让财务官无论身在何处都能随时随地轻松开展资金管理工作。

在金融科技的助推下，A银行全新上线的CBS7实现了功能上的四大升级：

第一，重磅上线的BI大数据分析，帮助企业构建高效的决策中心。CBS7率先引入行业内领先的BI内核引擎，借助开放式的数据服务平台、分布式计算及多租户权限隔离技术，深度提炼上千家集团企业数千张统计报表，通过财资数据的可视化展示，帮助企业快速建立资金和业务分析基础；大数据处理技术赋能的自定义数据集、可自由拖拽的统计指标，让便捷、开放、智能的个性化分析成为可能；BI管理驾驶舱通过多维图形指标展示资金总额、账户余额、账户数量、资金流量分析、资金到期情况等，多级穿透的交互和实时联动的分析支持将财资数据直观、清晰地呈现在用户眼前，极大提升企业财资分析决策效率，帮助企业快速打造智能、全面、高效的财资大数据分析中心。

第二，RPA 流程机器人、API 超级直连技术加持，提供更灵活轻便的银企端到端对接方案。当前以机器人为代表的人工智能正在迎来快速发展和广泛应用的黄金时期，CBS7 结合最先进的机器人流程自动化（RPA）技术，在业内首个推出基于 SaaS 的轻量级共享财资管理机器人。有别于市场上现行"一客一议"的本地部署 RPA 模式，通过配备定制的工业级 U 盾集线器，CBS7 的 RPA 依次激活网银 U 盾查询各账户余额并下载流水明细及回单，自动执行银行对账、编制余额调节表、凭证录入、回单打印等流程，在现有各银行传统银企直连服务之外提供了更轻量级的财资管理解决方案，帮助客户免去了传统模式下所有银行都需要银企直连的烦琐对接和议价博弈过程，降低了企业 RPA 技术应用成本。

此外，基于微服务、容器化、DevOps、持续交付等为代表的云原生基础架构，CBS7 提供包含 150 余家银行的余额查询、明细查询、支付结算、回单获取等多项高频场景的 API 超级直连服务体系，采用相互隔离的独立部署模式，以更小颗粒度、更敏捷方式提供更灵活的应用组合服务。

第三，全新功能交互升级，CBS 用户体验再度提升。在交互优化上，CBS7 全面优化功能布局和数据可视化效果，减少干扰，聚焦内容；首页卡片式设计，坚持从用户角色出发，提供包括账户总览、待审批、最近交易、到账到期提醒、我关注的业务、监控信息、存款利率等自定义工作台，满足不同用户需求；操作流程的智能优化，全面提升用户工作效率。

在场景应用和性能拓展上，CBS7 全面升级产品全球用户可用性，大大扩展了跨银行业务支持范围。跨境汇款追踪、电子单证线上跨境汇款、境内外资金自动划拨归集等跨境业务支持，满足企业财务管理提升的全场景财富管理、外部融资等场景应用拓展，较前一代产品的业务处理性能提升，持续交付的不停机更新能力增强，这些都让 CBS7 更好地满足企业资金业务需求。

第四，打造线上线下双维运维体系，随时满足用户需求。针对企业客户项目交付和上线后的故障处理及使用问题，CBS7建立了线上线下触达全国、辐射全球的双维运维服务体系。线上智能客服系统运用人工智能知识图谱，随时随地解决用户在使用中的疑问；围绕全国核心城市建设本地化运维服务中心，多达100人的专业运维团队，确保客户业务需求得到准确传达和及时满足。

数字化浪潮下，企业财务管理转型势在必行，CBS7的升级既是A银行在数字化浪潮下探索金融科技赋能公司金融服务转型的成果，更是产业互联网时代下帮助企业实现财资管理转型的责任体现。未来A银行还将持续以客户为中心，将金融科技融入基因，持续推动产品和服务创新，提供更具市场竞争力的财资管理解决方案，成为企业进行财资管理的最佳合作伙伴。

（三）托管业务大数据平台

2018年7月，A银行在北京召开发布会，宣布国内首个托管大数据平台正式发布，标志着A银行托管系统由功能导向迈入了数据驱动的新阶段。

托管大数据平台是A银行将分布式计算方式、实时处理技术、大数据分析等最新金融科技运用到托管业务领域。自主设计的托管平台，由托管经营分析决策系统、全新风险管理系统及新一代风险绩效评估系统等主要应用系统组成。托管经营分析决策系统运用大数据和机器深度学习模型，深入分析托管产品、资金和资产的各类信息，推动客群细分管理，帮助托管人和管理人实行精准的客群与产品营销。全新风险管理系统采用分布式计算技术提升计算速率，运用非结构化数据解析技术扩充数据广度；实现托管业务进行全流程、全视角和不落地的监控，全方位为托管业务风险和投资管理风险画像。新一代风险绩效评估系统聚焦客户投资链条和应用场景诉求，提供投资绩效与风险评估的增值服务，客户可享受敏捷自助、多维数据、直通可视的服务体验，助力委托人、出资人遴选投资管理人。

（四）网上托管银行3.0

2019年9月，A银行在北京召开全功能网上托管银行3.0发布会。这是该行继 2018 年 7 月推出托管大数据平台之后，运用大数据、云计算、人工智能等金融科技结出的又一硕果。

全功能网上托管银行是 A 银行专为托管客户量身定做的服务系统。网上托管银行 1.0 版本基于互联网技术，打通了托管人与管理人间数据与信息交互通道，实现了托管业务处理的电子化、自动化、网络化。网上托管银行 2.0 版本基于大数据和智能开发技术，将管理人和托管人业务处理效率提升至新的高度，实现了托管系统的智能化飞跃。该行此次推出的网上托管银行 3.0 版本由 PC 端和"掌上托管"APP 两部分组成，将大数据、云计算、人工智能与移动互联技术相结合，打破时空限制，为客户提供更为全面、高效、安全、便捷的托管服务。

全功能网上托管银行 3.0 创新推出合同管理、账户管理、电子对账管理、外包业务管理、绩效管理等功能模块，打破了传统托管业务处理模式，为客户提供全流程、全视角、一揽子、综合化的管理服务，满足产品全生命周期管理需求。管理人可通过全功能网上托管银行 3.0 平台，一站式跟踪产品托管进程，查询定制托管或外包产品的绩效评估及投资风险管理报告，产品全生命周期尽在掌握之中。

繁多的业务指令录入一向是制约管理人效能的瓶颈，全功能网上托管银行 3.0 优化升级指令管理功能，支持传真指令直接导入，免去手工录入指令的麻烦，提升指令处理效率。同时，系统可精简合并部分低效指令，用户操作更直观；新增银行间指令交收顺序自定义选择的功能，满足客户个性化需求。全功能网上托管银行 3.0 极大地提高了指令录入及清算效率，降低了指令处理风险。

全功能网上托管银行 3.0 聚焦客户移动场景需求，打造了"掌上托管"APP，满足客户安全与便捷的双重需求。

"掌上托管"APP 支持手机号加密码登录、指纹登录、人脸识别登录等多种登录方式，更加高效、安全；创新开发照片指令功能，支持拍照发送指令，为管理人节省每分每秒；支持账户查询、业务查询、银行间交易查询、RTGS业务查询、业务审批等功能，满足客户开会、出差等移动场景需求，随时随地查询审批；交互设计充分考虑托管业务场景及手机用户使用习惯，通过大数据分析，将客户最常使用的审批功能在主页上显示，客户也可在主页自定义常用功能模块；托管账户余额及流水查询模块，采用块状化、凸显余额、点击屏幕即查看详细流水的设计，便于客户快速获取信息。

高效、安全的托管系统平台提高了业务处理效率和客户服务体验，推动了A银行托管业务快速发展。A银行推出的全功能网上托管银行3.0，将为其更好适应托管行业竞争加速和服务层次加深提供强有力的技术支持。

（五）票据大管家平台

2018年，A银行从战略、体制、产品、服务方面入手，充分利用金融科技，打造"票据大管家"平台。服务票据全链条企业，提升票据业务服务实体经济能力。2018年，A银行在线贴现发生额为2059亿元，占当年总贴现量的20%，其中单张面额在10万元以下的票据张数占比24%，金额为18.99亿元，3431家贴现企业中98%为中小微企业。

A银行"票据大管家"可以为企业提供覆盖票据全生命周期的全部产品，并且可以根据业务需求自由选择，以票据融资为例，贴现、票据池、质押、纸票、电票、银票、商票、贴现、贴现通，这些可以灵活搭配，自由组合。围绕企业对票据业务的管理需求，A银行也向企业提供了多种智能服务，为企业提供智能报表分析、智能选票、智能风控基础管理功能，智慧票据池产品实现全流程线上操作，额度动态调整，同时支持纸票、电票入池。

（六）区块链技术应用

1. 区块链电子发票

2018年11月1日，A银行地方分行在为客户办理贵金属购买业务后，通过系统直连深圳市税务局区块链平台，成功为客户开出了首张区块链电子发票。这标志着，A银行成为首批通过系统直接接入区块链电子发票平台的机构，也成为全国首个区块链电子发票的试点银行。

2018年12月27日，A银行首次以深圳市税务局区块链电子发票平台服务商角色，代理招商基金、招联消费金融两家金融企业接入区块链电子发票平台，分别开出基金行业、消费金融行业首张区块链电子发票。这标志着A银行在以区块链为代表的科技创新领域持续发力，在"财税领域"再次迈出重要的一步。

区块链电子发票是"互联网+税务"的深度融合产物，是实现"科技创新+"的税务管理现代化的全新尝试。区块链电子发票将每一个发票干系人连接起来，方便追溯发票的来源、真伪和报销等信息，可以解决发票流转过程中一票多报、虚报虚抵、真假难验等难题，能够显著降低经营成本和税收风险。

A银行区块链电子发票服务平台，除满足A银行自营开票场景外，还可以代理其他企业快速接入税务局区块链电子发票平台，全面降低接入企业的开票成本。同时依托A银行扎实的金融系统运营经验，为接入企业提供银行级别的数据安全和隐私保护服务。

除此之外，结合自身的聚合支付能力，A银行可为中小商户提供"线上收单+线上开票"的一体化支付解决方案。该方案将实现"支付凭证与发票一体化"，不仅让商户实现"零成本、零开发、零难度"的区块链电子发票开票体验，也为消费者提供"随手开票、实时开票"的快捷便利服务。目前，A银行正在规划打通区块链电子发票的线上流转、报销环节，彻底解决报销场景中一票多报、虚报虚抵、真假难验的痛点，真正实现"一键报销、实时到账"。

2. 跨境人民币同业清算

2017年12月，A银行联手其他两家商业银行，成功实现了三方间使用区块链技术的跨境人民币汇款。这是全球首笔基于区块链技术的同业间跨境人民币清算业务，是 A 银行在以"网络化、数据化、智能化"为目标的金融科技战略指引下，利用 FinTech 驱动渠道优化和服务升级革命上的又一项金融科技成果。

A 银行在区块链领域不断投入、持续探索，自主研发了包括可编辑区块链、基于零知识证明的隐私保护、互联网合约验证、联盟成员识别验证、可干预实时监管等大量创新技术。通过领先的技术基础解决了困扰区块链应用推广的重重障碍，形成自主可控的通用化区块链多方协作解决方案。

利用区块链技术"分布式记账"特点，资金清算信息在"链上"同步抵达、全体共享、实时更新，清算效率实现质的飞跃。区块链跨境清算技术着眼于信息的高效与安全传递，与传统支付渠道相互补充，从而避免了区块链电子货币所面临的合法性和监管性问题。

经过多年的发展，特别是 2015 年首批加入人民币跨境支付系统 CIPS 之后，A 银行的跨境人民币同业代理清算客户数已经超过了 200 户，清算业务量每年超过万亿元。传统跨境清算中，涉及多个参与环节，上一家没完成，下一家就无法进行。一旦出现汇款信息修改、查询需求，前后信息的传递将带来大量的沟通成本，对清算效率带来致命的影响。区块链模式下清算各相关方全部加入"链"，节省的不仅是人力、时间成本，用户体验也大幅提升。在完成首笔基于区块链技术的跨境人民币同业清算业务之前，从 2017 年 2 月开始，A 银行已经基于区块链技术试运行外币系统内直连跨境支付业务，至今累计已经完成 23000 多笔业务，涉及金额超过 35 亿元。

3. 支付"断直连"

在中国人民银行政策的指导和网联、银联及各家支付机构的全力支持配合下，A 银行已于 2018 年 12 月与合作支付机构全面完成包括协议支付、网关支付、商业委托支付、付款等业务的"断直连"工作。

支付"断直连"是将非银行支付机构网络支付业务由直连模式迁移至网联平台处理。作为国家"十三五"规划中的 165 项重大工作之一，"断直连"工作是中国人民银行落实党中央、国务院对互联网金融风险专项整治的重要任务之一，是规范并促进支付市场稳健发展的基础。

A 银行作为国内率先开始"断直连"的股份制商业银行，落实中国人民银行"断直连"工作要求，规范建设网联、银联双联系统，确保在"断直连"后，银行与第三方支付机构间的交易可以通过双联系统顺利承接，切实保障客户的支付体验。

4."开户易"平台

根据企业开户服务需求，应用金融科技手段及融入端到端服务流程设计理念，针对客户面临的开户填单难、问题多、审核时间长、往返次数多等痛点，A 银行创新推出了全新开户服务平台——"开户易"。

"开户易"平台提供了便捷的在线查询渠道，客户只需要选择单位类型和账户性质，智能平台就会自动展示所需提供的业务资料列表，并且配套生动的在线图文说明，易查易懂。

"开户易"提供嵌入式"专家前置审核"功能，企业客户经办人员拍照上传的各类证件，将由 A 银行后台专业人员进行线上预审，将核查环节在客户亲临网点前完成，若存在不符合条件的资料，则实时在线告知客户，并且提供完善建议。企业客户经办人员可足不出户等待审核结果，待审核通过后一次性前往网点进行业务办理。

客户可在线提出业务预约申请，并且可根据所选网点业务排队情况，选择合适的时间前来办理。对于提前预约的客户，预约系统还将在预约办理的当天发出提醒避免客户遗忘，A 银行也对预约办理业务的客户提供了优先办理的便利。

第二节 国有大型 B 银行对
金融科技的应用

　　B 是一家大型国有商业银行，网点覆盖全国，近年来根据该银行的发展战略定位，其一直在持续加大对金融科技创新投入的力度，统筹兼顾研发、建设和运维，重点支持智慧金融技术能力应用研发，夯实灾备和云基础设施环境建设，确保系统安全稳定运行。在自主创新方面，B 银行加快构筑高效协同、支持创新的金融科技治理体系，完善金融科技创新激励体系，加强专利保护力度，促进自主创新；搭建金融科技创新服务云平台；通过人工智能建模、金融数据挖掘等功能为创新提供全方位保障；构建全景客户画像，优化数据资产管理，提升数据价值创造力；建设一体化协同研发平台，实现灵活、高效、数字化、自动化的协同研发管理。在内部管理方面，B 银行打造协同进化型智慧金融；实现供应链服务的集中管控，形成集团层面统一的供应链关系视图及供应链金融业务视图，推进"交易性业务与新兴业务无缝融合"的新措施；推进全集团智能运营体系建设，构造"多触点、一体化"智慧渠道；打通对公条线和对私条线之间的信息壁垒，建立"全面智能、精准及时、主动前瞻"的风控体系。在外部拓展方面，B 银行拓展开放共享型智慧生态；推进公积金数据集中平台建设和农村土地经营权流转平台建设，继续深耕安居领域。在同业项目方面，B 银行初步搭建起同业金融科技产品体系，输出范围从银行业拓展至非银行业服务能力；推进银行业协会联合授信等项目建设，助力银行业融资信息共享。在政府项目方面，B 银行推动智慧城市政务服务项目在陕西安康落地，推动数字天津项目，助力国家治理现代化。技术研发方面，B 银行推出区块链服务平台，目前已上线 5 个应用场景、九大领域及 61 个应用，云生态效果初现；积极探索 5G 前沿技术应用，为网点构建"互联网＋生产网"的双 5G 服务网络，开展物联网技术布局。

一、"5G+ 智能银行"

2019 年 7 月，B 银行首批"5G+ 智能银行"落户北京，这是 B 银行继 2013 年推出全国首家智慧银行后，应用新一代网络技术打造的金融与社会服务新场所。"5G+ 智能银行"是 B 银行基于自身的"新一代"核心系统，借助金融科技战略，融合了 5G、物联网、人工智能等新技术，将金融、社交、生活等场景相连接，以提供极致用户体验为目标而精心打造的。

近年来，5G 技术的发展使数据规模呈几何级数增长，实时数据的传输比以往任何时期都更加便捷和迅速。B 银行"5G+ 智能银行"紧紧抓住新技术革命对金融业带来的机遇和挑战，2019 年，B 银行与中国移动签署 5G 联合创新合作备忘录，积极探索 5G 创新下的场景融合。双方充分发挥 5G 技术超高速率、超低时延、海量连接的特点，为"5G+ 智能银行"构建"生产网＋互联网"的双 5G 服务网络，该网络既能满足安防、远程协作、高清播放等业务需求，又能满足用户的 5G 上网体验。视频全程无延时，与传统网点面对面服务几乎无差异。5G 技术支持了金融业务远程服务，扩大了客户自助业务范围。"5G+ 智能银行"可以提供 300 余种常见快捷金融服务。智慧柜员机、金融太空舱、智能家居、共享空间、客户成长互动、安防监控等新的应用场景，均通过 5G 实现了远程交互传输。

"5G+ 智能银行"中的仿真机器人也是一大亮点，该机器人依托人工智能技术，搭建银行网点高频知识库和专业知识库，可通过仿生控制系统智能化匹配交流场景。不仅如此，进入"5G+ 智能银行"的各个区域，凭借人脸识别、智能语音、VR（虚拟现实）和 AR（增强现实）等技术的综合运用，客户可以迅速办理银行业务、预约咨询、5G-WiFi 冲浪、下载分享个性化名片、体验寻宝记等，享受各个场景下的个性化、专属化服务。

二、"智能班克"

随着数字经济时代的到来，传统行业面临着服务、流程、资源等一系列数字化升级改造，以提高经营效率。3D IP 形象通常被视为企业的专属立体吉祥物或卡通形象，是企业数字化、形象化品牌。近年来，互联网企业、银行业纷纷推出了各自 3D IP 形象，彰显其新型数字品牌内涵，强化品牌识别度，提升企业形象，吸引年轻客群。

为顺应全行数字化、网络化、智能化的发展要求，B 银行践行金融科技战略，运用互联网思维和金融科技开展服务模式创新，推出全新数字品牌形象"班克"，并且持续打造"智能班克"服务。"智能班克"是 B 银行基于全新企业 3D 的 IP 形象打造的新型智能金融服务，能为客户提供全天候陪伴和智能化体验。

"班克"是 B 银行全新推出的 3D IP 形象，是该行新型数字品牌，其形象源自龙的第五子狻猊，又称"金猊"，具有守护、创造、祥瑞之意。形象设计方面，吉祥物头身的整体设计采用 B 银行 LOGO 外圆内方的理念，融入卡通元素，更加具有亲和力；龙角双"C"的设计延伸 B 银行的品牌，使形象更加丰满；主体颜色采用蓝色系，胸前 LOGO 造型凸显，进一步强化 B 银行品牌。以"金猊"为原型设计吉祥物，不仅体现了 B 银行品牌特点，而且使中国传统文化更具现代韵味。

"智能班克"服务包括以下三个方面的内涵与特点：

第一，"智能班克"的服务定义是以 B 银行全新企业 3D IP 形象"班克"为基础，面向 5G 时代，着眼于未来银行服务需要，围绕构建智慧银行，运用互联网思维和金融科技，采用新型 3D 数字化客户交互方式打造的新型智能金融服务，服务具有智能化、场景化的特点。

第二，"智能班克"的服务范围包括：一是智能服务新入口。"智能班克"是 B 银行基于互联网的创新应用，可部署于该行及合作方 APP、微信公众号、小程序及其他互联网服务中，也可通过微信扫码、网点海报、实体玩偶等形式向线下延展服务，通过生动、可爱的形象拉近与客户的距离，是网络化、轻量级、泛在的新型服务入口。二是数字交互新模式。"智能班克"采用新型数字化交互方式，可对接该行后端产品组件和系统，自动识别客户各项标签信息，根据业务需要设置主动式服务触发或被动式客户应答，并且作为服务媒介，将该行各项产品服务和业务功能通过数字化方式传递给客户，实现更智能、更高效、更生动的客户服务。

第三，"智能班克"应用 3D 建模和 3D 交互等技术搭建可切换式服务场景，通过实时语音交互与客户行为分析，实现语音、语义准确识别与需求、意图精确判断，提供智能化的业务导航、产品推荐、业务办理、事项提醒等贴心、高效的服务。目前"智能班克"服务功能在移动门户和微信银行以独立 H5 页面的形式率先发布，并且将逐步拓展手机银行、PC 端网站、个人网上银行等该行各网络金融渠道，根据渠道特性，部署差异化服务内容，保证客户使用体验。

三、"慧点单"业务

"慧点单"是 B 银行为生鲜、商超、餐饮等类型的商家量身定制，集下单、收银、预定、门店连锁管理等服务于一体的智慧经营与收银工具，旨在帮助商户打造线上线下数字化的经营新模式。消费者可以通过"慧点单"在线选购生鲜、商超、餐饮等生活类便民商品，享受外卖下单、预约下单等一体化的智慧点单服务。自助下单即可享受就近商家的便捷贴心服务，此项服务可以通过微信小程序"慧点单"、B 银行的公众号及微信公众号等平台下单获得。

四、"惠懂你"业务

过去，银行服务小微企业主要靠传统人工操作，运营成本高、办理时间长、服务覆盖面窄，导致客户不满意，银行也很难形成可复制可持续的商业模式。金融科技赋能普惠金融，B银行以平台经营、数据经营为突破口，由单一提供金融产品到搭建外部交互开放、内部充分整合的平台，让深度服务成为可能。

"惠懂你"APP智能服务利用互联网、大数据、生物识别等技术，创新推出"互联网获客 + 全线上信贷业务流程"业务新模式，集成了额度试算、预约开户、贷款申请、支用还款、指数调查问卷等功能，具有开放式获客、一站式办理、智能化风控等特点，是B银行小微企业金融服务的一项重大创新举措。该APP加持银行级的安全应用机制，通过先进的生物认证、人脸识别技术对用户身份进行识别，还首创了企业在线授权功能，线上生成股东会决议，授权实际控制人进行贷款操作，兼顾安全与便捷。以线上一站式办理为例，2016年，B银行推出线上融资服务"小微快贷"，基于客户交易结算、POS流水、纳税记录等信息，依托小微企业评分卡进行数据分析，为符合条件的小微企业提供信贷支持，主动、批量、高效地服务小微企业，真正实现了申请、审批、签约、支用、还款的全流程网络化、自助化操作。经过不断创新，"小微快贷"家族不断壮大，成员已包括"信用贷""云税贷""账户云贷""抵押快贷"等系列产品。如今，客户下载"惠懂你"APP后，就能够随时查看小微企业信贷产品信息，填写企业名称、行业、纳税等信息，就可试算贷款额度。符合条件的客户还可以立即办理贷款，全流程在线操作，从申请到贷款支用只需几分钟。为了匹配小微企业"小、频、急"的资金需求特点，"惠懂你"APP还可实现在贷款合同有效期内随借随还、循环支用，极大地提高了融资效率，充分满足了小微企业融资需求，降低了企业融资成本。对于没有开立B银行账户的客户，通过"惠懂你"APP还可优享预约开立对公结算账户服务，通过手机即可办理预约，时间、网点都可选择。

五、CCB 建融家园

B 银行把住房租赁战略确立为三大战略之一，成立了专门的子公司切入行业，深度解决国内居住市场房价高、租房信息不透明的社会痛点难点问题，在同业中率先推出住房租赁综合解决方案，基本实现住房租赁平台对全国主要大中城市全覆盖，打响在租房市场领域的品牌，用 B 银行的社会信用和金融这把温柔的"手术刀"，深入住房行业的核心环节去解决百姓安居问题。这个解决方案就是向产业赋能、向公众提供云服务，并且在这种产业深度关系中获取自身金融业务新的增长。未来 B 银行可能沿着向社会各行各业赋能的方向做出更多的探索，突破金融边界，按照互联网的模式探索对金融行业竞争力的重塑。

CCB 家园房源来自平台自营或者品牌开发商直营，提供搜索房源、预约看房、在线签约、缴费支付、报修评价等功能，实现全流程线上租赁交易。CCB 建融家园有三大好处：一是房源真实优质，该项目是 B 银行为房东和租客打造的房屋租赁平台，里面的房源主要为平台自营或品牌开发商直营租赁，房屋图片为房源实景拍摄或开发商提供的设计效果图，可确保房源的准确性和真实性。二是租房方便快捷，该 APP 的功能非常齐全，不但可以提供房源搜索、房源展示、预约看房等服务，而且还拥有在线签合同、备案，在线资金支付等功能，让客户不出门即可租到满意的房屋，畅想无忧生活。三是服务全面贴心，为了更好地为客户服务，在全国各地服务网点都有提供租赁服务，只要有需求，热心的客服人员就会根据客户的要求提供相应的服务，让客户在短时间内租到优质、满意的房屋。

六、金融科技子公司

为了更好地推动金融科技服务业务发展，B 银行立足大型国有商业银行雄厚的实力，设立了金融科技子公司，由该行体系内原直属的 7 家开发中心和 1 家研发中心整体转制而来，注册资本金为 16 亿元，初期规模为 3000 人，是迄今为止国内商业银行所属规模最大的科技公司，也是国内商业银行内部科研力量整体市场化运作的第一家公司。金融科技公司的成立是该行结合实际情况主动谋划实施的一次战略性、系统性和全方位的自我变革，也是通过打造完全市场化的金融科技创新力量，开拓未来金融新蓝海，推动传统商业银行变革的一次积极的尝试。金融科技子公司经营范围包括软件科技、平台运营及金融信息服务等，在服务 B 银行集团及所属子公司的同时，也将开展科技创新能力输出。

该行金融科技子公司的定位是赋能传统金融的实践者、整合集团资源的链接者及引领银行转型的推动者。通过构建新的组织架构、运营机制及人才战略，真正实现以"科技"激发金融输出能力，进而推动银行商业模式乃至发展方式的变革，支持实体经济高质量发展。

该行金融科技子公司也积极与上海市金融服务办公室、中国科学院计算机网络信息中心开展共建金融科技创新实验室的战略合作，三方将发挥各自的优势，对未来有望重塑金融业务模式的核心技术，如云计算、大数据、区块链、人工智能、互联网、物联网、虚拟现实、生物技术等主流和热点技术应用开展前瞻性、创新性的应用研究，着力打造中国金融科技创新的"贝尔实验室"。

第三节　地方城市商业 C 银行对金融科技的应用

C 银行成立于 1997 年 4 月，是一家具有独立法人资格的地方城市商业银行，该银行是全国范围内实力较强的地方银行，也是国内首批上市的城市商业银行之一。2019 年，C 银行的市值已突破 1500 亿元，在中国企业市值榜中排行第 75 位。C 银行打造出了公司银行、零售公司、个人银行、信用卡、金融市场五大利润中心，实现利润来源多元化。2019 年，C 银行实现营业收入 350.72 亿元，同比增长 21.23%；营业利润 152.8 亿元，同比增长 32.34%。

C 银行作为抗风险能力较低的地方性银行，在经营中始终贯彻"控制风险就是减少成本"的理念，扎实推进全面风险管理指引的各项要求，推动整体资产质量进一步向好。不断完善全面、全员、全流程的风险管理体系，建设和完善信贷集中作业中心、业务处理中心和监测中心，风险管理质效在同业中持续保持优势。从上市银行披露的业绩快报来看，C 银行不良贷款率为 0.78%，是上市银行中不良贷款率较低的银行之一，同时拨备覆盖率达到 521.83%，也是上市银行中拨备覆盖率较高的银行之一。C 银行服务实体经济、稳健经营的能力获得社会的肯定。在《银行家》的资产规模超过 3000 亿元的城市商业银行竞争力评价中，C 银行荣获第一名，并且被评为"最佳城市商业银行"。

之所以取得如此成绩，很大程度上得益于 C 银行致力于加强在金融科技领域的投入，包括大数据、智能投顾等，引入更多的互联网金融服务场景；继续发展中间业务，提升财富管理的专业化水平，为客户创造更多的价值。

一、快审快贷

小微企业是 C 银行重要的服务对象，但依靠传统的金融方式，银行的服务效率较低。C 银行深化科技应用，实现获客精准化、营销移动化、产品线上化，为小微企业客户提供更高效的金融服务，"快审快贷"产品便是 C 银行针对小微企业推出的金融科技产品。"快审快贷"致力于为小微企业提供"简单、便捷、高效"的金融产品和服务，不仅授信额度高，而且最快 3 天完成贷款审批。

通过"快审快贷"，小微企业主可以通过 C 银行 APP、微信营业厅、二维码三类渠道发起自助申请，借助智能手机端"房产评估＋人脸识别＋绑卡认证"的方式，进行抵押物认定和客户身份识别，无人工干预，实现系统自动评估及审批。系统审批通过后，客户线下办理抵押等手续后即可出账、提款，减少客户往来银行和等待环节。

2016 年 11 月底，C 银行进一步优化"快审快贷"业务流程，推出手机线上申报业务，客户可以通过手机自行发起房产评估及贷款申请，银行人员根据客户提交的信息现场走访，了解企业实际经营情况，再经过综合评估后确定授信额度，向客户提供贷款。C 银行"快审快贷"业务线上平台上线第一天，就收到 29 笔评估，其中申请贷款的客户有 16 户，申请贷款金额 1400 多万元，市场反响良好。

"快审快贷"具备五项优势：一是速度快，企业提出贷款需求，到银行收集资料、房产评估，再到贷款审批通过，仅需 2~4 天，高效快捷。二是额度高，额度最高可达 500 万元，最长 5 年有效，基本可满足小微企业的资金需求。三是费用省，客户通过云评估在线评估，就可以了解自己的贷款额度，节省了评估费用。四是还款方便，支持随借随还。五是续贷易，只要企业与 C 银行授信业务合作满 6 个月，结算良好，并且在近 12 个月内征信正常，没有欠息逾期记录，即可申请自动续贷。

"快审快贷"申请流程便捷：一是在线云评估，通过微信云评估在线完成房产预估，简化了评估流程，并且支持在线申请融资额度。二是实地走访，银行客户经理通过在线申请信息，实地走访企业，收集客户资料，根据实际情况确定授信额度。三是系统出账快，C 银行为"快审快贷"业务提供审批绿色通道，优质客户系统自动通过，确保当天审批出账。

2019 年，C 银行"快审快贷"入围国家首批金融科技监管沙盒试点。这是 C 银行深化科技应用，打造更高效金融体验的有力实践。C 银行持续加大资源倾斜，发挥金融科技优势，提升金融服务效能，努力实现银行与企业的共同成长。2020年第一季度末，C银行已累计投放快审快贷460亿元，客户数12098户。

二、外汇金管家

"外汇金管家"是C银行依托金融科技打造的外汇业务专业平台，C银行发展之迅速并让广大客户和股东收获满满离不开它提供的针对性服务。外汇金管家是C银行依托金融科技全新打造的集贸易结算与外汇交易于一体，具有全功能、全自助、全时段、全线上的特点，可提供（7×24）小时极速收款、（5×10）小时极速汇款、智能字符识别（ICR）影像秒级汇款、极速开证、极速融资、自助托收、自助出单、点击成交、挂单成交、夜盘成交、微信客服等近百项外汇业务交易功能，确保外贸企业可以远程完成各类外汇业务，真正做到零接触的云服务。

C银行"外汇金管家"为外贸企业量身定制涵盖开户结算、贸易融资、跨境投资、汇率避险的综合金融服务方案，无论是进出口贸易企业还是跨境投资企业都能获得高效的服务方案，具备多重优势。例如，某集团有限公司为区域汽配行业龙头企业，计划与一家法国企业共同投资780万欧元新设项目主体，但企业存在部分资金缺口，C银行为其境外企业办理了4年期的NRA直贷，贷款总额390万欧元，允许根据项目用款进度分批提款。这是C银行"外汇金管家"服务优质企业"走出去"的典型案例之一。

近几年外汇市场波动频率不断加快，波动幅度越来越大，外汇的波动对广大从事外贸行业的进出口企业的生产决策产生重要的影响。C银行推出的外汇金管家平台具有的功能和突出优势十分适合广大面对市场波动时难以决策的外贸企业，外汇金管家平台上有专业的汇率走势分析和优质的汇率管理方案。

由于外汇金管家产品能够就汇率波动问题提供切实的解决方案，为企业提供全方位外汇管理服务，很多外贸企业的负责人都十分信赖此产品，这款汇率管理产品也成为了 C 银行重要的收入来源。当前的国际贸易形势错综复杂，很多从事进出口的企业，在这两年里订单和收益都受到了不少的影响，通过发挥外汇金管家产品的汇率管理工具功能，有助于出口企业扩大市场份额，提升市场竞争力。

全方位管家式服务，各支行鼎力支持。C 银行对企业各项业务的重视，促使其业务发展与服务的企业紧密相连，形成了共生关系，外汇金管家服务方案就是很好的例证。外汇金管家为广大的进出口企业提供"一揽子"的金融服务；各大分行针对各自负责的进出口企业都有大型的走访活动，直面企业汇率管理需求。针对企业的汇率管理、跨境金融服务，都会邀请有关的行业专家，给予相关的服务支持。

可以说，C 银行推出的外汇金管家平台为进出口企业提供了专业的汇率管理方案。当前的国际贸易形势让汇率波动加剧，通过 C 银行的系统，可以实现（7×24）小时的在线交易，而且各个 C 银行支行的产品经理会及时提供市场信息，可以说是真正做到了全方位管家式服务。

新冠肺炎疫情当前，帮助外贸企业渡过难关。2020 年，受新冠肺炎疫情的影响，为助力企业复工复产，C 银行推出零收费计划，外贸企业不仅最高可享受融资利息减免 30 天让利，还可以免费使用外汇金管家系统，免除付款手续费、电报费、出口托收费、信用证交单费等全部费用。受新冠肺炎疫情影响，出口生产企业复工较晚，值班人员少，交通不便，C 银行上海分行复工伊始，得知 A 企业货已到港，大量出口信用证单据尚未寄出，由于交通受限，无法前往银行交单，货物存在滞港风险。C 银行相关工作人员在线指导企业通过"外汇金管家"远程自助交单，企业顺利在线完成自助交单 21 笔，总金额 200 万美元，在快递复工后第一日顺利出单。可以说，面对新冠肺炎疫情，C银行做出的这项措施充分体现了其自身所具有的与客户共生的经营责任理念。所有的客户都是C银行最珍贵的资源，保障客户的利益，才能让C银行在未来不断发展壮大。

"外汇金管家"有如下优势和特征：一是C银行"外汇金管家"降低了企业成本。C银行推荐客户使用"外汇金管家"线上交易功能，如信用证或托收出单业务，客户使用线上自助出单功能，费用仅为60元/笔，还不到银行人工审单最低收费的1/3。同时，C银行联合中国出口信用保险公司，通过标准化授信、专项额度等模式，加大出口企业贸易融资投放，降低企业融资成本。二是C银行"外汇金管家"以专业的服务，协助企业规避汇率风险。C银行是银行间市场人民币外汇业务"即、远、掉"全牌照做市商，具备完善的产品体系和完备的业务资格。针对外贸企业面临的汇率波动风险，C银行持续宣传汇率管理的重要性，引导企业树立财务中性理念，为企业提供合计150多项的汇率管理产品，制定个性化的汇率管理方案。同时通过"外汇金管家"交易平台，实现外汇衍生业务自助在线交易，提高外汇管理的时效性与精准度。三是C银行"外汇金管家"能够跨境联动，有力地支持企业"走出去"。C银行与大股东联合组建离岸业务团队，专人派驻新加坡和中国香港，实现境内外无缝对接、一体化联动服务，为企业提供投资咨询、开户、结算、融资等"一揽子"解决方案，支持企业通过绿地投资、跨境并购等方式"走出去"。同时通过打通境外融资渠道，引入低成本资金，为企业提供币种灵活、形式多样的跨境融资方案。

截至2016年底，C银行资产托管业务余额为27870亿元，客户数量超过500家，托管资产种类丰富，其中包括：证券投资基金、基金公司特定客户资产、证券公司集合资产管理计划、证券公司定向资产、保险资金、QDII基金、集合资金信托、单一资金信托、银行理财产品、私募股权基金等。

三、C 银行 APP

当前，随着金融服务逐渐从线下转移到线上，银行 APP 成为财富管理不可或缺的工具。C 银行通过持续的积累和投入，不断尝试将大数据、人工智能等新技术与银行传统业务相结合，2019 年推出新版 APP，基本涵盖了日常金融需求，是集智能化、移动化、个性化的一站式金融服务平台。C 银行新版 APP 具备"账户、转账、理财、借款、信用卡、出国金融、生活、支付缴费、助手"九大功能板块，每个板块下又包含多个细分项目，如"借款"板块下共有 13 个细分功能，包括线上路路通、线上贷易通、小微贷、快审快贷等，让客户真正实现"智慧金融，轻松生活"。

C 银行手机银行 APP 整体配色为白色打底，采用深咖色—浅咖色过渡渐变，在重点板块和字样中采取"红、蓝、黄"等颜色作为引导点缀，视觉冲击力小，观感柔和。底边栏划分为"首页、理财、借款、生活、我的"五大栏目，APP 启动后默认进入"首页"。首页置顶设置"我的财富、我要转账、我要理财、我要借款"四个常用功能键，快捷功能区采用"9+1"模式，用户点击"全部"按钮，可以浏览和搜索全部功能，增加了一定的用户自主性。

C 银行手机银行 APP 专门设有"理财"栏目页，主要为了满足不同用户的多种金融需求。在 C 银行手机银行 APP"理财"栏目板块顶部主要展示了用户的资产总额情况，紧接着就在下方罗列了各种产品推荐和理财资讯服务。其主要涵盖了银行理财、基金、黄金、保险、存款、直销银行等理财产品，还提供财富顾问、财富好管家、理财转让、自助选基等服务。

除了零售用户客群关注的理财、借款、生活服务等功能，C 银行 APP 还着重设置了企业银行，进入 APP 首页后，点击左上角可以一键切换个人银行和企业银行，电子对账、结汇划转、票据接收等一系列功能满足了客户在同一个 APP 上操作个人和企业账户的需求。从功能来看，C 银行 APP 企业银行囊括了原有 C 银行企业手机银行 APP 的全部功能，并且新增了预约开户、外汇金管家即期交易功能。

值得关注的是，此次新版本中还特别上线了智能搜索客服"小宁"，"小宁"智能搜索客服主要支持文字录入和语音交互两种方式，用户可以通过语音智能搜索"转账、生活缴费、我要理财、手机充值、网点查询"多种服务。在客服互动方面，C 银行手机银行 APP 各栏目页、各重要操作中均可以找到在线客服入口，支持智能客服转人工客服，也可以转入客服电话。

C 银行目前已覆盖网上银行、手机银行和微信银行三大线上渠道，为客户提供"全天候、多触点、不间断"的一站式金融服务。C 银行已将超过 90% 的线下业务搬到了线上，如在线贷款、投资理财、转账汇款等，让客户可以足不出户办理全面的投资融资支付业务。C 银行在电子渠道推出了水电煤缴费、校园一卡通、物业缴费等贴近大众生活的增值服务，并且积极与第三方商户开展合作，提供话费充值、购物卡券购买等功能，让客户享受实惠。

此外，C 银行紧跟技术革新步伐，与中国银联、苹果、华为等公司合作，已陆续推出了 HCE 云闪付、Apple Pay、Huawei Pay、Mi Pay、银联二维码支付等主流移动支付产品，通过拓展应用场景，实现了刷手机乘坐公交、地铁和购物消费，培养客户移动支付习惯，提升支付体验。

C 银行持续关注最新的金融科技发展动态，在电子渠道中引入多项新型技术。例如，通过人脸识别技术，协助识别客户身份；通过指纹识别技术，实现快速登录；自动识别客户的银行卡，实现快速转账；通过二维码技术，客户用手机扫描 ATM 机的二维码就可以取现。

四、票据好管家

2018 年 11 月 1 日，C 银行企业网银"票据好管家"上线，正式推出

"票据好管家"综合服务方案，以票据的生命周期为主线，围绕开票、收票、贴现、融资、托收五个环节，为企业提供"一揽子"票据解决方案。

C银行"票据好管家"以用户的体验为先，将操作界面区分成一键直达、业务待办、票据总览及票据池专区四大板块，其中一键直达包括"我要开票、我要贴现、我要背书、我要托收、我的票据池、我要查询"六个入口，简单明了，不仅可提高企业的票据结算速度，还能实现票据资产的价值最大化。例如，"我要开票"支持企业在线一键完成出票申请，"我要贴现"由系统进行智能选票自动报价，企业提交申请后资金实时到账，"我要托收"由系统对到期票据进行自动发托，省去企业人工操作环节，"我的票据池"则为企业提供了票据管理、池化融资、集团统筹等便捷服务，帮助企业盘活沉淀的票据资产，通过期限错配、金额错配等方式实现票据资产的高效转化，解决小金额短余期票据融资难的问题。同时，C银行"票据好管家"实时对企业的票据资产进行全方面梳理分析，并且用可视化的图表进行展示，便于企业随时了解持有票据的整体情况及具体分布。

2019年，C银行票据业务发挥金融科技优势，持续优化业务流程和产品创新，不断提升票据直贴业务的客户体验和市场竞争力，为盘活民营小微企业金融资产提供支持。

未来，C银行"票据好管家"将以客户需求为中心，秉承"为您而来，因您而变"的理念，借助ICR识别等金融科技力量，加速简化业务办理流程，降低企业融资成本。

五、财资大管家系统

财资大管家是C银行为大中型集团企业量身定制的资金管理系统，实现"易查询、易交易、易归集、易记账、易融资、易定制"六大特色功能，并且可根据用户需求实现模块化定制。通过易查询功能，可以实现账户一图可视，告别制作集团资金报表，告别费时费力；易交易通过一 KEY 登录交易，告别多次切换银行 U-Key；易归集功能能归集资金，在线管理，告别资金分散，头寸管理难；易记账功能可实现自主开户，记账无忧，告别柜面开销户不便、清分管理难；易融资功能统筹管理降低成本，告别融资分散成本高；易定制功能可部署主流厂商的独立版财资系统，支持单独开发个性化功能、配置特色模块。

第四节　民营 D 银行对金融科技的应用

D 银行是于 2017 年 5 月由一些优秀的民营企业联合发起成立的民营银行。成立 5 年以来，D 银行把"数字银行，智慧生活"作为自身的战略定位，同时提出"打造普惠大众，赋能生活的智慧银行"的发展愿景，实现"微存、易贷"的普惠金融理念，以互联网技术为依托来扩大金融服务在全国各地的覆盖范围，利用数字化打造区别于传统银行的经营管理体系，用科技赋能内部管理和金融服务创新发展，为不同人群、企业提供更高效、智能的金融服务和解决方案，用科技缩短人和金融服务的距离，提升金融服务普惠化程度。

一、金融科技推动 D 银行组织管理重构

管理会计作为提升银行精细化管理的重要工具，在一定程度上决定着一家银行的整理经营水平和核心竞争力。金融科技的发展为管理会计体系建设顺利推进和深化应用提供了较好的物质基础。D 银行为进一步提升自身的精细化管理能力，启动建设了成本分摊系统。民营银行具备"小、快、轻、灵"的特点和扁平化的管理模式，需要投入较多的科技成本用于相关系统建设及优化来适应不断灵活调整的架构，因此对于科技成本投向具有较高的精

细化管理诉求。D银行通过成本分摊系统建设，利用大数据、云计算等技术以实现明确各类成本的责任主体、明确各业务经营单位直接成本、间接成本的效果，及时、精确地反映了各类业务对应运营成本的消耗，为多维度盈利分析及绩效考评等提供数据支持，评价业务真实的盈利水平，提升了整体的管理水平和管理质量。只有依托强有力的金融科技技术，这种以精细化的管理机制和组织形式才能得以存在。同时，D银行以私有云和分布式为基础技术架构，通过构建在行业中有优势的跨地域多活基础体系架构、线上线下一体化的全渠道综合业务体系、数据湖、人工智能引擎、悟空智能风控安全体系等基础能力，并提早布局了IT系统的大容量数据存储和管理能力，用以满足用户高并发访问需求、保障弹性扩展能力。在新冠肺炎疫情期间，D银行迅速启动了远程办公模式，通过VPN和远程桌面等技术手段恢复到工作状态，线上会议系统的应用使得工作协同无缝衔接。金融科技的全面应用和提前布局，能让疫情对商业银行本身的经营活动和实际损失降到最低。

二、金融科技推动D银行业务流程优化

业务流程，是为达到特定的价值目标而由不同的人分别共同完成的一系列活动。在D银行的业务流程里，利用金融科技进行了诸多重构和创新。在传统商业模式下，商业银行基于拓展业务和满足客户需要的考量，设置了大量分散在全国各地的物理营业场所；在金融科技时代，商业银行能依托大数据、云计算、人工智能、区块链等新兴技术，搭建平台整合金融与泛金融场景，建立覆盖网络技术、业务流程、数据存储和分析等各领域和各环节的统一大数据平台。自成立之初，D银行就把数字化建设渗透经营和发展的方方面面，从经营理念、业务模式、管理思维等诸多方面催生和推动开放银行新业态发展，使得该银行99%的业务都能在线上得以进行。

首先，在人工智能方面，D银行结合自身业务特点，建设了基于机器学

习的 AI 平台，实现完整的算法管理和服务发布，即 D 行智慧大脑，不仅能够用于风控领域，还能够采用其中的 NLP 自然语言处理等技术利用与智能客服领域。

其次，在大数据应用方面，D 行结合自身实际业务场景，建设了"大数据服务基础平台"，该平台将银行内外的数据资源进行深度整合，实现金融业务数据的多维度建模和数据指标统一管理，以此为经营决策、业务运营、智能营销、监管报送、风险防控提供了有力的技术支撑。

最后，在云计算方面，D 行建立了私有云平台，充分发挥云计算在资源整合、弹性伸缩等方面的优势。自 2017 年 9 月上线以来，对于 IT 资源交付的效率提升了 150% 以上，大大加快了信息系统的迭代上线速度，通过稳定的私有云提供服务，信息系统可用率达到 99.9% 以上。另外，D 行结合私有云、分布式、微服务等技术在核心交易系统实现跨地域分布式多活架构，可根据业务需求自动配置资源、快速部署应用，实现业务服务的全局多活、业务流量的负载均衡、业务数据的离散分布等。该技术应用项目在 2018 年和 2019 年分别获得银保监会研究成果二等奖和人民银行科技发展三等奖，同时产出国家专利 6 项和软件著作权 3 项。

三、金融科技推动 D 银行产品和服务创新

新冠肺炎疫情加速了以数字科技为典型特征的"数字化生活"对日常生活的渗透，也进一步倒逼银行业，尤其是中小银行的金融科技创新。

如新冠肺炎疫情暴发后，D 行第一时间通过微信公众号启动"非接触"宣传，推文介绍可线上办理的业务种类和必须临柜办理的业务，引导客户通过线上办理。随后，D 行又推出了"云端营业厅"，使得非接触式服务更进一步，实现线上线下一体化的数字化服务新窗口，由专业持证客户经理为客户进行在线金融服务咨询和交易帮助。针对疫情影响和客群情况，D 行也制

定了专项政策，通过延期还款、减免罚息、展期续贷等政策手段帮助个人客户、小企业主共渡难关。在针对小微企业场景需求时，D银行先后研发"生意贷""易税贷""亿农贷""亿微贷""亿企贷"等产品。产品设计以小微客户群体为中心，以解决小微客户融资难为目标，利用自身金融科技优势持续提升客户服务能力，有效帮助小微企业复工复产，缓解疫情所带来的经营危机。除了小微企业和个人，D银行推出了全流程线上"亿农贷"产品，远程办理审批，让农户足不出村就可获得贷款。为了保证产品和服务的安全、高效、可持续，疫情期间D银行还推出了其他定制化线上服务，如为吉林省内所有医护人员推出低利息的"天使贷"，与华图教育联手为考生提供6个月免息上课的公益服务等。

金融科技的发展赋予商业银行的转型发展极大的能量，无论大中小银行，无论其业务定位在哪里，实际上都能找到应用的切入口。当然，能否将金融科技之一工具手段用好，还依赖于每家银行自身经营的能力，最核心的就是回归到金融业服务实体经济的本质，在为客户创造财富的同时，实现稳健的发展。

参考文献

［1］Arrow K.Economic welfare and the allocation of resources for inventions，In：Nelson，R.（Ed）.The rate and direction of inventive activity［J］.Princeton：Princeton University Press，1962（1）：609-626.

［2］David Liewellyn.The changing strcuture of the U.R financial system［J］.The Three Banks Review，1985（3）：7-14.

［3］FCA，Regulatory sandbox，consultation paper［J］.2015（11）：7-14.

［4］Merton R. Bodie，Z. A functional perspective of financial intermediation［J］.Financial Management，1993（1）：7-14.

［5］Patrick H. Financial development and economic growth in underdeveloped countries［J］.Economic Development and Cultural Change，1966，14（1）：174-189.

［6］爱德华·肖.经济发展中的金融深化［M］.邵伏军，等译.上海：三联出版社，1988.

［7］巴曙松，白海峰.金融科技的发展历程与核心技术应用场景探索［J］.清华金融评论，2016（11）：99-103.

［8］白士泮.新加坡如何监管金融科技［J］.中国金融，2017（23）：84-85.

［9］保建云.大数据金融生态系统、社会超群博弈与中国大数据金融战略［J］.江苏行政学院学报，2016（4）：42-49.

［10］北京大学数字金融研究中心课题组.数字普惠金融的中国实践［M］.北京：中国人民大学出版社，2017.

［11］伯纳多·尼克莱蒂.金融科技的未来：金融服务与技术的融合［M］.程华，译.北京：人民邮电出版社，2018.

［12］曹颢，尤建新，卢锐，等.我国科技金融发展指数实证研究［J］.中国管理科学，2011，19（3）：134-140.

［13］陈岱孙，厉以宁.国际金融学说史［M］.北京：中国金融出版社，1991.

［14］陈伟.监管沙盒退出机制的国际经验及本土化研究［J］.南方金融，2020（12）：44-53.

［15］戴志锋，陆婕，贾靖.人工智能对银行借贷业务的影响及应用［J］.人工智能，2020（6）：23-30.

［16］方巍，郑玉，徐江.大数据：概念、技术及应用研究综述［J］.南京信息工程大学学报（自然科学版），2014，6（5）：405-419.

［17］洪银兴.科技金融及其培育［J］.经济学家，2011（6）：22-27.

［18］侯敬文，程功勋.大数据时代我国金融数据的服务创新［J］.财经科学，2015（10）：26-35.

［19］康晓虹.国外农业科技金融经验借鉴及启示［J］.科学管理研究，2015，33（4）：121-124.

［20］李国杰，程学旗.大数据研究：未来科技及经济社会发展的重大战略领域——大数据的研究现状与科学思考［J］.中国科学院院刊，2012，27（6）：647-657.

［21］李文红，蒋则沈.金融科技发展与监管：一个监管者的视角［J］.金融监管研究，2017（3）：1-13.

［22］李言，郭建峰.区块链技术在出口国际保理业务中的运用及效果

［J］.金融实践，2020（15）：59-62.

［23］刘倩.金融科技数据风险监管的国际经验及借鉴［J］.新金融，2019（10）：53-58.

［24］刘颖.商业银行发展国际保理业务探析［J］.中国国际财经（中英文），2018（8）：8-9.

［25］麻斯亮，魏福义.人工智能技术在金融领域的应用：主要难点与对策建议［J］.南方金融，2018（3）：78-84.

［26］孟小峰，慈祥.大数据管理：概念、技术与挑战［J］.计算机研究与发展，2013，50（1）：146-169.

［27］裴平.加快江苏科技金融创新与发展［J］.金融纵横，2011（10）：8-10.

［28］任亚芬.基于区块链与数字货币下的商业银行支付管理研究［J］.金融科技时代，2021，29（1）：68-70.

［29］苏珊娜·奇斯蒂，亚诺什·巴伯斯.Fintech：全球金融科技权威指南［M］.邹敏，李敏艳，译.北京：中国人民大学出版社，2017.

［30］陶雪娇，胡晓峰，刘洋.大数据研究综述［J］.系统仿真学报，2013，25（S1）：142-146.

［31］王超.金融科技对商业银行资产管理业务的影响［J］.华北金融，2019（12）：51-57.

［32］王宏起，徐玉莲.科技创新与科技金融协同度模型及其应用研究［J］.中国软科学，2012（6）：129-138.

［33］王瑞刚.物联网主要特征与基础理论研究［J］.计算机科学，2012，39（S1）：201-203.

［34］魏明，阮素梅.区块链技术在商业银行信贷领域中的应用［J］.哈尔滨学院学报，2020，41（10）：62-65.

［35］吴凤菊，孙哲，吴燕.科技金融研究的文献综述及未来研究展望
［J］.时代金融，2016（30）：15-16.

［36］吴田.促进科技型中小企业的国际政策比较研究［J］.湖北第二师
范学院学报，2015，32（7）：36-39.

［37］仵伟强.AMCs金融科技研发模式探索［J］.现代管理科学，2019
（6）：48-51.

［38］小杰伊·D.威尔逊.金融科技——FinTech定义未来商业价值［M］.
王勇，段炼，等译.北京：人民邮电出版社，2018.

［39］胥爱欢，赵俊豪，杨思睿.国外金融科技发展与监管的实践经验及
若干启示［J］.海南金融，2022（4）：50-57.

［40］徐忠，孙国峰，姚前主编.金融科技：发展趋势与监管［M］.北
京：中国金融出版社，2017.

［41］许静.国内外科技型中小企业技术创新驱动因素比较研究［J］.齐
齐哈尔大学学报（哲学社会科学版），2018（2）：65-69.

［42］薛小平，王骞，张芳.物联网核心技术及应用演进［J］.计算机应
用，2013，33（10）：2701-2706.

［43］杨东.监管科技：金融科技的监管挑战与维度建构［J］.中国社会
科学，2018（5）：69-91.

［44］杨宇焰.金融监管科技的实践探索、未来展望与政策建议［J］.西
南金融，2017（11）：22-29.

［45］尹哲，张晓艳.次贷危机后美国、英国和欧盟金融监管体制改革研
究［J］.南方金融，2016（6）：35-38.

［46］应尚军，张静.新形势下的金融科技监管思路——以"监管沙盒"
制度框架为视角［J］.西南金融，2021（2）：25-37.

［47］袁康.金融科技的技术风险及其法律治理［J］.法学评论，2021，

39（1）：115–130.

［48］张亮，周志波 . 完善中国宏观审慎金融监管框架研究——基于德英日三国的比较分析［J］. 宏观经济研究，2018（2）：30–43.

［49］张婷 . 我国商业银行区块链技术的应用与前景展望［J］. 新金融，2019（7）：50–57.

［50］张炜 . 银监会《商业银行金融创新指引》解读［J］. 中国城市金融，2007（1）：50–52.

［51］张晓朴，姚勇 . 未来的智能银行：金融科技与银行新生态［M］. 北京：中信出版社，2018.

［52］赵昌文，陈春发，唐英凯 . 科技金融［M］. 北京：科学出版社，2009.

［53］赵越强，蔚立柱，陈晓，等 . 区块链技术与跨境支付体系：发展现状、趋势及政策启示［J］. 新金融，2020（10）：44–48.

［54］周雷，张玉玉，陈音 . 金融科技概念辨析、发展历程梳理及前景展望［J］. 江苏经贸职业技术学院学报，2020（1）：20–23.

［55］邹琪，罗丹，刘锦虹 . 发达国家科技型中小企业技术创新的经验与启示［J］. 金融教育研究，2013，26（5）：63–66.